我與老子的座談會
道德經詳譯通解

擁有清靜豐足的生命　你我如何自覺

迎接多變創新的世代　你我如何自處

請聽老子明白的細說開始

妙觀大道自然的揮灑天地

迂魯棄夫

這是一本認識《老子道德經》，基礎入門的參考書籍。

你我同學先讀爲快，老少同行後來居上。

因爲淺言所以道理更清晰，因爲細語所以道理更明白。

原來《老子道德經》揭示了人人本來生命與道合一的眞實可貴以及證道必經的心路歷程。

讓老子牽著我們的手全新體驗一下生命之泉的眞實。

不必遠行，只在當下；不需費神，自然安心。

幸福快樂也會與我們同行；吉祥豐足一直跟我們相伴。

所以這個白話譯本《我與老子的座談會》，可以作爲學校裡面莘莘學子的經典文學基礎參考書籍，或是一般年青人提振精神，積極創新的活力補給站，更是年近半百的社會精英們回顧人生，邁向第二春的最佳跳板，當然，老朽之人也可以選修參考，自得其樂，過著逍遙自在的人生。

推薦序 —— 蘇序

　　我與英育兄素昧平生，卻因《道德經》而結緣，緣生而相續不斷，似老子欲借之以傳揚於今世。老子批判形式僵化而失卻忠信源頭的禮儀規範，希望不論治國或修身皆能奠基於人性本真的「無名之樸」，一切有名施為終能返歸本性自然，達到「無為而無不為」的地步，所謂「生而不有，為而不恃，長而不宰，是謂玄德」。而在老子心目中，孝慈蓋最常是出乎自然天性，非有為造作的，初次與英育兄相見，即是在其每月不辭辛勞遠從台北回嘉義故鄉照顧老母之時，其踐道之誠可見一斑。

　　回顧老子研究，傳統以文獻訓詁及義理注釋型態為主，歷代不斷，汗牛充棟，《老子王弼注》即其犖犖大者。近代以來，管理應用與生活的老學亦普及，而嚴謹的學術研究，則除包含出土的馬王堆帛書與郭店竹簡在內的種種版本文獻之校勘訓詁與解說外，更展現於兩種方向：一者，老學之發展史的考察，簡言之老學史，如大陸熊鐵基、台灣陳德和諸先生所為，而陳德和更將老學之發展流衍分成境界的（老莊）、政治的（黃老）、宗教的（道教）三脈；二者，老子思想體系與哲學意涵之闡述，概言之義理詮釋，如馮友蘭、陳康、方東美、徐復觀、唐君毅、牟宗三、勞思光、陳鼓應、魏元珪、吳怡、史作檉諸前輩，以及其後學代表，如王邦雄、袁保新、林安梧、陳德和、劉笑敢等。

　　二〇一六年暑假，在嘉大同仁時任副校長的艾群教授之介紹下，拜讀其嘉中同學英育兄之大作《我與老子的座談會》，翻閱若干篇章即感驚異，喜出望外，蓋能不假繁瑣的訓詁注釋或長篇的哲理論述，直接以如此精詳意譯的方式，將老子溥博淵深、難以窮究的義理內涵和盤托出者，鮮矣！讀之，宛如老子再現於今，以一般知識分子較能

了解的現代語言講述於眼前，務使句與句之間的邏輯次序與義理關聯
豁然明瞭、無滯無礙。而整體通貫，道理井然，人生宇宙的深沉智慧
在字裡行間流露乍現，若從胸中自然流淌而出，澆灌吾人之心靈，在
交流感通中獲得一種天清地寧、生生不息的境界。其書雖可類屬前述
老子研究之所謂義理詮釋者，然無瑣碎繁雜或空談理論的學究氣，無
一味著眼現實利害、講求謀略算計的世俗氣，亦不流於宗教神秘甚或
光怪陸離的偏邪氣，而有一種本諸理性真情而樸茂厚實以契接真理大
道的自得氛圍，所以能脫出社會流俗與學界門牆的籠罩，而自有所卓
立，近得彰顯哲理、召喚人心，遠能呼應老子、接引後世。其有感於
坊間所見《老子》譯著多語焉不詳，難以讓讀者對《老子》章句脈絡
與義蘊旨趣豁然明白，故前後耗費十餘年心血只琢磨一璞玉，終造就
如此溫潤含光如寶玉、玲瓏剔透如鑽石的結晶。書中，就《老子》流
行本原典諸章，皆先以精切的「提要」勾勒中心主旨，繼之逐段逐句
加以精詳明白的意譯，且為了使讀者對整個章節文脈意思，能更順暢
連貫、完整充實地了解，白話譯文中還費心斟酌加上「前言」、「續
言」或「結語」。不止於此，每章後面，還闢了「麥教授與郝學生的
對話」專欄，以較輕鬆多面的言語，如師生間的親切答問解惑，進一
步釐清其間讀者可能之糾結，闡發弦外之音或一己多年之得，可有如
其所言「畫龍點睛」之效。爾後數年，英育兄又在《道德經》諸種校
勘版本間斟酌再三，而有所謂的版本回溯，並與敝人往復討論詮釋細
節，商量部份翻譯詞語。此外，英育兄更於每章最後增加了「宇宙人
生導航」，將老子該章的主旨及其蘊涵的現代意義，以親切而精要的
言語來與世人交談，如是淡定，卻源泉滾滾，啟發濃濃。這期間雖歷
經疫情之驚風濤浪而延緩了腳步，如今終於大功告成，英育兄此本大
著比先前又提昇了一個層次，也早已不只是十年鍊一劍了，其值得流
傳後世更確然無疑！

　　進而言之，如英育兄自述本書特點所云：「珍惜與老子面對面的
契機」、「將大道真理的至玄至妙，連結到每一個人的本來自性」、

「將學道與行道的信念，貫徹到每一個人的日常生活」。其念茲在茲的是期望讀者藉諸此與老子言語精神的眞實照面，興發實踐宇宙人生大道的信念與動力，並將此中形上基礎歸根於與玄妙大道貫通一體的人之本性自然，亦即文明所以發生與終當歸止的「無名之樸」。所以，其於《老子・三十二章》之討論解說中，強調「知止所以不殆。譬道之在天下，猶川谷之於江海」一語乃貫穿整部經典之重點中的重點、關鍵中的關鍵，認爲此「止」有「停止名器的過度作用」與「靜止於至善寶性」兩層意義，而這就是與道體相當的「樸」，故要起於「樸的原心」，更要靜止於「樸的原點」，才能源源不絕、綿綿無盡。由此可見，其對老子哲學核心的把握何等眞切！

再者，由其對流行本《老子》「大道廢，有仁義」、「絕聖棄智，絕仁棄義」、「失道而後德，失德而後仁，失仁而後義，失義而後禮」等等眾議紛紜的經文之解說，以及此中仁、義、禮與道、德之間的關係之討論回應，亦可看出其融通儒、道，視孔、老相貫不背的精實觀點。例如，其在《老子・十八章》所釋：「其實，仁義善德，人人本來俱足完備，自然發揚，未有其名，已有其實」、「世人以爲，老子高呼『大道廢，有仁義』好像與歷代聖人全力提倡仁義道德是相互矛盾，甚至是相左背離；其實，道脈心法，相續相承，一時一運，各有天命，表面上各顯其眞，實質上相互輝映，自然不見其害，反得大利」。又如釋《老子・三十八章》「其實，只要捨棄了這些虛僞的框架，回復本來淳樸天眞，這些仁義禮教自然顯現發光」、「並不是說禮教不好，而是不要離棄道德根本，卻刻意勉強的去作爲。因爲一切禮教必須以道德爲根本，率性而爲，自然而成，這樣不但能夠成全禮教，甚至連道德仁義也都同時彰顯發揚……但願處處成爲『禮儀之邦』，讓世人因『禮』而行道，以『禮』而證道」、「道德爲根本，禮教爲枝葉，本固所以枝榮，自然大樹成蔭而能庇護群生，利濟天下，則盛業可成」。此等詮說將老子「無爲」、「自然」與孔子「攝禮歸仁」、「爲仁由己」以及孟子「君子所性，仁義禮智根於

心」之說通貫起來，除卻歷來多少誤解而生的儒道之爭！

　　另外，解老者常見權術算計或保命養生之說，以致多有人將老子學說視為明哲保身、權謀應世之學或者追求長生成仙之說，英育兄則一掃此習而歸於正理常道。如其釋《老子・三十六章》「將欲奪之，必固與之」之句為「如果將要削奪空乏的時候，在這之前，必定已經過度多與參謀，而且是到了極限的地步」，而認為此章乃是宣說「物極必反」、「柔弱勝剛強」為宇宙運行之自然規律，意在勸勉世人「不離淳樸自性，常守道心柔弱」，如此「反而得以生機無限而生生不息」。並且進一步指出，「物極必反」包括了「由強轉弱」和「由弱轉強」兩個部分，若能切實踐履「柔弱勝剛強」的功夫，「順行天道自然，常處柔和虛弱」，則「不會落入『由強轉弱』的幻滅中，所以與道合一，生機充沛而生生不息，因此，這樣的成就，示現了『死而不亡』之實證」。更以由始至終六個階段層次的「學行之道六部曲」闡述此等功夫，可謂體道深切精微。其中又直指「死而不亡」乃就「道心靈性」之成就超越一切而不受氣數所逼而言，並非就肉身不壞和長生不死以說，如同其解《老子・三十三章》之「死而不亡者壽」一句所云：「雖然他的肉體終究要腐死而歸於塵土，但是因為他能夠回復本性的自然淳樸，常清常靜而無知無欲，所以他的精神與道合一而永生長壽」。由上可見，其一再著眼關注的，都在「用樸明道」，盼望回歸「無名之樸」的真我自性，而非訴諸虛玄神秘或現實情識，此猶老子所謂「自知者明」、「不失其所者久」，找回吾人在天地間的適當位置。

　　如上所述，英育兄之真知灼見與淑世襟懷可見一斑。余執教嘉大中文系多年，除儒學外，長期開設老子課程，略知士林杏壇概況，於時潮民心亦多有所感。滔滔濁世，英育兄深覺老子的慧性最是救人淑世之常道，只是一般以為《老子》玄奧難明，望而卻步，故浩浩十多年只鍊一劍，將其中曲折原委與精微奧妙和盤意譯或衍伸托出，絕不含糊帶過、不明所以，希望作到讓讀者不懂《老子》也難。是則，其

未來貢獻將不可限量，甚至，此書若能譯成他國文字，亦將大有助於華文圈外人士之理解《老子》。英育兄能如是精誠志道而有此大成，實屬難能可貴，令人讚佩！尤其，其並非以學術研究或教育爲業，長期在工作之餘將心力幾乎盡投注於此，若非有堅韌毅力與體道之樂，何能辦此！讚佩之餘，承蒙不棄，邀余撰序，爰贅讀後心得如上，以附驥尾云。

嘉義大學中國文學系教授 蘇子敬 謹誌

推薦序——趙序

　　我在淡江大學資工系執教多年，學生無數，他們大多在專業領域上各有不同的造詣和成就，我引以為傲，但也有少部份學生在專業領域外，發展出不同的興趣與生涯，我也一樣高興，並給予肯定與祝福。

　　惟在看到《我與老子的座談會》這一本書的時候，不禁納悶自問，這是學生的作品嗎？一個學習科技領域的專業人士，竟然會撰述這樣一本超越科學而又充滿光慧的書！除了驚喜以外，同樣的，我也很高興的給予最大的祝福，希望《我與老子的座談會》這一本書，可以讓被一般人均認為深奧的老子哲理發揚到每一個地方，大家能夠一起參與這個很有創意的座談會，共同體驗一下生命的喜悅。

淡江大學資訊工程系榮譽講座教授暨前校長　趙榮耀

推薦序 —— 李序

在偶然的機緣中認識了老先生，也因此得以看見《我與老子的座談會》這一本書，一本似乎很陌生，有點神祕，卻又是會吸引人的書。老先生非常鼓勵年青人一起參與學習的行列，儘量試著去接觸《老子道德經》，了解老子的內心話，因為年青人從其中所得到的啟發，將是生命旅程不斷前進最重要的動力和推力，也是向上提昇最眞實的奇異點，所以《老子道德經》絕對是年青人的一大福音。

為了印證老先生的話，我開始閱讀《我與老子的座談會》這一本書。因為平時課業繁忙，也只能抽空一點一點的看，過了些時日，終於有了不一樣的感受，對於《老子道德經》不再是如此的陌生，也不覺得多麼神秘，卻更吸引了我想要一探究竟的興趣和嚮往。

只是年青人剛踏入這麼深奧的領域，心中難免充滿了無助和惆悵，還好，令人稱喜的是，藉由《我與老子的座談會》這一本書其中〈老子道德經的世界模型〉和〈老子素描〉這兩篇的引導，可以很快的對於《老子道德經》的思想核心有了基本的了解，接下來的閱讀就順暢多了，也更輕鬆了。正如老先生所說的，《老子道德經》是一部人人可讀，人人能讀，大家都喜歡的聖哲寶典，完全是聖人眞實的心得分享，非常值得年青人用心參研。

雖然心裡明白，距離老先生的期望還很遠，但是自己覺得人生的視野更開闊了，只要順著《我與老子的座談會》這一本書所提示的「學行之道六部曲」穩步前進，相信自己的未來可以掌握在自己的手中；因此，就好像當初老先生鼓勵我的一樣，我也非常誠摯的邀請所有年青人，一起參與這樣一個有意義的學習行列。

陽明交通大學生化暨分子生物研究所研究生　李培潔

作者序

　　能夠完成《老子道德經》白話譯本，自己也覺得非常不可思議，因爲以前從來沒有一個念頭會想到要去寫作翻譯，甚至彙集成書，尤其這是《老子道德經》的眞實翻譯，不是童話故事的自由彩繪啊！

　　爲什麼自己讀理工的，竟然會「想不開而跨界翻牆」墜入這麼廣漠深沉而又無聲無息，更是一般常人不敢觸碰的經典文學極特區呢？其實筆者也不知道，應該是一種趁勢而爲的自然推力，也或許是內心的一種召喚吧。

　　年輕時常聽說《老子道德經》是一部非常古早的奇書，飄逸迴旋而不易甚解，所以就一直敬而遠之，幾度擦身而過；有一日，突然念頭一閃，心想，既然是最早的古籍經典之一，必定意義非凡，甚至超越時下的宗派學說，道脈綿延而淵遠流長，其中隱含的眞道至理，如果用心體會，應該是近而可親，明而直覺，因此，每當上班工作之餘，就這樣埋首於這個神秘的國度，展開了《老子道德經》漫長而又艱辛的探索之旅。

　　雖然試著參研老子的「道」，卻總是覺得惟恍惟惚，好像爬山攻頂，越過一山更有一山高，以爲到了巓峰，卻總是還有更大的驚奇矗立眼前，常常霧鎖群山，不知身在何處；因此在整個翻譯的過程中，各種心境上的曲折起伏不曾止歇，有歡呼，也有失落，有無數的推力，更有數不盡的阻礙，眞是點滴在心頭，只能獨自品啜。回顧一下，大約是2006年末，或者是2007年初左右，開始踏出了現在看起來非常勇敢卻又好像很「無知」的第一步。隨後經過多次全面的整理與校對，並且與其他諸多精選版本相互參考，終於有了嶄新的氣象和豐碩的成果，看來應該與老子的原意更貼近了一些，只是前後花了十餘年的時間才完成定稿出書，說長是長，說短猶如瞬間。

對於《老子道德經》有什麼特別的心得可以分享給大家呢？這個問題實在不是三言兩語能夠點出明白，更不是長篇大論可以表達清楚，因為眞實的道是要親身體會才能貫通，更要全然付出才能覺性，這裡只能依自己的一點了解，構築一個模型和講述一個寓言，提供給讀者參考，就是本書裡面的〈老子道德經的世界模型〉和〈老子素描〉這兩篇的內容，非常鼓勵大家一起來認識與了解，也希望大家喜歡這樣的分享。

　　現今各個正信宗派的教理和儀規，可能因為人文地理的差異而各有不同，但是根本的核心宗旨卻都與「道」相互連結，因此在這個白話譯本裡面，不會提到個別的宗教意識，希望能夠彰顯「道」的獨立超然。也許在書裡面還有一些屬於特定宗教意涵的詞句和用語，這是因為筆者過去的環境和習慣所帶來的，並沒有針對性。

　　在這個競爭日益激烈，時局瞬息萬變，躁動不安的情緒隨處瀰漫的世代裡，人們經過大環境不斷的衝擊與震盪之後，必將覺醒而逐漸回歸心靈層次的溝通，因此期望《我與老子的座談會》這一本書的呈現，能夠順著潮流趨勢散佈到每一個角落，陪伴大家一起返入自然的懷抱，走出一條屬於你我的康莊大道。

　　當然，本書所以能夠順利發行，首先要感謝高中時期的同學 艾群兄（2017.02 榮任嘉義大學校長），特別引薦了嘉義大學中國文學系教授蘇子敬先生，而揭開了筆者在翻譯寫作中最精彩、最關鍵的下半場。在認識蘇教授多年以來（2017.06），承蒙蘇教授不棄，願意在教學萬忙之中仍然抽空詳閱稿本，不斷的提供寶貴的建議，以及贈送多本名家名著的書籍作為參考資料，並且常常相約見面，細心指教，讓白話譯本的內容更趨完整而煥然一新，實在為本書注入了無限的生命，增添了無比的光彩；末了，還特別幫忙接洽出版社，一起討論有關出版的事宜，此情此景，眞是感激莫名，只能銘謝於萬一，而不知所云……在此同時，有幸獲得大學時期的導師趙榮耀先生的首肯（1989年就任淡江大學校長），願意為學生的《我與老子的座談會》

一書作序，給予學生最大的祝福與鼓勵，眞是上天特別的恩寵；老師眞誠的厚愛，學生永誌銘心，希望書本能夠發行各地，人人受益，以回報師恩於永恆。另外，令人歡心的是，能夠邀請到李培潔同學的參與，發表對於《我與老子的座談會》這一本書的讀後心得感言，相信可以帶動所有年青人一股學習的風潮，大家一起感受老子的啓發，走上幸福人生的道路。

最後，雖然自以爲理出了《老子道德經》的思想核心和中心價值，也希望覓得知音良友的肯定與鼓勵，但是筆者心知肚明，終究文品不足，實在道學淺薄，所以白話譯本內容處處弊拙，謬誤難免，只是開卷有益，尚乞各界前輩和先進好友，嚴以指正，寬以教導，讓眞理越澄越清，讓大道越顯越明。

賦曰：
擁有清靜豐足的生命　你我如何自覺
迎接多變創新的世代　你我如何自處
請聽老子明白的細說開始
妙觀大道自然的揮灑天地

迂魯棄夫　親筆

目　錄

導　言

老子與道德經

　　老子，東周人士，雖然在很早以前，史學上就已經記載了有關老子的學說和著述，但是卻沒有太多老子生平的特寫，所以老子也許是中國歷代哲學思想家中，最具有神秘色彩的人物了，因此老子的生平，看起來很簡單，然而老子的傳說，總是相續不斷，論解繽紛。

　　老子姓李，名耳，字伯陽，外字聃，史記記載生於楚國苦縣厲鄉曲仁里（今河南鹿邑太清人）。相傳母孕八十年而生，生即皓首白髮，所以人稱老子，曾在周都洛邑任職於守藏室，相當於現在的國家圖書館的官長，所以老子閱覽群書，博學通達，知禮樂，明道德，據說孔子周遊列國時，曾問禮於老子，有猶龍之嘆。

　　根據史料的記載，當時周王室國威不再，諸侯之間汲汲於權力爭奪，謀算日劇而紛擾四起，國運逐漸衰弱，因此老子對於王室的混亂以及周禮的不振感到非常的失望，所以決定辭官歸隱，於是騎著青牛，西行出關而不知所終。

　　當老子西行快到函谷關時，鎮守的關令尹喜觀察天象，看見一團紫氣從東方而來，心想必有聖真將至，因此早有準備，所以在老子到達時誠心恭迎，並且盛情招待多日。關令尹喜相信老子是一位得道高人，將要歸隱，所以再三懇請老子為其著述立言，可以流傳後世。史記老子韓非列傳云：「關令尹喜曰，子將隱矣，強為我著書。」老子認為時機成熟，終於寫下名揚古今中外的五千字真言，人稱《老子》，或是《老子五千文》。

　　史記記載：「老子著書上下篇，言道德之義。」漢河上公老子章句將全文分為八十一章，前面三十七章為道經，後面四十四章為德經，所以又稱為《道德經》。這一部老子親傳顯化的絕妙真經，揭露了天道的本體大用以及宇宙萬象的根本原始，「自然無為」是其思想

核心與中心價值，爲後代萬靈點亮了永恆的明燈，更爲所有誠心覺證性理，全力實踐道德之眞修賢士，鋪陳了一條進德修業的康莊大道，同時在綿延流行的歷史中，開啓了劃時代嶄新的一頁。

《老子道德經》在全球至少已經出版過四十種以上不同文字的譯本，曾經被美國紐約時報列爲世界十大名著之首。依據聯合國早期教科文組織所統計的資料顯示，全世界各種文化哲學書籍中，被譯成外國文字出版發行，除了聖經以外，就是《老子道德經》的發行量最多了。

回顧中國歷代王朝，不乏強國盛世，令人稱頌讚嘆，其中，又以漢唐時期國力鼎沸，威名遠播而震懾四海，可以說是中華民族史上最偉大的盛世之一，究其根源，實爲當朝執政的帝王將相能夠推崇老子的思想哲學，實踐大道的自然無爲而有以致之；漢代的文景之治以及唐朝的貞觀之治，就是其中最令人稱讚的代表作。

由於人心善變，思想易遷，所以《老子道德經》與歷代宗門學說，因交錯而激勵慧性，因融合而綻放光芒，終於孕育出中華民族浩瀚精粹的文化寶藏，至今仍然道脈薪傳，相續相成，眞理德揚，峻極宏偉；因此，能夠完全明白其中的性理，此人必定卓絕群倫而爲人上之人，能夠徹底力行其中的眞道，此人必定超越一切，應爲人天導師，常清常靜而長長久久。

《老子道德經》其理玄妙精深，其眞自然樸素，全然添補了哲學的空靈，超越了科學的極限，同時，澄清了各種學說的迷思，而充滿了宇宙人生的光慧和實證，在中國歷史上可謂「萬經之王」。觀之，可以修心悟性，悠遊自在，如出世之仙翁；持之，可以論政經武，治國化民，如入世之君侯。全篇八十一章，章章精湛，句句實惠，都是值得深思玩味，因此我們應該全面貫通，存乎一心，才能明白其中眞正的義理以及所展現出來的氣象，萬萬不可偏執違失於一處而無法全其經緯，甚至混淆了原來旨趣。誠哉，世人習以血脈相連認爲最親，而聖人更以道脈相傳尊爲至親，道之親，實超然流行，眞妙不可言

也。

　　所以《老子道德經》是一部人人可讀，人人能讀，大家都應該親
證實悟的聖哲寶典，也是一部人人可學，人人能行，大家都應該覺知
力行的至善眞經。因此如果有人問：爲什麼要讀《老子道德經》？這
裡的回答是：每一個人都應該參學《老子道德經》，因爲這一本書就
是在描繪人人本來生命的光彩啊！

誰誤解了老子與道德經

　　雖然《老子道德經》是一部聖哲寶典，至善真經，充滿了宇宙人生的光慧和實證，但還是要透過每一個人本來的悟性，才能穿越《老子道德經》層層的壁壘，讓《老子道德經》的真實世界自然的浮現出來；如果不想主動的去了解與挖掘這些寶藏，不但看不見《老子道德經》的真實世界，恐怕還會誤解了老子與道德經；要說是誰誤解了老子與道德經，筆者必須先舉手承認，自己曾經是其中之一。

　　這要從筆者高中時代說起，當時課業沉重，終日不離課本，實在沒有多餘的時間來涉獵其它的課外讀物；或許從課本中有看到少許有關老子與道德經的身影，卻沒有什麼印象，只知道有老子這一號人物，至於道德經，則一無所知。

　　好像哪一天，從哪一本書中看到有關老子的簡單介紹，是一幅圖像和一句話，圖像畫著老子悠閒而無所事事的坐臥著的樣子，旁邊還有一句話：「自然無為」；就是因為這一幅圖像和這一句話，讓筆者把老子與道德經給徹底的打敗了。

　　什麼是自然無為？難道一個人能夠自然無為，不必作什麼事，就可以有飯吃，還能夠治理天下嗎？這是在忙碌求學的心態下，非常幼稚而毫不成熟的自我催眠；從此筆者幾乎沒有再接觸《老子道德經》，直到十餘年前才出現了轉機，原來一直以來，自己是如此的固執任性，不但流失了眼前的天下奇寶，更誤解了老子與道德經，現在只能深自懺悔，懇求老子法外開恩了。

　　所以筆者認為，對於剛開始想要接觸《老子道德經》的人而言，確實有必要先簡單的介紹一下老子的思想核心，否則在還未了解《老子道德經》之前，看到了「自然無為」，或者是以下幾句話，就會像筆者一樣，很容易的誤解了老子與道德經：

天地不仁，以萬物爲芻狗；聖人不仁，以百姓爲芻狗。（5）

不日求以得，有罪以免邪？（62）

民至老死不相往來。（80）

　　而老子的思想核心是什麼？或者說，《老子道德經》的眞實世界是什麼樣的世界？參研《老子道德經》有哪些好處？雖然是看著同樣的經文，但是每一個人所悟出來的道理以及所行出來的層次，卻可能是南轅北轍，各有巧妙。因此現在的問題是：「哪一個人所悟出來的道理以及所行出來的層次，是最眞最善最美呢？」只可惜，除非能夠恭請老子再一次現身說法，否則難有定論。不過可以確定的是，每一個人學行的成果都可以互相交流與參考，但是只有透過自己親身體會，完全的與道契合同心，才是眞正明白覺悟的保證。因此希望讀者好友在開始閱讀《老子道德經》的時候，能夠先觀察一下筆者所繪製〈老子道德經的世界模型〉，讓自己有一個好的起手勢，這樣就比較容易入門，更可以透過自己親身體會，早日完全的與道契合同心，自然的融入《老子道德經》的眞實世界。

　　但是，一旦這個世界模型確實有助於引導初學者閱讀《老子道德經》的時候，請務必將這個世界模型驅離自己的腦海，以免不小心成爲第一個誤入森林的小白兔，因爲如果這個世界模型在腦海裡僵化了，恐怕又要變成另一種無明的障礙和包袱而不能安心自在。

老子道德經的世界模型

〈老子道德經的世界模型〉，它的核心是「道」，它的經緯是「有無」，它的兩極是「柔弱」，它的主軸是「無爲」，它的轉動是「無不爲」，整個世界完全處於「自然」的磁力場當中，這些都是〈老子道德經的世界模型〉的主要結構；而且這個世界模型的核心「道」，發散能量無窮，充滿無限生機而生生不息，是爲「大道氾兮，其可左右，萬物恃之而生而不辭。（34）」同時道體返本達源，德用反復變易，所以運勢所趨，相反相成以沖氣致和，是爲「反者，道之動；弱者，道之用。（40）」「道生一，一生二，二生三，三生萬物，萬物負陰而抱陽，沖氣以爲和。（42）」其中括符內的數字是指在道德經經文中的章次。

〈老子道德經的世界模型〉，它的組成元素是「樸素（19）」「誠信（21）」「和氣（42）」「清靜（45）」以及「慈儉（67）」；它的活動基礎是「守中（5）」「不勤（6）」「無私（7）」「若水（8）」「不盈（15）」「食母（20）」「抱一（22）」「不爭（22）」「希言（23）」「襲明（27）」「知止（32）」「知足（33）」「日損（48）」「襲常（52）」「玄同（56）」「若嗇（59）」「爲下（61）」「配天（68）」「不病（71）」「不徙（80）」以及「不積（81）」。因此在這個世界中的每一個學行之人，生命的律動總是依循著第三十六章師生對話中所揭示的「學行之道六部曲」的節奏在進行，人人「貴以身爲天下，愛以身爲天下。（13）」「既以爲人，己愈有；既以與人，己愈多。（81）」所以這些「聖人（3）」「善爲士者（15）」「有道者（24）」「上德（38）」「大丈夫（38）」「善攝生者（50）」以及「善爲道者（65）」都能夠「用其光，復歸其明。（52）」而且「不

失其所者久，死而不亡者壽。（33）」眞是多福又多壽。

「學行之道六部曲」
首部曲：止於至善，初顯發心。(謹守道心，虛柔處弱。)
二部曲：強身固本，發大願力。(精神充滿，願行廣施。)
三部曲：道心不變，持而有恆。(不爭無求，包容低下。)
四部曲：道心堅定，志向高遠。(才德兼備，福慧增長，太和元
　　　　氣自然而顯，慈善之心油然而生。)
五部曲：道心舒緩，自然無爲。(全然付出，不求回報，超越一
　　　　切名相，不爭功不自大。)
終部曲：道心發揚，至善天下。(大德敦化，盛德無疆，以其不
　　　　爭，故天下莫能與之爭。)

　　如上言，〈老子道德經的世界模型〉的主要結構包含了「道」
「有無」「柔弱」「無爲」「無不爲」以及「自然」，這些都是老子
的思想核心，其中的「自然」更是由老子的思想核心所整體呈現出來
的中心價值；而且每一項都有很深遠的意義，都是值得進一步的了解
與體會；其實自覺自悟的道才是眞實恆久的道，這應該也是老子的本
意吧。另外，在《老子道德經》中多次提到聖人，而什麼樣的人才是
聖人？聖人必須具備哪些條件呢？一般而言，是指在我們當中人格最
爲高尚的人，而在這裡，則進一步闡發，聖人是由〈老子道德經的世
界模型〉中的主要結構、組成元素和活動基礎所混合投射出來的一個
完全而具體的人物，這樣的人沒有時空限制，存在於過去、現在和未
來的每一個可能的地方。

一、什麼是「道」？

　　「道」，本來沒有名號，只能勉強指象形容爲「道」或「樸」，

所謂「吾不知其名，字之曰道，強爲之名曰大。（25）」「道常無名，樸雖小，天下弗敢臣。（32）」即是；「道」實在很難形容，或者說根本無法形容，但是自古及今，世人對「道」卻非常樂於談論與名說，總覺得意猶未盡，似有不足，而在這麼多的學說當中，哪一種說法最中肯又貼切呢？其實，「道」雖然可有不同層次的展現，但是就老子思想的核心意義而言，筆者還是以《老子道德經》的幾篇經文作爲推呈「道」的重要參考依據：

【十四章】

視之不見名曰夷，聽之不聞名曰希，搏之不得名曰微。此三者不可致詰，故混而爲一。其上不皦，其下不昧，繩繩不可名，復歸於無物，是謂無狀之狀，無物之象。是謂惚恍。迎之不見其首，隨之不見其後。

【二十一章】

孔德之容，惟道是從。道之爲物，惟恍惟惚。惚兮恍兮，其中有象。恍兮惚兮，其中有物。窈兮冥兮，其中有精。其精甚眞，其中有信。

【二十五章】

有物混成，先天地生。寂兮寥兮，獨立不改，周行而不殆，可以爲天下母。吾不知其名，字之曰道，強爲之名曰大。大曰逝，逝曰遠，遠曰反。

直接來說，「道」無聲無臭，無形無相，能生天地萬物而道貫一切萬有，是宇宙的總根源，正所謂「譬道之在天下，猶川谷之於江海。（32）」因此「道」是「虛無的」也是「存有的」，本書則以「虛靈混全」來對應。

雖然在這裡對「道」又說了不少，還是要明白的表示，「道」眞的是無法名說論述，只能力行實證，但是爲了讓志心學行的人有一個

明理參道的依據，因此藉著「有無」之妙來形容「道」的概念，並以「柔弱」之誠來認識「道」的內涵；另外，在〈老子道德經的世界模型〉中，它的「組成元素」以及「活動基礎」，都可以稱為「德」，也就是「道」的顯化，所謂「孔德之容，惟道是從。（21）」，盛德因大道而彰顯，大道因盛德而真實；然而「道與德」的區分，有時候並不明顯，請參考第二十一章師生對話中關於「道與德」如何區分的說明。

二、什麼是「有無」？

　　這裡的「有無」，完全不是我們感官所認知的有無，而是要回溯到一切的總根源，也就是第一章的「此兩者，同出而異名。」的「有無」，因此這裡的「有無」，都是同時源出於大道本體，而且是一理同行，非常的玄妙，處於「形而上的道」和「形而下的現象界」之間的中介狀態，亦有亦無，連結了「道」與「現象界」；其中的「無」是宇宙天地的根本原始，其中的「有」是一切萬有的生生母親。

　　因此，除了前面所述經文以外，還可以這裡的「有無」之妙來形容「道」，這樣感覺上又更具體了一些。另外再強調一下，這裡的「有無」是合一的而不是分離的，有中存無，無中存有，玄妙中更顯玄妙而妙不可言；請參考第一章師生對話中關於「有無」的說明。

三、什麼是「柔弱」？

　　這裡的「柔弱」完全不是我們所說的有氣無力，不堪一擊的柔弱，而是有如一個充滿無限能量的風箱或是谷神，能夠「虛而不屈，動而愈出。（5）」而且「綿綿若存，用之不勤。（6）」因此宇宙萬象生生不息，源源不絕。同時，老子也告訴我們，「柔弱勝剛強（36）」「天下之至柔，馳騁天下之至堅。（43）」「天下莫柔弱於

水，而攻堅強者，莫之能勝，其無以易之。（78）」這樣的柔弱，確實值得我們反省自覺，親證實悟，可以常清常靜而長長久久。

四、什麼是「無為」和「無不為」？

「無為」，千萬不能看成「無所事事，沒有作為。」這樣很傷老子的心，也實在誤會老子太大了，請參考第二章師生對話中「處無為之事」的說明；要談「無為」就要一起談「無不為」，兩個有如雙胞胎或是連體嬰，「道常無為而無不為（37）」可以說是最貼切的表白。

「無為」是不勉強作為的意思，所以大道無為，任其自然而不干預主導，因此「萬物作而不始（2）」；「無不為」則指以「無為」作基礎，所以沒有不能成就的事情，因此「昔之得一者：天得一以清，地得一以寧，神得一以靈，谷得一以盈，萬物得一以生，侯王得一以為天下貞。（39）」

聖人效法大道無為，所以聖人超越一切名相，順其自然而不妄為，因此「為無為，則無不治。（3）」「上德無為而無以為。（38）」「無為而無不為。（48）」同時「以輔萬物之自然，而不敢為。（64）」

五、什麼是「自然」？

首先要澄清的是，這裡的「自然」絕對不是專指現象界的「大自然」。《老子道德經》有一句名言：「人法地，地法天，天法道，道法自然。（25）」可以說是對「自然」最明白的啟示，這個「自然」和合了宇宙當中的四種大「道、天、地、人」而活躍於整個虛空；前面三個「法」字，直接翻譯成效法或是取法即可，但是「道法自然」的「法」字，可不能這樣簡單的翻譯；「道法自然」，說其為

「法」，只是要還原「道之名實為無名」，並非人為造作的，實為「自己而然」，是大自由，大自在的，整句話「人法地，地法天，天法道，道法自然。」揭示了「自然」是宇中四大的根本關聯，所以聖王效天法地，自然無為，串連了宇宙萬象的生命，彰顯了盛德榮華。

所以這裡的「自然」不是指道之上還有個自然，廣而言之，是由老子的思想核心所整體呈現出來的中心價值，這個中心價值可以從《老子道德經》的幾個章節中看到：「百姓皆謂我自然（17）」「希言自然（23）」「道之尊，德之貴，夫莫之命而常自然。（51）」和「以輔萬物之自然（64）」。

簡單而言，「道」的表現趨勢就是宇宙「自然之意」，因此大道無為而「不始（2）」，聖人無為而「不敢為（64）」，這就是「天地不仁，以萬物為芻狗；聖人不仁，以百姓為芻狗。（5）」的根本原因；凡事不過份干預，不勉強作為，讓一切萬有隨順「自然之意」。

如果再具體一點的說明，「自然」可與第一章的「有無」一同合起來推演，因此「自然」有兩種面向的呈現。其一是依止「微細玄妙的本無原始」所呈現出來「宇宙間唯一而絕對的真理自然」，這種「自然」是真實恆常的；其二是順行「氣象萬千的存有造化」所實現出來「宇宙間相對相生的原理法則」，或謂「現象自然」，也稱「大自然」，這種「自然」是變易無常的。通俗來說，老子的「自然」包含了「真理自然」和「現象自然」，而實義來解，老子的「自然」主要是「真理自然」，是真實恆常的「自然」。

舉例來說，「物極必反」「種瓜得瓜，種豆得豆。」和「太陽從東邊出來」是「現象自然」，而「返本達源」「清靜無私」和「無為而無不為」是「真理自然」；還有，俗話說：「人不為己，天誅地滅。」是「現象自然」，而大德云：「人常清靜，天真無邪。」是「真理自然」，為何同樣一個人會有兩種「自然」的表現呢？請參考第七章師生對話中的說明。

特別一提的是，「自然」與「無爲」其中的意義是相通而連貫的，因此說自然是無爲，說無爲即自然，「自然無爲」是老子的思想核心與中心價值，簡單而言，就是「順其自然而不加以干預也不妄爲」的意思；如果以學行的意義來看，則表示「隨順自然而不追求外物，始終以本來清靜的道心爲基礎，進而發揚既有的良知良能。」

介　　紹

老子道德經經文校勘說明

　　本書經文是以王弼本（老子四種，1999）作為主要參考，而在義理上的解釋，則是參酌時下多種精選版本，彼此相互引證而申論發揮的，其目的是希望在義理上的詮釋，能夠儘量的貼近老子的原始真味。另外，各位讀者好友也可以看看在本書後面附錄中的「歷史的見證——郭店村竹簡和馬王堆帛書」這一篇，可以進一步的認識目前出土，最早期的道德經古本（竹簡本和帛書本）的說明與介紹，能夠多一些對於古本的了解與感受。

　　其實，《老子道德經》自先秦以來有非常多的版本流傳，有傳世本和流行本等，還有更多的註解本相繼問世，其中的義理學說，本來就會因為不同的理解而有不一樣的表達，但是最令人稱奇的是，各本之間的經文，總是或多或少有一些相異的地方，甚至同一個作者的版本，在經過歷史的傳承當中，也會有不同的經文內容出現；而且當竹簡本和帛書本出土後，竟然發現，除了竹簡本和帛書本之間的經文內容有不同的地方以外，它們跟目前的傳世本和流行本之間，也有不少相異的地方，有些還是非常的關鍵，可見各本所傳承的原始祖本或許不同，也可能是在抄寫的過程中受到各種主客觀的影響而造成這樣的結果，因此現在的人在參研《老子道德經》的時候，不免會有經文內容不一致的困擾，更可能導致在義理上的理解出現非常大的歧見與爭議。

　　為了改善這種困擾，也希望更貼近老子的原意，本書選擇流行本中多數人參考的王弼本作為經文的主體，並以竹簡本和帛書本的經文作為根本依據，同時參酌時下的精選本，如陳鼓應先生的「老子今註今譯，2007」以及劉笑敢先生的「老子古今，2009」等大作其中的經文校勘學者的經文校勘以及學術主張，謹慎適切的進行本書經文的回

溯更改。

　　本書經文分成兩種不同程度的回溯更改予以呈現，第一種是「小部份的回溯更改」，這是將王弼本經文與古本不一樣的地方，而且是比較明確的，是多數學者有共識的進行回溯更改，這個「小部份的回溯更改」的經文是放在本書前面「道德經經文（王弼本──經文回溯）」裡面，有更改的地方會有暗底色的標示，第一種經文也是本書進行白話譯文的主要經文。第二種是「大部分的回溯更改與整合」，這是將王弼本經文與古本不一樣的地方進行比較多的回溯更改，這個「大部分的回溯更改與整合」的經文是放在本書附錄中「道德經經文（王弼本──經文回溯與校勘整合參考）」裡面，主要是提供給對經文校勘有興趣的讀者進一步的探討與研究，但是也建議各位讀者好友都可以撥空對照參考，也許在閱讀的當中又跟老子親近了許多。

本書特點

　　對於一般的初學者而言，《老子道德經》有點像是一本易懂難解的玄學奇書，往往看似一回事，卻是不相識，很容易落入「知其然而不知其所以然」的困惑窘境，總是混淆了才建立起來絲毫的知解輪廓，而稀釋了閱讀的動力，澆退了求知的渴望，甚至，誤解了經文的原始妙意，實在非常可惜，也令人扼腕！

　　為了將《老子道德經》的原始妙意儘可能清楚的呈現出來，讓讀者能夠迅速有效的閱覽欣賞，直接明白的領會貫通，本書採用了引導式的翻譯，由淺入易，仔細詳說，將整篇旨趣連結活化，讓生命的律動完全躍然紙上，讓所有老老少少的讀者不知也難，大家可以共同的感受這一股太和祥瑞之氣，因此精神全然飛揚而自然提升。期望這個白話譯本，不僅是課餘參考書，也是一部如實的進德修業指南，更是一帖全效的攝生保固良方。

　　原來這是一本人人可讀，大家愛讀的「宇宙航行指南」，因此非常歡迎各位來參加這個與老子相處，屬於自己獨享的座談會。

特點一：每一個章節首先以「經文回溯」與「字義注釋」說明，標示出經文修改的地方與關鍵字注音解釋。

　　如上一篇「老子道德經經文校勘」所提到的，本書是以第一種「小部份的回溯更改」的經文，作為白話譯文的主要參考，因此在對應章節中，如果有回溯更改而與王弼本經文不同的地方，會將修改前後的經文逐一標示於「經文回溯」欄位中，而經文修改內容的詳細說明，請讀者參閱附錄中「道德經各章校勘依據之列表與解說」的說明。同時，對於關鍵字的注音解釋，也會在「字義注釋」欄位中說

明，以方便參考查閱；所以在每一個章節中，對於這些欄位有不同的呈現，有時候是兩個欄位同時出現，有時候只有其中一個欄位出現，有時候兩個欄位都沒有出現。

特點二：每一個章節前面，以「提要」說明，勾勒出整個章節的中心主旨。

《老子道德經》的每一個章節都有其特定的旨趣和意含，而且必然是已經在天地間顯化過的氣象，或者是在歷史上發生過的真傳，甚且是你我當中一再上演的情境，可以說自古及今，穿連貫徹，從天而地，包羅廣厚，乃事實的呈現，為自然的揮灑，處處充滿了慈愛關懷以及殷切期盼；因為「道」就在天地之間，就在你我身上，人人可以行道，人人可以證道，所以每一個章節都是藏金至寶，可以完全受用。

為了讓讀者能夠很快的切入核心，融合情境，因此每一個章節前面，以「提要」說明，勾勒出整章的中心主旨，讓心靈為之觸動，進而開啟慧性妙門，親證無上妙道。另外特別一提的是，本書在「提要」中，是以比較文言的方式來表達，一方面句子可以簡潔有力，一方面也有懷古幽情的意思，其它地方則都是以白話文來表達。

特點三：每一個章節的「白話譯文」中，酌以加上「前言」、「續言」或是「結語」。

《老子道德經》的旨意深遠，氣象恢弘，如何適切而完整的加以詮釋，將大道真理顯耀發揚，的確是一項艱鉅的工程，或者是幾近於不可能的任務。所以筆者採取「努力耕耘」的方式，在「白話譯文」中，以淺顯易懂的詞句作詳細明白的表達，將每一個章節內容分段的解說，相互的對照，希望能夠讓道理更清晰，意境更明白，各位讀者

也比較容易了解與體會；只要各位讀者能夠體會道理的妙意，進而實踐親證，對筆者而言，就是開花結果的時機與收穫，也可以說是「大功告成」的真實寫照了。

　　因此在每一個章節的「白話譯文」中，會酌以加上「前言」、「續言」或是「結語」，讓整個章節的意思更加連貫順暢，完整而充實，這樣讀者在閱覽的時候，相信會感到特別的輕鬆愉快而自然的明白體會，尤其是有些經文的段落之間常常隱含著「腦筋急轉彎」的意境轉折，此時此刻，這些「前言」、「續言」或是「結語」，更能夠顯現出神奇的作用。

　　「前言」、「續言」或是「結語」的說明是沒有對應的經文相配的，這是筆者增潤冠加上去的。「前言」是在「白話譯文」中的最前面所加上的引導式的說明，主要是讓整個章節的脈動先行觸發，後續的節奏自然呼之欲出，流暢輕盈。「續言」是在章節的段落之間所加上的連接式的說明，主要是讓整個章節的旋律清澈綿延，而且無縫接軌。「結語」是在「白話譯文」中的最後面所加上的完成式的說明，主要是讓整個章節的尾音宣揚而止，可以意境無限。

特點四：每一個章節後面，增添「麥教授與郝學生的對話」。

　　在每一個章節的「白話譯文」中，雖然用詞仔細，說明淺顯，卻是比較嚴謹而正式的，因此筆者是不敢輕忽造次，時時驚恐萬分，如果有任何的誤導，實在擔待不起。但是只有「白話譯文」的說明，覺得意猶未盡，詞不全意，所以在每一個章節後面，增添了「麥教授與郝學生的對話」，總算可以稍為「無拘無束」的暢所欲言。

　　「麥教授與郝學生的對話」這一段說明內容是比較隨性而多元的，主要目的是將「白話譯文」的內容再加以延伸論述，也許是這個章節的弦外之音，也許是筆者深藏多時，想要一吐為快的內心話。筆者個人以為，有了「麥教授與郝學生的對話」的加持，神似「畫龍

點睛」的味道，各位讀者不妨寬心閱讀，如果有一些意外的驚喜和收穫，那也是讀者的小確幸，更是自己的私房錢了。

特點五：珍惜與老子面對面的契機，並且引申「治國先修身，修身如治國。」的一致性與同體觀。

《老子道德經》感應靈妙，所以當讀者手裡拿者經本專心閱讀，會心一笑時，老子已然悄悄化現在眼前，所謂「千江有水千江月」，因為人人真我實性本來清靜，自然能夠與老子「靈犀一點通」，慧性相融，心燈交會。筆者相信這是事實，而且是必然的感應，所以在字裡行間盡量的營造氣氛，讓讀者有如參加，與老子一對一，面對面，溫馨祥和的座談會一樣。因為這是專屬於你一個人的座談會，除了老子以外，自己就是唯一的主角，應該要好好的把握機會，帶著愉快喜悅的心情以及堅定明確的信念，聆聽老子的每一句真言，參學老子的每一個啟示，並且與老子互動交流，而能心領神會。

當老子在闡述「道」的本體時，自己就是「道」的化身；在解說「德」的致用時，自己就是「德」的推手；當老子在讚嘆聖人的典範時，不妨感受一下氣象萬千的豪邁；在宣揚行者的風骨時，好好檢視一下自己是否能夠身體力行，始終如一；當老子在訓勉歷代帝王以及諸侯將相應有的氣度和胸襟，德慧和節操時，自己就是當朝執政者，或是文武百官，而能夠虛心領教，真心受持。請讀者好好跟老子相處，並且作好角色扮演，切勿把自己當成局外人，或者只是臨時演員，好像拒老子於千里之遙而錯失良機，無法與老子同心同德，實踐親證老子的真道性理，就好像是入了寶山卻空手而回，這樣，真是叫人難過與無奈啊！

《老子道德經》雖然一再的訓勉王侯將相如何治國化民，其實也同時在影射學道行者如何修心悟性，因為兩者的道理是貫通一致的，正如第五十四章「修之於身，其德乃真；……修之於天下，其德乃

普。」說得非常明白。每一個人本來眞我實性清靜淳樸，猶如自性之王，而每一個人的私心妄念，機巧善變而變化無窮，恰似百萬驕兵，如此，以自性之王統攝百萬驕兵，使其調伏安靜，自然是眞實受用，眞正得益。所以明說帝王治國化民之理，也同時暗喻自性行持之要，因此在本書中，將會一再的提示與表明這樣的理念和情境。

特點六：將大道眞理的至玄至妙，連結到每一個人的本來自性。

　　讀者們靜深聆聽老子的妙音禪韻的當下，本來自性的千古面紗幽幽然隨行揭開，原始太初的無極玄祕愫愫然順理貫入，連結到自己的一點眞心上，感動交流而靈覺明白。其實《老子道德經》的眞實意義在於能夠全然彰顯眞理自然，闡明人人本來生命與道合一，相應相合，讓你我對「道」的感受，從遙遠而不可測，玄玄而不可知，令人生畏疏離的一端，頓然眞心會意，耀現眼前，是那麼的親切實在，圓滿喜悅；也因此，讓天地萬物的生化消長變得更有意義，更爲生動，正如第五十二章「天下有始，以爲天下母。既得其母，以知其子；既知其子，復守其母；沒身不殆。」所言當眞。

　　所以在本書裡面，筆者用心的在每一個適當的地方，明白的將大道眞理的至玄至妙跟每一個人的本來自性連結在一起，讓讀者對「道」有如身歷其境般的感動與喜悅，時時沐浴在清靜無私，自然無爲的和風薰染之中。

特點七：將學道與行道的信念，貫徹到每一個人的日常生活。

　　任何人如果嚮往安心自在的生活，當然必須透過學行的淨化與提升，才能淬礪成就，而聖人賢哲與親證實悟的大德們就是吾輩學行的眞實典範，因此在《老子道德經》中處處可見，以聖人和大德行者作爲演說示範的貴賓，以暢言眞功實善的成就和不凡，正如第二十六章

「重爲輕根，靜爲躁君，是以聖人終日行，不離錙重。雖有榮觀，燕處超然。」是爲明證。

　　同時我們必須了解，明白要學道就是有慧性的人，眞心來行道就是有福氣的人，而能夠實踐道德，始終如一的人，更是進德修業的典範，因此我們應該有「學道要有成就，行道必定證道。」的信念和決心。

　　所以在本書中隨處可見，隨緣表現，筆者一再的鼓勵讀者好友，應該將學行的信念貫徹到日常生活上，雖然不必見人就說自己在學道行道，但是內心要不斷的提醒自己，只有學行才是改善生活，提振精神，超越世俗，回歸自然，唯一有效，也是最眞實的大道坦途。

特點八：每一個章節最後，特別追加「宇宙人生導航」。

　　「宇宙人生導航」這一段主要是讓讀者在閱讀完一個章節後，可以有放輕鬆的時間，能夠優雅的欣賞而自然的體會老子的眞心話，所以這一段的文字不多，也非常的淺顯易懂，算是小而美，巧而妙，好像是一個小小的指南針，明白的指出這一個章節所帶給我們宇宙人生的意義和方向，引領大家一起安心自在的飛翔。

道德經經文
（王弼本──經文回溯）

【一章】

道，可道，非常道；名，可名，非常名。無名，天地之始；有名，萬物之母。故常無欲，以觀其妙；常有欲，以觀其徼。此兩者，同出而異名，同謂之玄。玄之又玄，眾妙之門。

【二章】

天下皆知美之為美，斯惡已；皆知善之為善，斯不善已。故有無相生，難易相成，長短相形，高下相盈，音聲相和，前後相隨。是以聖人處無為之事，行不言之教。萬物作而不始，生而不有，為而不恃，功成而弗居。夫唯弗居，是以不去。

【三章】

不尚賢，使民不爭；不貴難得之貨，使民不為盜；不見可欲，使民心不亂。是以聖人之治：虛其心，實其腹；弱其志，強其骨。常使民無知無欲，使夫知者不敢為也。為無為，則無不治。

【四章】

道沖而用之，或不盈；淵兮似萬物之宗。挫其銳，解其紛，和其光，同其塵；湛兮似或存。吾不知誰之子，象帝之先。

【五章】

天地不仁，以萬物為芻狗；聖人不仁，以百姓為芻狗。天地之間，其猶橐籥乎！虛而不屈，動而愈出。多言數窮，不如守中。

【六章】

谷神不死，是謂玄牝。玄牝之門，是謂天地根。綿綿若存，用之不勤。

【七章】

天長地久。天地所以能長且久者，以其不自生，故能長生。是以聖人後其身而身先，外其身而身存。非以其無私邪？故能成其私。

【八章】

上善若水。水善利萬物而不爭，處眾人之所惡，故幾於道。居善地，心善淵，與善仁，言善信，正善治，事善能，動善時。夫唯不

爭，故無尤。

【九章】

持而盈之，不如其已。攕而銳之，不可長保。金玉滿堂，莫之能守。富貴而驕，自遺其咎。功遂身退，天之道。

【十章】

載營魄抱一，能無離乎？專氣致柔，能嬰兒乎？滌除玄覽，能無疵乎？愛民治國，能無知乎？天門開闔，能為雌乎？明白四達，能無為乎？生之畜之，生而不有，為而不恃，長而不宰，是謂玄德。

【十一章】

三十輻共一轂，當其無，有車之用。埏埴以為器，當其無，有器之用。鑿戶牖以為室，當其無，有室之用。故有之以為利，無之以為用。

【十二章】

五色令人目盲，五音令人耳聾，五味令人口爽，馳騁畋獵令人心發狂，難得之貨令人行妨。是以聖人為腹不為目。故去彼取此。

【十三章】

寵辱若驚，貴大患若身。何謂寵辱若驚？寵為下，得之若驚，失之若驚，是謂寵辱若驚。何謂貴大患若身？吾所以有大患者，為吾有身；及吾無身，吾有何患！故貴以身為天下，若可寄天下；愛以身為天下，若可託天下。

【十四章】

視之不見名曰夷，聽之不聞名曰希，搏之不得名曰微。此三者不可致詰，故混而為一。其上不皦，其下不昧，繩繩不可名，復歸於無物，是謂無狀之狀，無物之象。是謂惚恍。迎之不見其首，隨之不見其後。執古之道，以御今之有，能知古始，是謂道紀。

【十五章】

古之善為士者，微妙玄通，深不可識。夫唯不可識，故強為之容。豫兮若冬涉川，猶兮若畏四鄰，儼兮其若客，渙兮其若釋，敦兮

其若樸，曠兮其若谷，混兮其若濁。孰能濁以靜之徐清？孰能安以動之徐生？保此道者，不欲盈。夫唯不盈，故能敝而新成。

【十六章】

致虛極，守靜篤，萬物並作，吾以觀復。夫物芸芸，各復歸其根。歸根曰靜，是謂復命。復命曰常，知常曰明。不知常，妄作，凶。知常容，容乃公，公乃王，王乃天，天乃道，道乃久。沒身不殆。

【十七章】

太上，下知有之；其次，親而譽之；其次，畏之；其次，侮之。信不足焉，有不信焉；悠兮其貴言。功成事遂，百姓皆謂我自然。

【十八章】

大道廢，有仁義。（智慧出，有大偽。）六親不和，有孝慈。國家昏亂，有忠臣。

【十九章】

絕聖棄智，民利百倍；絕仁棄義，民復孝慈；絕巧棄利，盜賊無有。此三者，以為文不足；故令有所屬，見素抱樸，少私寡欲。

【二十章】

絕學無憂。唯之與阿，相去幾何？美之與惡，相去何若？人之所畏，不可不畏。荒兮其未央哉！眾人熙熙，如享太牢，如春登臺。我獨泊兮其未兆，如嬰兒之未孩，儽儽兮若無所歸。眾人皆有餘，而我獨若遺。我愚人之心也哉！沌沌兮。俗人昭昭，我獨昏昏；俗人察察，我獨悶悶。澹兮其若海，飂兮若無所止。眾人皆有以，而我獨頑似鄙。我獨異於人，而貴食母。

【二十一章】

孔德之容，惟道是從。道之為物，惟恍惟惚。惚兮恍兮，其中有象。恍兮惚兮，其中有物。窈兮冥兮，其中有精。其精甚真，其中有信。自古及今，其名不去，以閱眾甫。吾何以知眾甫之狀哉？以此。

【二十二章】

曲則全，枉則直；窪則盈，敝則新；少則得，多則惑。是以聖人抱一爲天下式。不自見故明，不自是故彰，不自伐故有功，不自矜故長。夫唯不爭，故天下莫能與之爭。古之所謂「曲則全」者，豈虛言哉！誠全而歸之。

【二十三章】

希言自然。故飄風不終朝，驟雨不終日。孰爲此者？天地。天地尚不能久，而況於人乎？故從事於道者，道者同於道，德者同於德，失者同於失。同於道者，道亦樂得之；同於德者，德亦樂得之；同於失者，失亦樂得之。信不足焉，有不信焉。

【二十四章】

企者不立，跨者不行；自見者不明，自是者不彰；自伐者無功，自矜者不長。其在道也，曰餘食贅行。物或惡之，故有道者不處。

【二十五章】

有物混成，先天地生。寂兮寥兮，獨立不改，周行而不殆，可以爲天下母。吾不知其名，字之曰道，強爲之名曰大。大曰逝，逝曰遠，遠曰反。故道大，天大，地大，王亦大。域中有四大，而王居其一焉。人法地，地法天，天法道，道法自然。

【二十六章】

重爲輕根，靜爲躁君，是以聖人終日行，不離輜重。雖有榮觀，燕處超然。奈何萬乘之主，而以身輕天下？輕則失本，躁則失君。

【二十七章】

善行無轍迹，善言無瑕讁，善數不用籌策，善閉無關楗而不可開，善結無繩約而不可解。是以聖人常善救人，故無棄人；常善救物，故無棄物；是謂襲明。故善人者，不善人之師；不善人者，善人之資。不貴其師，不愛其資，雖智大迷，是謂要妙。

【二十八章】

知其雄，守其雌，爲天下谿。爲天下谿，常德不離，復歸於嬰

兒。知其白，守其黑，爲天下式。爲天下式，常德不忒，復歸於無極。知其榮，守其辱，爲天下谷。爲天下谷，常德乃足，復歸於樸。樸散則爲器，聖人用之則爲官長。故大制不割。

【二十九章】

將欲取天下，而爲之，吾見其不得已。天下神器，不可爲也，不可執也。爲者敗之，執者失之。故物或行或隨，或嘘或吹，或強或羸，或培或墮。是以聖人去甚、去奢、去泰。

【三十章】

以道佐人主者，不以兵強天下，其事好還。師之所處，荊棘生焉。大軍之後，必有凶年。善者果而已，不敢以取強。果而勿矜，果而勿伐，果而勿驕，果而不得已，是謂果而勿強。物壯則老，是謂不道，不道早已。

【三十一章】

夫佳兵者，不祥之器。物或惡之，故有道者不處。君子居則貴左，用兵則貴右。兵者，不祥之器，非君子之器。不得已而用之，恬淡爲上，勝而不美。而美之者，是樂殺人。夫樂殺人者，則不可以得志於天下矣。吉事尚左，凶事尚右。偏將軍居左，上將軍居右，言以喪禮處之。殺人之眾，以悲哀泣之。戰勝，以喪禮處之。

【三十二章】

道常無名，樸雖小，天下弗敢臣。侯王若能守之，萬物將自賓。天地相合，以降甘露，民莫之令而自均。始制有名，名亦既有，夫亦將知止，知止所以不殆。譬道之在天下，猶川谷之於江海。

【三十三章】

知人者智，自知者明。勝人者有力，自勝者強。知足者富，強行者有志。不失其所者久，死而不亡者壽。

【三十四章】

大道氾兮，其可左右。萬物恃之而生而不辭，功成不名有，衣養萬物而不爲主。常無欲，可名於小；萬物歸焉而不爲主，可名爲大。

以其終不自爲大，故能成其大。

【三十五章】

執大象，天下往；往而不害，安平太。樂與餌，過客止。道之出口，淡乎其無味；視之不足見，聽之不足聞，用之不可既。

【三十六章】

將欲歙之，必固張之；將欲弱之，必固強之；將欲廢之，必固興之；將欲奪之，必固與之；是謂微明。柔弱勝剛強。魚不可脫於淵，國之利器不可以示人。

【三十七章】

道常無爲而無不爲，侯王若能守之，萬物將自化。化而欲作，吾將鎮之以無名之樸。無名之樸，夫亦將無欲。不欲以靜，天下將自定。

【三十八章】

上德不德，是以有德；下德不失德，是以無德。上德無爲而無以爲，（下德爲之而有以爲。）上仁爲之而無以爲，上義爲之而有以爲。上禮爲之而莫之應，則攘臂而扔之。故失道而後德，失德而後仁，失仁而後義，失義而後禮。夫禮者，忠信之薄而亂之首；前識者，道之華而愚之始。是以大丈夫處其厚，不居其薄；處其實，不居其華。故去彼取此。

【三十九章】

昔之得一者：天得一以清，地得一以寧，神得一以靈，谷得一以盈，萬物得一以生，侯王得一以爲天下貞。其致之。天無以清將恐裂，地無以寧將恐發，神無以靈將恐歇，谷無以盈將恐竭，萬物無以生將恐滅，侯王無以貴高將恐蹶。故貴以賤爲本，高以下爲基。是以侯王自謂孤、寡、不穀。此非以賤爲本邪？非乎？故致數輿無輿。不欲琭琭如玉，珞珞如石。

【四十章】

反者，道之動；弱者，道之用。天下萬物生於有，有生於無。

【四十一章】

上士聞道，勤而行之；中士聞道，若存若亡；下士聞道，大笑之；不笑不足以爲道。故建言有之：「明道若昧，進道若退，夷道若纇。上德若谷，大白若辱，廣德若不足，建德若偷，質眞若渝。大方無隅，大器免成，大音希聲，大象無形，道隱無名。」夫唯道，善貸且成。

【四十二章】

道生一，一生二，二生三，三生萬物。萬物負陰而抱陽，沖氣以爲和。人之所惡，唯孤、寡、不穀，而王公以爲稱。故物，或損之而益，或益之而損。人之所教，我亦教之。強梁者不得其死，吾將以爲教父。

【四十三章】

天下之至柔，馳騁天下之至堅，無有入無間，吾是以知無爲之有益。不言之教，無爲之益，天下希及之。

【四十四章】

名與身孰親？身與貨孰多？得與亡孰病？是故甚愛必大費，多藏必厚亡。知足不辱，知止不殆，可以長久。

【四十五章】

大成若缺，其用不弊；大盈若沖，其用不窮。大直若屈，大巧若拙，大辯若訥。躁勝寒，靜勝熱，清靜爲天下正。

【四十六章】

天下有道，卻走馬以糞；天下無道，戎馬生於郊。禍莫大於不知足，咎莫大於欲得。故知足之足，常足矣。

【四十七章】

不出戶，知天下；不窺牖，見天道。其出彌遠，其知彌少。是以聖人不行而知，不見而名，不爲而成。

【四十八章】

爲學日益，爲道日損。損之又損，以至於無爲。無爲而無不爲。

取天下常以無事，及其有事，不足以取天下。

【四十九章】

聖人常無心，以百姓之心爲心。善者吾善之，不善者吾亦善之，德善。信者吾信之，不信者吾亦信之，德信。聖人之在天下，歙歙焉，爲天下渾心。百姓皆注其耳目，聖人皆孩之。

【五十章】

出生入死。生之徒十有三，死之徒十有三。人之生動之死地，亦十有三。夫何故？以其生生之厚。蓋聞善攝生者，路行不遇兕虎，入軍不被甲兵，兕無所投其角，虎無所措其爪，兵無所容其刃。夫何故？以其無死地。

【五十一章】

道生之，德畜之，物形之，勢成之。是以萬物莫不尊道而貴德。道之尊，德之貴，夫莫之命而常自然。故道生之，德畜之：長之、育之、亭之、毒之、養之、覆之。生而不有，爲而不恃，長而不宰，是謂玄德。

【五十二章】

天下有始，以爲天下母。既得其母，以知其子；既知其子，復守其母；沒身不殆。塞其兌，閉其門，終身不勤。開其兌，濟其事，終身不救。見小曰明，守柔曰強。用其光，復歸其明，無遺身殃，是爲習常。

【五十三章】

使我介然有知，行於大道，唯施是畏。大道甚夷，而民好徑。朝甚除，田甚蕪，倉甚虛。服文綵，帶利劍，厭飲食，財貨有餘，是爲盜夸。非道也哉！

【五十四章】

善建者不拔，善抱者不脫，子孫以祭祀不輟。修之於身，其德乃眞；修之於家，其德乃餘；修之於鄉，其德乃長；修之於國，其德乃豐；修之於天下，其德乃普。故以身觀身，以家觀家，以鄉觀鄉，以

國觀國，以天下觀天下。吾何以知天下之然哉？以此。

【五十五章】

含德之厚，比於赤子。蜂蠆虺蛇不螫，猛獸不據，攫鳥不搏。骨弱筋柔而握固，未知牝牡之合而朘作，精之至也。終日號而不嗄，和之至也。知和曰常，知常曰明，益生曰祥，心使氣曰強。物壯則老，謂之不道，不道早已。

【五十六章】

知者不言，言者不知。塞其兌，閉其門，挫其銳，解其紛，和其光，同其塵，是謂玄同。故不可得而親，不可得而疏；不可得而利，不可得而害；不可得而貴，不可得而賤；故為天下貴。

【五十七章】

以正治國，以奇用兵，以無事取天下。吾何以知其然哉？以此。天下多忌諱，而民彌貧；民多利器，國家滋昏；人多伎巧，奇物滋起；法令滋彰，盜賊多有。故聖人云：「我無為而民自化，我好靜而民自正，我無事而民自富，我無欲而民自樸。」

【五十八章】

其政悶悶，其民淳淳；其政察察，其民缺缺。禍兮福之所倚，福兮禍之所伏。孰知其極？其無正。正復為奇，善復為妖。人之迷，其日固久。是以聖人方而不割，廉而不劌，直而不肆，光而不耀。

【五十九章】

治人事天莫若嗇。夫唯嗇，是謂早服。早服謂之重積德。重積德則無不克，無不克則莫知其極。莫知其極，可以有國。有國之母，可以長久。是謂深根固柢，長生久視之道。

【六十章】

治大國，若烹小鮮。以道蒞天下，其鬼不神。非其鬼不神，其神不傷人。非其神不傷人，聖人亦不傷人。夫兩不相傷，故德交歸焉。

【六十一章】

大國者下流。天下之交，天下之牝。牝常以靜勝牡，以靜為下。

故大國以下小國，則取小國；小國以下大國，則取於大國。故或下以取，或下而取。大國不過欲兼畜人，小國不過欲入事人，夫兩者各得其所欲，大者宜為下。

【六十二章】

道者，萬物之奧，善人之寶，不善人之所保。美言可以市，尊行可以加人。人之不善，何棄之有？故立天子，置三公，雖有拱璧以先駟馬，不如坐進此道。古之所以貴此道者何？不曰求以得，有罪以免邪？故為天下貴。

【六十三章】

為無為，事無事，味無味。大小多少，報怨以德。圖難於其易，為大於其細。天下難事，必作於易，天下大事，必作於細。是以聖人終不為大，故能成其大。夫輕諾必寡信，多易必多難，是以聖人猶難之，故終無難矣。

【六十四章】

其安易持，其未兆易謀，其脆易泮，其微易散。為之於未有，治之於未亂。合抱之木，生於毫末；九層之臺，起於累土；千里之行，始於足下。為者敗之，執者失之。是以聖人無為，故無敗；無執，故無失。民之從事，常於幾成而敗之。慎終如始，則無敗事。是以聖人欲不欲，不貴難得之貨；學不學，復眾人之所過。以輔萬物之自然，而不敢為。

【六十五章】

古之善為道者，非以明民，將以愚之。民之難治，以其智多。故以智治國，國之賊；不以智治國，國之福。知此兩者，亦稽式。常知稽式，是謂玄德。玄德深矣，遠矣，與物反矣，然後乃至大順。

【六十六章】

江海所以能為百谷王者，以其善下之，故能為百谷王。是以欲上民，必以言下之；欲先民，必以身後之。是以聖人處上而民不重，處前而民不害，是以天下樂推而不厭。以其不爭，故天下莫能與之爭。

【六十七章】

　　天下皆謂我道大，似不肖。夫唯大，故似不肖。若肖，久矣其細也夫。我有三寶，持而保之：一曰慈，二曰儉，三曰不敢為天下先。慈，故能勇；儉，故能廣；不敢為天下先，故能成器長。今舍慈且勇，舍儉且廣，舍後且先，死矣！夫慈，以戰則勝，以守則固。天將救之，以慈衛之。

【六十八章】

　　善為士者不武，善戰者不怒，善勝敵者不與，善用人者為之下。是謂不爭之德，是謂用人，是謂配天，古之極。

【六十九章】

　　用兵有言：「吾不敢為主而為客，不敢進寸而退尺。」是謂行無行，攘無臂，扔無敵，執無兵。禍莫大於輕敵，輕敵幾喪吾寶。故抗兵相若，哀者勝矣。

【七十章】

　　吾言甚易知，甚易行；天下莫能知，莫能行。言有宗，事有君。夫唯無知，是以不我知。知我者希，則我者貴，是以聖人被褐懷玉。

【七十一章】

　　知不知，上；不知知，病。夫唯病病，是以不病。聖人不病，以其病病，是以不病。

【七十二章】

　　民不畏威，則大威至。無狎其所居，無厭其所生。夫唯不厭，是以不厭。是以聖人自知，不自見；自愛，不自貴。故去彼取此。

【七十三章】

　　勇於敢則殺，勇於不敢則活。此兩者，或利或害。天之所惡，孰知其故？是以聖人猶難之。天之道，不爭而善勝，不言而善應，不召而自來，繟然而善謀。天網恢恢，疏而不失。

【七十四章】

　　民不畏死，奈何以死懼之？若使民常畏死，而為奇者，吾得執而

殺之，孰敢？常有司殺者殺，夫代司殺者殺，是謂代大匠斲。夫代大匠斲者，希有不傷其手矣。

【七十五章】

民之饑，以其上食稅之多，是以饑。民之難治，以其上之有爲，是以難治。民之輕死，以其求生之厚，是以輕死。夫唯無以生爲者，是賢於貴生。

【七十六章】

人之生也柔弱，其死也堅強。萬物草木之生也柔脆，其死也枯槁。故堅強者，死之徒；柔弱者，生之徒。是以兵強則不勝，木強則折。強大處下，柔弱處上。

【七十七章】

天之道，其猶張弓與！高者抑之，下者舉之；有餘者損之，不足者補之。天之道，損有餘而補不足；人之道則不然，損不足以奉有餘。孰能有餘以奉天下？唯有道者。是以聖人爲而不恃，功成而不處。其不欲見賢。

【七十八章】

天下莫柔弱於水，而攻堅強者，莫之能勝，其無以易之。弱之勝強，柔之勝剛，天下莫不知，莫能行。是以聖人云：「受國之垢，是謂社稷主；受國不祥，是爲天下王。」正言若反。

【七十九章】

和大怨，必有餘怨，安可以爲善？是以聖人執左契，而不責於人。有德司契，無德司徹。天道無親，常與善人。

【八十章】

小國寡民，使有十百人之器而不用，使民重死而不遠徙。雖有舟輿，無所乘之；雖有甲兵，無所陳之；使民復結繩而用之。甘其食，美其服，安其居，樂其俗。鄰國相望，雞犬之聲相聞，民至老死不相往來。

【八十一章】

信言不美，美言不信。善者不辯，辯者不善。知者不博，博者不知。聖人不積，既以爲人，己愈有；既以與人，己愈多。天之道，利而不害。聖人之道，爲而不爭。

道德經白話詳解

（王弼本——經文回溯）

第1章　觀妙

道，可道，非常道；名，可名，非常名。
無名，天地之始；有名，萬物之母。
故常無欲，以觀其妙；常有欲，以觀其徼。
此兩者，同出而異名，同謂之玄。
玄之又玄，眾妙之門。

◎經文回溯

1 王弼本原文：「道可道，非常道；名可名，非常名。」

　依帛書本回溯：「道，可道，非常道；名，可名，非常名。」

2 王弼本原文：「無名天地之始，有名萬物之母。」

　依帛書本回溯：「無名，天地之始；有名，萬物之母。」

◎字義注釋

「徼」音叫，邊際的意思，指事物的表徵氣象。

◎提要

　　首言宇宙生成源起，乃道體之達用，實有無之同行；聖人體無會妙，用有形徼，覺知本無原始是宇宙間唯一而絕對之真理自然，存有造化是宇宙間相對而相生之原理法則。老子慈心，更以揭示學行之人，當靜心依止本來自性，是謂眾妙之門，真入道之功夫，實證道之關鍵。

◎白話譯文

道，可道，非常道；

　　真實的道無聲無臭、無形無相，或許可以透過各種的言說論述來闡發道的妙趣，只是這樣言說論述的道畢竟不是本來真實恆常的道。
（續言）因為相對於真實恆常的道而言，這些可以言說論述的道是片
　　　　面的見解，會隨著主客觀環境的改變而改變，所以真實恆常
　　　　的道是超越一切而無法言說論述的。

名，可名，非常名。

　　真實的名平等如實、非善非惡，或許可以藉由不同的指定稱呼來推呈名的勝義，只是這樣指定稱呼的名畢竟不是本來真實恆常的名。
（續言）因為相對於真實恆常的名而言，這些可以指定稱呼的名是人
　　　　造的符號，會隨著對物象觀念的改變而改變，所以真實恆常

的名是超越一切而無法指定稱呼的。

（續言）大道虛靈混全，道體達用而體用合一，有無之理彰顯，是以
宇宙生成蔚然開展。

無名，天地之始；

這個無法指定命名也無法言說論述，寂然無名無相而永恆不變，
借名為「無」的本無之理，就是宇宙天地的根本原始。

有名，萬物之母。

這個可以指定命名也可以言說論述，成乎有名有相而變易無常，
借名為「有」的存有之理，就是萬有品物的生生母親。

（續言）大道生育天地，道貫一切萬有，因此人人身中有道，物物稟
性有理。

故常無欲，以觀其妙；

所以能夠常處無知無欲的本來自性，可以感應玄通「無」的永恆
不變，進而靜觀含蘊天地萬物而微細玄妙的本無原始，它所呈現出來
的，就是宇宙間唯一而絕對的真理自然。

常有欲，以觀其徼。

如果常生個有欲想的愛養人心，只會相應相合「有」的變易無
常，推而覺觀能顯天地萬物而氣象萬千的存有造化，它所實現出來
的，就是宇宙間相對而相生的原理法則，或可稱為「現象自然」。

此兩者，同出而異名，同謂之玄。

不論是本無之理的「無」，還是存有之理的「有」，看起來好像是相互對立，但卻不是絕緣不通，其實，有無兩者都是同時源出於大道本體，只是被賦予相異的名稱而已，原來有無本來一理，妙徼皆為齊觀，都是非常的淵深玄奇。

玄之又玄，眾妙之門。

如果進一步推究，更能夠體會有中存無，無中存有，有無同行周轉，因此宇宙萬象自然顯化，真是玄奇中更顯玄奇而妙不可言；原來萬物同源，萬理同宗，這一切的眾妙勝景都是由這裡起始，所以道體是宇宙間所有玄奇微妙自然出入的門徑通路。

（結語）大道本體是宇宙的「眾妙之門」，那麼本來自性就是人身的「眾妙之門」，聖人能夠位列天地人三才之一，所憑藉的就是這個道心妙性。所以我們應當超越那些繽紛閃耀的玄奇表象，靜心依止這個本來自性而與道合一，才是探尋所有妙法真諦，唯一明白可行的正門大路。這個「眾妙之門」人人實有，跟我們都是極為密切而又非常親近，因此，從自己本身來力行實踐，覺悟大道的尊貴以及本來自性的圓滿，可以說是每一個人入道的功夫，也是證道的關鍵。

◎麥教授與郝學生的對話

郝學生：老子把宇宙的源起與生成，明白而直接的闡發出來，實在太奇妙了，真是令人讚嘆！

麥教授：任何人看了這一章，都會頓時充滿了生命的喜悅，整個章節

並沒有直接說及「道」，卻以有無妙徼襯托出「道」的獨立超然。其實，道德經是一部非常振奮人心的經典，把大道和人性連結在一起，讓人覺得道跟自己是這麼的親切，所以會更加的珍惜而自然的實踐與成就，是為道化人生。

郝學生：既然「道，可道，非常道。」那麼各宗教派所演說的法學經典，是否就不是「真常之道」？

麥教授：各宗教派所演說的法學經典，包括道德經，只是在指引我們如何精進參學而已，因為道體是無法言說論述的，學行之人還是必須透過親身的實踐，才能真正的悟道，而這個自悟的道才是真常之道，這就是「不言之教」的勝義。當真正悟道的時候，對於過去所學，實在是可以捨棄不用了，但是對於尚未悟道的初學者，以及想要度化眾生的學行之人而言，這些法學經典仍然有其至高無上的價值和妙益，可以照亮世間，可以點醒迷頑，因此我們每一個人應該時時敬重與護持這些法學經典，猶如珍貴自己的生命一般。

郝學生：謝謝教授的指導。

麥教授：老子慈心彗性，因為「可道」的明顯而開演了整部通古絕妙的道德真經；因為「非常道」的隱晦而歸止於完全自然無為的無名之樸。

郝學生：「妙」和「徼」的意義，請教授詳解。

麥教授：「妙」在這裡指「微細玄妙的本無原始」，揭露的是根本源頭；「徼」指「氣象萬千的存有造化」，強調的是外徼顯象。「妙」與「徼」的對應也在勉勵我們要超越外徼顯象的變易無常，同時也要體會根本源頭的永恆不變，如此依止大道自然，可以長長久久。

郝學生：請問教授，「無名」和「有名」如何來解釋呢？

麥教授：其實「無名」和「有名」都是借名說法，簡單而言，就是借著「無」和「有」這兩個名字，而來表述真實的「無」和「有」的本質內涵。另外，王弼本的「無名天地之始，有名萬物之母。」在帛書本中是為「無名，萬物之始；有名，萬物之母。」兩個都是「萬

物」，因為以「道」來看，天地一切就是「萬物」，但是為了方便解說，並且隨順各流行本一直以來的延續，所以在這裡還是分成「天地」和「萬物」來表述。

郝學生：「有」和「無」這兩個字，意義太深遠了，請教授再詳述一些。

麥教授：大道虛靈混全，非有非無，非動非靜，非變非不變，是一個實存體，為「形而上之道」。道體達用，有無同出，一理周行而玄之又玄，所以宇宙生成蔚然開展，再向下發動成為有名有相的現象界，這個現象界是為「形而下之道」。這裡的有和無，正好方便用來講解「道」的真義，以及形容「道」的實相。所謂「玄之又玄」表示有無依存、交互作用的自然顯化；唯能超越一切名相，回復本來自性的天真，才可以完全明白有無之理而融會貫通。另外，「同出」表示「同時出於相同根源」的意思。

郝學生：謝謝教授的指導。

麥教授：進一步分析，這個一理同出的有無，是為形上、形下兩種層次之間的中介狀態，而連貫了兩種層次於一體；這樣的說法，將「道」與「有無」歸屬於不同的概念，因為「有無同出於道」，正好以這個「有無」來形容「道」，所以可以說「道生有無；有中存無，無中存有。」有無並沒有先後之分。

郝學生：⋯⋯

麥教授：但是傳統的學說與理解，則將其中的「無」歸入「形而上之道」，而將其中的「有」歸於中介狀態；這樣的說法，將「無」比擬為「道」，也就是「道是虛無的」，再以此中介狀態的「有」，發動成為有名有相的現象界。因此便形成了「道是虛無的」「有生於無」和「天下萬物生於有」的概念，同時再佐以「有中存無，無中存有。」的論述，巧妙的將「有無」連結一起；可以參考第四十章師生對話中對於有無更廣泛的演說。

郝學生：雖然有進一步的了解了，但是仍然無法完全的體會。

麥教授：這是很自然的現象，不足為奇也不必驚慌。我們剛開始學行，不要因為形上形下的分野，有無相互的作用，或為中介狀態只包含「有」，還是包含了「有」和「無」的難分難解，而障礙了進德修業的腳步，只要依道據德，真學真行，畢竟可以自覺自悟而自得其樂；當行者未悟之時，玄玄復玄玄，已悟當下，則明明白白。

◎宇宙人生導航──道與人

　　道真的存在嗎？真的有道嗎？說有似無，說無又好像有，總是讓人捉摸不定，實在難以明白。

　　然而道雖是無影無蹤又非常的玄妙，但是因為道與人連結而密不可分，所以這個道就顯得真實尊貴，而這樣的人生才是自然豐足的人生。

　　如果想要探究真實的道，就要安靜的返回自身去體會，從心性下功夫，一旦離開了人身，卻妄求真實的道，只能說是遙不可及，更是了不可得，因為一切都已經變得沒有意義了。

第2章 觀徼

天下皆知美之為美，斯惡已；皆知善之為善，斯不善已。
故有無相生，難易相成，長短相形，高下相盈，音聲相
和，前後相隨。
是以聖人處無為之事，行不言之教。
萬物作而不始，生而不有，為而不恃，功成而弗居。
夫唯弗居，是以不去。

◎經文回溯

1 王弼本原文：「長短相較，高下相傾。」
  依竹簡本和帛書本回溯：「長短相形，高下相盈。」
2 王弼本原文：「萬物作焉而不辭」。
  依經文校勘學者回溯：竹簡本和帛書本的經文有一些古字，
  經文校勘學者認為其經文應為「萬物作而弗始」， 或為「萬
  物作而不始」。

◎字義注釋

1 「皆知美之爲美」，其中的「爲美」是強調對於「美」非常執著而興起貪心妄爲的意思；所以這裡的「知」，是一種具有反面意義的知，也就是意識上的分別執著。

2 「盈」，古與「呈」字音通而假借爲用，「呈」爲本字，「盈」爲通假字，所以「盈」當作「呈」（陳鼓應55）；

「呈」，有呈現、顯現的意思，這裡引申爲「高與下是相對呈現的」。

3 「始」，引申爲主宰、主導之義；「不始」，就是「不爲始」的意思，是即「大道無爲」的一種表現。

◎提要

次言宇宙發展過程，乃行於永恆之自然規律，實成乎變易之二元對立，天下人落入名相而私心比較，因此妄起分別執著，產生對立相待，所以煩惱紛爭不斷；然而聖人超越一切名相，效法天道無爲，當能安心自在，常清常靜而長長久久。

◎白話譯文

（前言）宇宙中天地萬物順行自然規律，都以正反兩面同時呈現。

天下皆知美之爲美，斯惡已；

天底下的人喜愛私心比較，總是要作出美好與醜惡的分別，都只想追求美好的形象和事物，而且一直的加以讚美，因爲有這樣主觀的執著，反而失去了美的眞實內涵，成爲一種形式化的巧飾作爲，甚至

表現出醜惡的一面；其實，這樣的醜惡才是眞正的醜惡。

皆知善之為善，斯不善已。

天底下的人喜愛私心比較，總是要作出良善與不善的分別，都只會標榜行善的功業和名聲，而且一直的加以稱善，因爲有這樣主觀的執著，反而失去了善的眞實內涵，成爲一種形式化的虛假心態，甚至表現出不善的一面；其實，這樣的不善才是眞正的不善。

（續言）世人只注重物象的表徵，常用私心而好爲比較，因此混濁了原來清靜的本性，而落入對立相待與相互糾纏的形勢當中。

故有無相生，難易相成，長短相形，高下相盈，音聲相和，前後相隨。

因此在這個世間，有與無是相生依存的，難與易是相輔相成的，長與短是相形不離的，高與下是相對呈現的，音與聲是相和一起的，前與後是相隨連結的。

（續言）聖人明白這些主觀的分別執著和對立相待正是煩惱紛爭的根本源頭。

是以聖人處無為之事，行不言之教，

因此聖人在面對事情的時候，總是安定自處而不敢妄爲；在引導百姓的時候，必然身體力行而不多言說。

（續言）所以聖人超越了世俗的對立相待，常守中道而不偏執於一端，可以化解無謂的煩惱紛爭，爲什麼聖人有這樣的德行，能夠較量分明，可以安心自在呢？因爲聖人效法天道自然無爲。

萬物作而不始，

天道利行，返本達源，所以萬物在天地之間得以作用滋養而孕育成長；雖然大道普澤一切，仍然清靜無私，讓萬物順行自然的規律發展而不會施以任何的主導和干預。

生而不有，為而不恃，功成而弗居。

天道生育萬物而不據以佔有，盛德培蓄萬物而不專才自恃，如此大功告成卻又隱晦無名，始終不會居功自大。

夫唯弗居，是以不去。

正因為聖人效法天道自然無為，不會居功自大而固執不通，所以與道合一，盛德功名流傳永續。

◎麥教授與郝學生的對話

郝學生：什麼是「二元世界」，請教授詳解。
麥教授：在這個現象界中，萬有一切順行相對而相生的原理法則，都是以正反兩面同時呈現，自然的發生，而且是相互變動的進行，所以對世人而言，這是「二元世界」，也是無常的鎖鍊。
郝學生：什麼是「二元對立的世界」？
麥教授：這與「二元世界」是相通的，因為正反兩面是對立相生的，所以說是「二元對立的世界」。其實，這裡的「對立」，與其說是形容這個世界，不如說是點出人心意念的執著更為貼切；世人喜愛「私心比較」，總是「分別執著」，所以被無常的鎖鏈束縛而落入「對立相待」的糾纏，始終煩惱紛爭不斷；但是聖人常處清靜無私，能夠

「較量分明」，所以超越了一切名相，可以安心自在。

郝學生：請問教授，「比較」和「較量」有什麼不同嗎？

麥教授：一般而言，意思相通，但是在道理的學習上，為了演說方便，可以賦予不同的意義。

「比較」：是私心我見的比較，念念分別而妄起執著，產生對立相待的糾纏，因此被無常的鎖鏈所束縛。

「較量」：是無私無我的較量，照澈分明而不起執著，超越一切能安心自在，是為光慧的顯鑰。

郝學生：請問教授，這裡的「有」和「無」，跟前第一章的「有」和「無」是否一樣呢？

麥教授：根本是一樣的，但是意義和層次不同，前第一章的有和無，是宇宙生成的有和無，是天地萬物的原始生母；這裡的有和無，則指現象界中感官意識的有和無，但是我們可以引申連結，向上回溯到原始生母的有和無，進而回歸大道本體，這個道體就是各主要宗門道脈最原始的核心真義。

郝學生：「處無為之事」，很多人都誤解為「保守安處而無所事事」，意義完全相反。

麥教授：一般人以盲引盲，實在誤解太深了。這裡的「無為」與前面的「為美為善」正好是相反而相對的，「無為」是超越一切名相，順其自然而不妄為的意思，這是心性行持的至善功夫，也是一種具體真實的行為楷模，因此「處無為之事」絕對不是「保守安處而無所事事」，反而凡事勤於建立穩固的基礎，基礎穩固了，在過程中總是因勢利導，不必強求也無須宣說，自然大功告成，天下導於正道；這裡將「處無為之事」和「行不言之教」兩者同時並陳，意義更加完整圓滿。

◎宇宙人生導航──人與物

　　人心總是充滿了無限的好奇，因爲好奇而執著萬物，因此人心與物象始終糾纏不已而難分難解。

　　執著讓人吃足了苦頭，而且越陷越深，只好苦中作樂，一生勞心勞力的結果，原來是南柯一夢。

　　因此我們何不沉澱安靜，學學聖人，放下一切能安心自在呢？

　　聖人用心作好每一件事，卻沒有一點私心雜念，成就了每一個事功，而完全不放在心上，讓自己的精神永遠閒逸和緩，自在安祥，這不就是我們每一個人所期盼的人生嗎？

第3章　安民

不尚賢，使民不爭；不貴難得之貨，使民不為盜；不見可欲，使民心不亂。

是以聖人之治：虛其心，實其腹；弱其志，強其骨。

常使民無知無欲，使夫知者不敢為也。

為無為，則無不治。

◎經文回溯

王弼本原文：「使夫智者不敢為也」。

依帛書本回溯：「使夫知者不敢為也」。

◎字義注釋

1 「實其腹」，在這裡喻爲「充實腹中丹田能精神飽滿」的意思。
2 「弱其志」，在這裡喻爲「柔弱意念以蓄長心志」的意思。

◎提要

　　前章談及天下人總是知美知善而爲美爲善，易起主觀偏執與貪心妄想，本章提出了聖人治世之道，常使人民無知無欲，自然沒有爭奪，遠離迷亂而自在澄清，此即「無爲之治」根本法要，可以達到「無不治」之眞實法益。

◎白話譯文

（前言）聖人了解分別執著的無明以及對立相待的深害，因此以自然的原心行不言的身教，而能妙施無爲之治。

不尚賢，使民不爭；

　　只要不去崇尚賢能虛名，人民自然不會盲目的爭相追逐，反而人人賢德，安靜無求。

不貴難得之貨，使民不為盜；

　　只要不去貴重難得的財貨寶物，人民自然不會淪爲盜賊以強取豪奪，反而人人貴顯，天眞率直。

不見可欲，使民心不亂。

只要不去興發可以引起多欲的聲色美妙，人民的心思自然不會受到外物的誘惑迷亂，反而常處安心自在。

是以聖人之治：虛其心，實其腹；弱其志，強其骨。

因此聖人的治世之道是從根本著手，以奠定人民學行的基礎：引導人民虛心包容能精神飽滿；蓄長心志以健身強骨。

常使民無知無欲，使夫知者不敢為也。

聖人如此盛德，總是引導人民自然化解分別執著的私知與貪心妄想的私欲，回復本來淳樸天真，縱使還有一些充滿私知私欲的人想要挑起事端，畢竟是起不了作用，也不敢進一步的胡作非為，最後必定歸於清靜的正道。

為無為，則無不治。

這就是聖人妙施無為之治的根本法要，百姓受到薰染，自然回復本來淳樸天真，開啟既有良知良能，如此治國化民，那麼天下就沒有治理不好的事情了。

◎麥教授與郝學生的對話

郝學生：「不見可欲」的意思，請教授詳解。
麥教授：一般人的「不見可欲」，以為迴避外物的引誘，就不會興起貪念，也許很快的會有成效，但是如果心量和德慧沒有跟著提升，因

為太過壓抑，到了極端，最後可能會爆發更大的貪欲妄想。而聖人的「不見可欲」，是一種積極的行持，是從根本上掃除私知私欲，而能化解對外物的執著和貪想，好像對世間的聲色美妙，雖視而不起邪念，雖聽而不起妄想，一點也不會受到干擾與影響，能夠安心自在而長長久久。

郝學生：聖人如何妙施「無為之治」呢？

麥教授：聖人以「虛其心，實其腹；弱其志，強其骨。」來奠定人民學行的基礎，並且引導人民實踐「不尚賢，不貴難得之貨，不見可欲。」的自然淳樸，而成就了「不爭，不為盜，心不亂。」的真實功夫，是為「常使民無知無欲」，也是「無為之治」的具體典範；這是一種徹底的改造，更是全面的進化，沒有了私知私欲就不會勞心勞力，自然安定平靜，精神充足飽滿，所以「無知無欲」不但能夠修身培德，更可以治世建功。其中，「使夫知者不敢為也」的「知」跟前第二章「知美知善」的「知」是一致的，而「常使民無知無欲」的「無知」就是對這個「知」的改造與進化。

郝學生：「為無為」，請教授詳解。

麥教授：以本來「無知無欲」的淳樸天真，超越一切名相，隨順自然而不妄為，就是顯耀了「為無為」的盛德威儀，自然可以「無不治」於天下而歸於清靜的正道；這個無為盛德的整體觀念，就是往後各個章節論述的主軸和依據。另外，本章的「為無為」跟前第二章的「處無為之事」意思相通。

◎宇宙人生導航──良知良能

人們總覺得外面的世界紛紛擾擾，真是厭煩透了。

何不乾脆找個時間，讓自己安靜的自處，想一想這些紛擾到底是什麼原因造成的？

也許有一天真的能夠了解，原來一切的紛擾都是起始於我們意念

的飄浮波動，外面的世界只是隨著我們的意念相擁起舞罷了。

　　如果進一步的深思反省，直到沒有了一點私心雜念，相信終有一刻會聽到來自於內心的聲音，看到屬於自己的光明，這就是我們本來的良知良能活躍明顯了。

　　只要依著每一個人的良知良能，可以發現這個世界變得如此自然和諧，多麼生動活潑，而且再也找不到煩惱憂懼的蹤迹了。

第4章　不盈

道沖而用之，或不盈；淵兮似萬物之宗。
挫其銳，解其紛，和其光，同其塵；湛兮似或存。
吾不知誰之子，象帝之先。

◎字義注釋

1 「沖」，有徧虛空而反覆靈動的意思，所以「道沖」映射為「道體虛靈」。
2 「或」字在帛書本中為「有」字，讀「又」，或、有、又三個字的意思本來相通。（劉笑敢149）
3 「不盈」，表示應用自然也不會滿溢，源源不絕而沒有窮盡的時候。
4 「湛」音站，表示澄清、寂靜，而自然顯化的意思。
5 「象帝」，指萬象起源的意思。

◎提要

　　本章讚嘆道體虛靈，其用無窮，圓融太虛而自然光明。老子謙稱，大道實在微妙難測而莫知其始，只能說，已經存在於萬象起源之先，萬古久遠之前。

◎白話譯文

道沖而用之，或不盈；

　　道體虛靈，好像空無一物，卻是能量充沛，應用自然也不會滿溢，源源不絕而沒有窮盡的時候。

淵兮似萬物之宗。

　　大道如此虛極淵深，超越一切萬有而包羅宇宙萬象，似為天地萬物的宗始源頭，也是真正的依歸。

挫其銳，解其紛，和其光，同其塵；

　　道體圓融；能夠磨碎銳角傲氣，化解紛擾無明，自然和合一切光明，混同萬有塵緣。

湛兮似或存。

　　大道如此寂然澄清而自然顯化，似乎真的存在於天地之間，於萬物之中。

吾不知誰之子，象帝之先。

　　所以老子謙稱，無法真正知悉「道」的原始來歷，但是可以觀察到，它是如此的廣大無邊，長久永恆，應該在萬象的起源之先，遙遠的時光之前，就已經如實呈現。

◎麥教授與郝學生的對話

郝學生：「道沖而用之，或不盈。」請教授詳解。

麥教授：這裡明白的告訴我們，「道」雖然無形無相而又難以窺測，但是絕對不是枯萎無力，有如一灘死水，其實宇宙萬象都是源始於道體達用而能生生不息，源源不絕。

郝學生：「道」真的很玄妙，好像是多麼的偉大，卻又如此的平常。

麥教授：大道虛靈混全，圓融一切，看起來非常崇高偉大，但是道隱無名，寂靜無痕，卻又如此平常自然，實在無法完全的探索周知，所以只能說「湛兮似或存」了。

郝學生：「吾不知誰之子，象帝之先。」其中的「象帝」，不是與「道」相同嗎？

麥教授：一般人以爲相同，其實根本原始完全不同。「象帝」或爲神造之說，具體而言應該是指萬象的起源，可以說就是前第一章「有」之存有造化，縱然創造了宇宙萬象，仍然是導源於大道本體，所以很肯定的說，「道」存在於「象帝之先」。然而這個「道」又是根源於何處，存在了多久？一連串的問題，似乎沒有止境也沒有答案，只能讚嘆的說：道，從原鄉而來，往原鄉回去，返本達源而如實不動，廣無邊際可尋，時無終了可期。

◎宇宙人生導航──放空與存在

空靈創造迴響，因此存在了無限的可能。

所以心要放空，好像返回廣大的天際，讓煩惱紛爭自然澄清，讓你我融合一體而沒有分別，感受生命之泉的源源不絕，體會存在來自於根本的原始。

第5章 守中

天地不仁，以萬物為芻狗；聖人不仁，以百姓為芻狗。

天地之間，其猶橐籥乎！虛而不屈，動而愈出。

多言數窮，不如守中。

◎字義注釋

1 「不仁」，隱喻「對待萬物沒有偏私以回歸自然之意」的意思。
2 「芻」音除，芻狗是古時用草紮成狗形的物品，作爲祭祀之用，用完隨即丟棄。
3 「橐」音駝，口袋也；「籥」音悅，管樂器也，形狀像笛而短。「橐籥」是古代一種鼓風吹火的器具，在此比喻爲風箱。
4 「數」通速，「數窮」就是加速敗亡的意思。
5 「不屈」，表示「不會竭盡枯萎」的意思。
6 「守中」的「中」，意指「虛中存靜的無爲妙道」，能夠超越一切名相而不偏執於一處。

◎提要

　　本章揭示大道自然無爲，平等無私而普澤一切，因此萬物同露盛德，依理順生，勢窮則覆，生生不息而生滅隨緣，源源不絕而氣象萬千。所以說大道至仁不仁更顯大慈，至情無情而有大愛，此即宇宙運行之自然規律。

◎白話譯文

（前言）天地相應相合，普降甘露，所以萬物均霑而生長茁壯；天地盈虛交替，往復循環，所以萬物同理而生滅無常。

天地不仁，以萬物為芻狗；

　　看起來天地似乎不仁不義，把萬物當成祭祀用的草狗一樣，好像很珍惜的作成這些草狗，但是在祭祀完了以後卻又棄置不顧，任其自

生自滅以回歸自然之意。

（續言）聖人以道治世，以德化民，平等無私而中正無偏，所以百姓
各隨因緣而自取其果。

聖人不仁，以百姓為芻狗。

看起來聖人似乎不仁不義，把百姓當成祭祀用的草狗一樣，好像
很珍惜的作成這些草狗，但是在祭祀完了以後卻又棄置不顧，任其自
生自滅以回歸自然之意。

（續言）其實，天地效法大道自然無為，返本復始，至仁不仁更顯大
慈，至情無情而有大愛，因此萬物得以生生不息而源源不
絕；聖人效法天地自然無為，承續天命，至仁不仁更顯大
慈，至情無情而有大愛，因此百姓得以安份守己而勤儉務
實。

天地之間，其猶橐籥乎！虛而不屈，動而愈出。

所以天地之間不就像是一具大風箱！它能保持寂靜虛空，卻不會
竭盡枯萎，而且不改其自強不息的本能，應時應運而徐徐生風。

多言數窮，不如守中。

如果有人總是自傲自滿，喜歡言語爭辯，尤其是上位者好為多事
擾民而政令反覆，這樣的結果，只會喪失福緣良機，加速窮困敗亡；
不如守住本來虛中之道以回歸自然之意，才能源源不絕而長長久久。

◎麥教授與郝學生的對話

郝學生：一般人私心妄為，在遭遇不如意時，都誤解了「天地不仁，以萬物為芻狗。」這一句話的真實，甚至怨天尤人，這不是違反了自然嗎？

麥教授：一般人不知而又不覺，只會讓自己走入迷途絕路，所以在造了罪，闖了禍，遭受自然的報應時，總是怨天尤人；其實，這些禍殃都是自己造作的結果，應該要自己承擔接受才對，這叫自作自受，怎麼可以牽累到天地和聖人呢！表面上以為是天地聖人作了抉擇，實際上完全是「合其命理，從其歸屬。」絲毫沒有外力勉強作為，這就是「回歸自然之意」的真實呈現。

郝學生：請問教授，道與風箱有什麼關聯呢？

麥教授：其實大道與人心是連結貫通的，人的一言一行，自然明白的照澈其善惡虛實，好像是有人去鼓動天地的風箱，一觸即發而萬緣響應。我們應該知道天理昭昭，明察秋毫，不在言語是非之中，也無需爭論強辯，更沒有一點私心情感，如此反覆循環，周而復始，這就是大道運行的軌迹，也是宇宙間自然的規律，萬物都要遵從順行而沒有例外。

郝學生：天地的感應這樣的靈驗，看起來蠻可怕的。

麥教授：作壞事當然會得到不好的報應，「天地不仁」好像很可怕，不過自己作了好事，也會得到上天的庇佑與加持，反而是善美喜事。但是最上等的德行，卻是超越這些善惡悲喜的念頭，謹守本來清靜無私，自然無為的虛中之道，必定能夠遠離是非紛爭，得到真正的安心自在。

◎宇宙人生導航──自然與永恆

　　沒有私心雜念的隨著自然往前行。

盡心盡力，愈挫愈勇，自然精神充滿而心力無窮。

默默承受，安心面對，自然沒有包袱的走得更遠。

直到回歸自然，剎那之間變成永恆。

第6章　谷神

谷神不死，是謂玄牝。

玄牝之門，是謂天地根。

綿綿若存，用之不勤。

◎字義注釋

1 「谷神不死」，「谷」為淵深空虛，「神」是感應變化；「谷神」
比喻為虛靈混全的道體，「不死」指長久而沒有窮盡的意思。
2 「牝」音聘，指雌性的動物。

◎提要

　　本章具以彰明，谷神即道，感應變化而沒有窮盡，乃宇宙萬象之
生死妙門，是天地萬物之總根源，永遠保持舒緩自在，而且充滿無限
生機。

◎白話譯文

（前言）道體虛靈混全，好像是淵谷般的空虛，實在幽深莫測，因此
　　　　道猶谷神，谷神即道。

谷神不死，是謂玄牝。

　　大道谷神虛極至靈，感應變化而沒有窮盡，能生天地萬物而又道
貫一切萬有，可以說是最玄妙的至善雌母。

玄牝之門，是謂天地根。

　　這個最玄妙的至善雌母，是一切萬有自然出入的玄關妙門，可以
說是天地萬物的總根源。

綿綿若存，用之不勤。

這個眾妙之門雖然不可得見，卻是綿延不絕，似乎存在於天地之間，應用起來非常自然，始終舒緩自在。

◎麥教授與郝學生的對話

郝學生：這裡的谷神，與前一章的風箱，似乎有什麼關聯？

麥教授：兩者前後呼應，關聯絕妙。天地間的感應好像是風箱一樣，本質是「虛而不屈，動而愈出。」如果再進一步的推究，這個風箱的原始就是道體，稱為谷神，是一切萬有的生死妙門，是天地萬物的總根源，「綿綿若存，用之不勤。」在天為天理，在人為性理。

郝學生：「谷神不死，是謂玄牝。」什麼是谷神？請教授明說。

麥教授：因為這部經典強調的是道與人的關係，所以谷神雖然明指虛靈混全的大道本體，同時更指人人身中的空谷元神，本來自性，亦即「道在人身」的意思；人人本有而不知其有，日用卻不知其用，是你我入道的功夫，更是證道的關鍵。

郝學生：那麼行道之人由這裡所表現出來的，會有什麼樣的成就和氣象呢？

麥教授：所有的言行都是出於淳樸天真。自然開啟良知良能，所以是「綿綿若存」而舒緩自在；自然充滿太和祥瑞，所以是「用之不勤」而取之不盡。其中「不勤」的意境更是非常的絕妙，實在與一般人勞心費神的追逐外物，總是營營於爭奪名利，卻只有落得無常虛驚，是完全的不同。

◎宇宙人生導航──永生之門

要記得多珍惜自己，但不是對身體的執愛，而是對生命的尊重。

在內心的最深極處，就是生命的原鄉，這個溫柔之鄉空靈神妙，自然開啓了永生之門，貫通了天地日月，讓生命之光揮灑無盡，是如此的綿密隱約，似乎存在於你我心中，是多麼的悠閒舒緩，應用起來毫不費力。

第7章　無私

天長地久。

天地所以能長且久者，以其不自生，故能長生。

是以聖人後其身而身先，外其身而身存。

非以其無私邪？故能成其私。

◎字義注釋

「邪」，放於句末時，音義同「耶」，表示疑問或感嘆的意思。

◎提要

　　本章讚嘆天地以無私之德滋養萬物而普施一切，故能天長地久；聖人效天法地，以忘身之德全然付出，故能流芳萬世，精神永存世間，因此成就了個人極致盛業。老子慈心，期勉世人，能夠無私無我，可以常清常靜，長長久久，切勿為了一己之私，反而障道斷命，沉淪無常。

◎白話譯文

天長地久。

　　從遙遠而不可得知的年代以來，天地就一直存在了，所以天地是長生而且悠久的。

天地所以能長且久者，以其不自生，故能長生。

　　天地所以能夠這麼長生，而且如此悠久，因為天地遵道利行，完全不為自己謀求生存，始終滋養萬物，普施一切，而能長生悠久。

是以聖人後其身而身先，

　　聖人了解這個道理，因此把自身的寵辱毀譽拋之於後，總是以謀求民生的福祉為念，自然受到百姓的愛戴，所以聖人的典範常為萬民

的表率，聖人的德儀可以立作天下的典範。

外其身而身存。

聖人把自身的功名富貴視爲身外之物，總是慈愛百姓而能大德敦化，自然受到萬民的感念，精神永存世人心中，有如長久的生活在一起。

非以其無私邪？故能成其私。

聖人能夠彰顯如此的厚德，常爲世人表率，精神永存世人心中，不就是因爲聖人沒有自我私心，全然付出而不求回報嗎？所以不但天下得享太平安樂，也成就了個人的極致盛業。

◎麥教授與郝學生的對話

郝學生：一個人能夠作到沒有私心，不爲自身設想，眞的不容易。

麥教授：學行之人如果不能自在放下，及於無私無我的眞實功夫，是絕對難以成就的，所以說「修道者多如牛毛，成道者少如牛角。」其中的「修道」表示「修其人心以復其道心」的意思，而不是要把這個道修好，因爲道本來圓滿至善，何必去修它呢？

郝學生：請問教授，大家都說「人不爲己，天誅地滅。」這句話是絕對的嗎？

麥教授：人性本來清靜自在，只因爲受到外物的引誘而迷失了方向，蒙蔽了自性，誤以爲假我身體才是所有的重心，因此才會說「人不爲己，天誅地滅。」其實從道的原點來看，應該是「人常清靜，天眞無邪。」聖人就是這樣，因爲無私無我，所以能夠常清常靜，長長久久。

郝學生：現今社會沒有不以名爲先，以利爲重，汲汲於一己之私，實在應該以此警醒自己，給未來留個後路。

麥教授：沒有錯，要給自己留個後路。假我身體是短暫而無常的，爲了這個臭皮囊而勞心費神一輩子，到頭來卻只是春夢一場，眞是不值得，更可悲的是，要落入煩惱憂懼，實在難以脫身，這樣不是很悲哀嗎？

◎宇宙人生導航──無私成就了眞我

原來退讓包容自然心量廣大，慈愛無限可以發揚既有良知良能，如此全心全力的幫助每一個人自然的成就；別人都提升了，自己不就是水漲船高了嗎？

何必急著與人相爭呢？時時退讓自己，可以海闊天空，無私更能夠成就眞正的自己。

第8章　若水

上善若水。

水善利萬物而不爭，處眾人之所惡，故幾於道。

居善地，心善淵，與善仁，言善信，正善治，事善能，動善時。

夫唯不爭，故無尤。

◎字義注釋

「正善治」的「正」，古與「政」同義。

◎提要

　　本章以水德不爭處下，利益萬物，喻爲最上等之善德，因爲能夠圓融變通，彰顯眞功實善，所以與道相當，值得世人效法，更是學道行者進德修業之基石和依據。

◎白話譯文

上善若水。

　　在這個世間，能夠表現出最上等而又純眞良善的性德，應該就像是水了。

水善利萬物而不爭，處眾人之所惡，故幾於道。

　　水善於利益天下萬物，而且不會爭取名位，不知道計較功業，同時，水能安處眾人最厭惡卑下的汙濁之地，卻始終悠然自在，怡然自得，所以水德是最接近謙卑無爭、自然無爲的道體了。

居善地，

　　水能和氣柔順，無論居於何處都能夠自在得意，好像是止於本來的至善寶地一樣。

心善淵，

水能心如虛空，可以匯聚天下眾流而廣通四海，好像是寂靜守善的幽谷深淵一樣。

與善仁，

水能全然付出，所以萬有物象都能同霑盛德，好像是自然抒發的善心仁慈一樣。

言善信，

水能安份誠實，所以順從天地而能潮流有序，好像是真言必行，善於講求信用一樣。

正善治，

水能變化靈巧，遇冷則凝結為雪露，滋潤群生，逢熱則昇華為氣流，揮灑萬物，行滿則注入江河，平等廣播，好像為政清明，治化有方一樣。

事善能，

水能通暢流遠，江海可以承載舟船，川河可以洗滌汙垢，凡是衣食取用以及林田灌溉，自然充足得利，好像善於表現全能，行於美德洋溢一樣。

動善時。

水能動靜合宜，隨著天地節氣發展，或為晴雨或為風雲，好像是善於順應時勢，把握時機一樣。

夫唯不爭，故無尤。

水就是這樣的謙卑低下，廣大包容，從來不與萬物相爭，因此萬物都能與之相親相容而不會產生矛盾和怨尤，有如道體的真實呈現。

◎麥教授與郝學生的對話

郝學生：現在大環境越來越嚴峻，生活不易，工作難為，令人不安與心煩，是否有什麼方法可以改善呢？

麥教授：既然大環境如此，千萬不要自暴自棄，但是也不能貪求妄想，應該及時的效法與實踐水德的真功實善，以正面的思想來對應，匯聚自身的光明天燈，激發既有的良知良能，自然能夠隨機應用，隨緣成就。雖然人有貧富貴賤，但是都有各自的苦惱煩心，而解決的方法，它的根本道理則是相通的。

郝學生：教授提到「真功實善」，是否能夠再詳細的解說一下。

麥教授：對行道者而言，能夠實踐真功實善，才是唯一可以證道的途徑。真功實善概分為修心反省的內功，可以安心自在，以及濟世度人的外功，可以福樂綿綿。必須兩者並重，相輔相成，缺一不可；外功能夠成就內功，真實深遠，內功能夠推展外功，廣大博厚，兩者合一，福慧圓滿而受用無窮；「水善利萬物而不爭，處眾人之所惡。」就是水德的真功實善。

郝學生：請問教授，「夫唯不爭，故無尤。」是什麼樣的意境呢？

麥教授：對一般人而言，好像是難以想像而無法作到，這是因為他們

以自我爲重，以私欲爲念的原故，叫他不爭放下，簡直就要人命了；但是對於能夠實踐水德眞功實善的學行之人則自然多了。其實不是不要爭，也不是不想爭、不敢爭，而是根本上已經沒有爭的念頭！

◎宇宙人生導航 —— 虛柔不爭

虛柔不爭只有被欺負的份嗎？別人不要的就是不好的嗎？

事實並非如此，有這樣心態的人請不要自以爲是，還得意忘形。

其實，像水一樣虛柔不爭更能夠包容廣大，安定自處更可以神清氣爽，所以對於一切事理都看得明明白白，行事作爲自然合宜順時，可以掌握契機。

因此有如水流趨下一般，大家都要依靠到你的身邊來，這個時候，彼此和諧同心，不但不會有怨尤不滿，而且必將一起返回原始的自然。

第9章 持盈

持而盈之，不如其已。

揣而銳之，不可長保。

金玉滿堂，莫之能守。

富貴而驕，自遺其咎。

功遂身退，天之道。

◎經文回溯

王弼本原文：「揣而梲之」。

依王弼本註文回溯：「揣而銳之」。

◎字義注釋

1 「揣而銳之」的「揣」指搥擊之義，「揣而銳之」表示搥擊使其銳
  利，隱喻顯露鋒芒的意思。
2 「梲」音拙，梁上的短柱。

◎提要

　　本章以盛德昭明，卻是道隱無名，虛柔不爭之真實意趣，進而點
化當時顯達官僚之輩，雖然生活豐盈，還是要合於本性之自然，進退
相宜，切勿欲求不滿，驕縱而不知足，以免招惹禍殃，後悔莫及。

◎白話譯文

持而盈之，不如其已。

　　做人處事如果不能虛心包容，反而高傲盈滿，只會招惹奇禍，不
如適可而止，歸於清靜樸實的本性，自然可以遠離災殃，永享安康。

揣而銳之，不可長保。

　　與人共謀如果不能誠正相待，反而處處顯露鋒芒銳利，必定會遭
受眾人的阻擾，更得不到大家的支持與肯定，所以這樣張顯的氣焰聲
勢自然不可能長久的保有。

金玉滿堂，莫之能守。

　　坐擁財富的人如果不能好仁施捨，反而貪得無厭，縱然純金美玉

堆積了滿堂滿屋，一旦勢窮而身敗財散，所有寶物都要拱手易主，實在不能守住。

富貴而驕，自遺其咎。

位居富貴的人如果不能謙恭有禮，反而驕慢傷人，必定會引起眾人的不平與忌妒，而逐漸步入險境，好像是遭受自己遺留的災難一樣，只得自取其禍、自食惡果了。

功遂身退，天之道。

所以我們要明白一個道理，在成就了功業的時候，自然名聲高顯，富貴纏身，但是絕對不可戀棧其位，想要永遠據為己有，應該早日讓自身退居於這些功名富貴的束縛之外，常保原來清靜淳樸的本性，因為這樣才是合於天道自然而能長長久久。

◎麥教授與郝學生的對話

郝學生：現在的人都以「金玉滿堂」來互相讚美與祝賀，尤其是所謂上等社會的人，更是愛聽這些吉祥的話。

麥教授：表面而言，這是一句好聽又討喜的話，但是如果大家太過於追求與執著，就會落入物極必反的窘境，產生極端對待的反效果，不但「莫之能守」，甚至「自遺其咎」，實在是其禍可畏，其害無窮。

郝學生：為什麼會這樣呢？

麥教授：因為人心善變，輕浮不定，很容易受到外物的引誘而沖昏了頭，因此營營終日卻不知安定休止；雖然得到了，並且超過了日常需求，卻是貪得無厭，仍然想盡辦法，要的更多，所以容易招惹橫禍災殃。

郝學生：請問教授，我們應該如何自處，才是安全可靠的自保之道呢？

麥教授：縱使我們有了一些成就，還是要淡然處之，知所進退，才是保身之道。也就是應該學習「放下」的慧性和勇氣，因為只有本來自性才是長久永恆，更是貨真價實的寶物，可以貫通天地日月，可以契合大道真理，也只有實踐真功實善，才是揚名立孝，成就盛德大業的唯一途徑。

◎宇宙人生導航——放心隨性

自滿反而僵化了自己，把自己變小了，不就是井底之蛙了嗎？

勢利反而製造了對立，把自己推入了險境，還能全身而退嗎？

縱使得了金山銀山，末了還不是春夢一場？

身為富貴人家，如果只知道驕慢炫耀，恐怕就要招來橫禍，自食惡果罷了。

所以有慧性的人心裡明白，一旦有了成就，不要一直掛念糾纏，能夠早日放心自在，隨性自然，才是真正得福享福的人。

第10章 玄德

載營魄抱一，能無離乎？

專氣致柔，能嬰兒乎？

滌除玄覽，能無疵乎？

愛民治國，能無知乎？

天門開闔，能為雌乎？

明白四達，能無為乎？

生之畜之，生而不有，為而不恃，長而不宰，是謂玄德。

◎字義注釋

1 「載」字當語助詞，沒有特別意義。
2 「營魄」，指魂魄的意思。

◎提要

本章明白闡述修身復性，行道治國之精深法要，當以淳樸天眞爲根本，以天道自然爲依歸，必定能夠成就最玄妙之無爲盛德。老子慈心，同時訓誡學道行者，如果失去根本，沒有依歸，終將落入無明深淵，難以證悟。

◎白話譯文

（前言）所謂魂主動而魄主靜，如果魂魄背離，則魂自營營而妄動，魄自沉沉而昏靜，必須魂魄相應不離，動中常靜，靜中有動，這樣的動靜自如才能精神安定，可以常保道心的清靜自然。

載營魄抱一，能無離乎？

所以老子直問行者，身體融會魂魄，應行抱守合一，是否能夠作到魂魄相應不離的功夫？

（續言）氣隨心行，心隨氣動，如果興起私心，就會氣行日盛，旺氣擾心而心神不寧。如果靜心止於至善，自然氣行柔順，和氣薰心，本來太和元氣就會逐漸的回復顯現。

專氣致柔，能嬰兒乎？

所以老子直問行者，專心集氣以趨緩見柔，是否能夠有如嬰兒一般復現本來太和元氣？

（續言）魂魄隨合則動靜皆宜，氣息柔順則周行太和，自然心靈神妙能玄通覽勝，可以感應絕妙化境，但是如果不能自在放下，超越真假虛實的迷思，還是無法恢復本來淳樸天真的道心，照澈萬有品物的實相，甚至如果一再的執著貪想，就會落入煉氣養心的術流，沉溺於虛空妙有的幻覺，終將被這些掛念所糾纏與束縛而無法安心自在。

滌除玄覽，能無疵乎？

所以老子直問行者，縱然神清氣和，功夫已深，可以玄通感應，覽勝觀妙，是否能夠把這些掛念也洗滌消除，直到完全淨極無染，沒有一點瑕疵和執著？

（續言）世事紛擾，充滿算計，所以要掃除妄心，時時保持本性淳樸如清明的君王一樣，時時調心息念如愛護自己的子民一樣，時時修身守道如善治自己的國家一樣。能夠這樣的親修實悟，進而推己及人，自然可以為政行道，更能夠慈愛萬民百姓。

愛民治國，能無知乎？

所以老子直問行者，慈愛人民，治理國政，是否能夠以樸實無華來引導百姓，而不以虛巧私知來謀算天下？

（續言）人心善變，容易被外物所迷惑，所以在出入自性的通天妙門，在起心動念的當下，應該含和存靜，舒緩柔順，而不可

躁動妄行以干擾心神，自然生機充沛，源源不絕而長長久久。

天門開闔，能為雌乎？

所以老子直問行者，在出入自性的通天妙門，當喜怒哀樂的意念萌發之際，是否能夠善行中和之道，善守雌母般的敦厚柔順？

（續言）世人容易恃才驕縱，自傲自大，所以在參悟道理的時候，應該常常內省改過，順行自然，可以慧性明白，通達無礙，而且沒有一點爭奪貪功與勉強作為。

明白四達，能無為乎？

所以老子直問行者，時時內省改過，慧性發揚而明白通達，是否能夠守住原來道心的自然無為？

（續言）如果修身治國能夠依止這些甚深法要，而且日日精進，行持到了極致，就是實踐大道的無為盛德。

生之畜之，生而不有，為而不恃，長而不宰，是謂玄德。

大道生育萬物，盛德培畜茁壯，可以說道化無邊，德用無窮，但是大道生育萬物而不據為己有，盛德培蓄萬物而不恃才干預，長養萬物而不自認為是掌握一切的主宰，大道如此無私無為，始終寂靜隱誨，藏真不露，實在是最玄妙的無為盛德。

◎麥教授與郝學生的對話

郝學生：「載營魄抱一」的「抱一」，請教授詳說。

麥教授：人身的主宰是本來自性，也就是人人的古道明德，能夠抱守這個古道明德，自然精神安定，魂魄相應不離，所以這裡的「抱一」，直譯為魂魄合一，意譯是精神集中，妙譯當指抱守人人本來如實純一的古道明德，讓精神與形體和諧一致。

郝學生：「愛民治國，能無知乎？」請教授詳說。

麥教授：這裡的「無知」跟前第三章「常使民無知無欲」的「無知」，意思是相通的。前章指聖人始終引導百姓善行「無知」的原始，這一章則指上位者本身要能夠實踐「無知」的功夫，如此君民一心，可以長長久久。

郝學生：這些覺證大法的根本關聯是什麼呢？

麥教授：這些方法雖然都非常的深入，卻是一脈相承的，只要能夠精深於一項，自然很容易的能夠成就其他要項。我們應該明白「心」為萬緣之根，萬象之本，只要修得心性清靜靈妙，回復本來面目，自然圓滿一切；所以這些覺證大法是相通相應的，其根本關聯就是人人的原心妙性。

郝學生：既然是相通的，為什麼要列出這麼多的項目呢？

麥教授：因為學行要誠心，要專心，更要清靜無私，自然無為，否則很容易偏離正軌，甚至走火入魔而害己害人，這是學道行者必須謹記在心的地方。因為有這麼多的心魔隨時在考驗著我們，而且有很多人都落入了這些無明而無法翻身，所以老子慈心，一一仔細詳列這些學行的方法和重點，也可以說是注意事項以及可能的考驗，讓每一個學行之人可以各自依循，也知所警惕。

◎宇宙人生導航──學行指南

有心學行當然是值得鼓勵，但是要時常問問自己，學行的路我們走對了嗎？

雖然學行的方法有很多種，都有不同的妙處，可以從不同的角度達成相同的目標，但是學行的初發心和態度，就是學行的根本依據，可以說決定了最後是否成功的關鍵因素。

學行的根本依據就是「不離本來自性」和「隨順天道自然」，唯有如此才能回歸真實的道。

不離本來自性，心念穩固，時時不會動搖；隨順天道自然，心平氣和，處處不會迷失。

第11章　虛中

三十輻共一轂，當其無，有車之用。

埏埴以為器，當其無，有器之用。

鑿戶牖以為室，當其無，有室之用。

故有之以為利，無之以為用。

◎字義注釋

1 「輻」音扶，指銜接車輪內部軸心與外部輪圈之間的木條。
2 「轂」音鼓，指車輪中間的圓孔，是爲車輪的中空軸心。
3 「埏」音延，當動詞用，指「用水和泥」之義，「埴」音直，當名
  詞用，指細膩的黃黏土；「埏埴以爲器」表示「將水與黏土和在一
  起來製作陶器」的意思。

◎提要

　　本章明白啓示，有形品物雖然持之便利，然而無形虛空是爲眞正
實用。老子慈心，勸勉世人，要能夠明白有無相依相存，利用傳妙之
理，可以體道之精微，進而行道之天眞。

◎白話譯文

（前言）老子以當時的交通運輸工具，以及一般器皿和房舍的結構，
　　　　作爲驗證「無用大用」妙理的參考，而這些微妙眞理，亙古
　　　　常新，愈澄愈清，仍然相通於現今當代的人、事、物和社會
　　　　背景。

三十輻共一轂，當其無，有車之用。

　　每一個車輪是由三十支木條共同圍繞銜接到中間空心區域所組成
的，因爲有了這個虛無中空的軸心，所以才能將車輪插入車輛的主體
橫桿，連結一起產生車子轉動行駛的運載功用。

埏埴以為器，當其無，有器之用。

製作陶土容器，裡面都留著足夠的空間，因為有了這個空無的內部，所以容器才能提供飲食烹煮的盛裝功用。

鑿戶牖以為室，當其無，有室之用。

建造房屋居室，要開鑿門戶窗台以及中空的四壁，提供舒適而自由的空間，因為有了這些通暢的空間，所以房屋居室才有適合人們進出安住的生活功用。

故有之以為利，無之以為用。

所以藉著有形品物，我們才可以便利的操持各種器具，提供不同的需求，但是這些器具的真實妙用，則是來自於其中的虛無空間所呈現出來的無用大用。

（結語）看看浩瀚宇宙，因為有了無邊的空際，包容萬象而星羅棋佈，萬物得以生化無窮，其實這個空無存有，才是道體達用真實顯化的根本核心。

◎麥教授與郝學生的對話

郝學生：請問教授，如果是鐵鎚，那麼它的「當其無，有器之用。」如何解釋呢？

麥教授：這個無，不是器物本身所產生或專屬的無，這個無，乃是貫通宇宙虛空的無，是一體相合的，因此雖然鐵鎚是實體而沒有空心，但是在虛空中，我們能夠把持揮舞而產生敲擊鎚打的實際功用；如果

這個鐵鎚被封閉起來，無法在虛空中揮舞，就沒有什麼作用可言了，這就是鐵鎚「當其無，有器之用。」的道理。

郝學生：「有之以為利，無之以為用。」請教授詳述。

麥教授：「利」，簡單而言是便利、利濟，也就是輔助幫忙而能得其利益的意思。因為藉著有形器物的利濟，更能體現無形虛空的實用，這就是有無相成，利用傳妙的勝義，所以有無同等重要，能夠相得益彰，我們千萬不可偏執一端，而只執於幻有或是執於空無。

郝學生：請問教授，這裡的「有」和「無」，跟前第一章的「有」和「無」是否一樣呢？

麥教授：根本是一樣，但是意義和層次不同，請參考前第一章師生對話中關於有和無的說明。

◎宇宙人生導航──有無不分家

完全密實不通，讓人不能動彈也喘不過氣來。

完全空虛渺渺，讓人沒有依靠，實在行不出來也走不回去。

原來有和無同時存在，相互推呈利用，這才是我們真實的生活世界。

心要虛空才能容納更多新鮮有趣的東西，物要保養才能方便行事，利益生活。

人生不必佔有獨享，開放心胸與人同樂，自然擁有了全世界。

第12章 為腹

五色令人目盲，五音令人耳聾，五味令人口爽，

馳騁畋獵令人心發狂，難得之貨令人行妨。

是以聖人為腹不為目。

故去彼取此。

◎字義注釋

1 「爽」，指差、失的意思，「口爽」表示失去了味覺。
2 「畋」音田，「畋獵」指在田野中打獵的意思。

◎提要

　　本章進以勸化世人，切勿迷戀各種感官形色而貪愛縱欲，只會傷心傷神而身影枯槁，更要招來禍害無窮。老子慈心，勉勵學行之人應思效法聖人，體道之妙而清靜自在，復性之光而清心如意。

◎白話譯文

五色令人目盲，

　　有情世間總是變化出各種形色物象，實在繽紛妙影，如果太過於貪愛這些勝景美色，容易使人眼花撩亂而蒙蔽了本來清靜的心性；無法看清事理的真相，失去了正見，簡直就像眼盲失明一樣。

五音令人耳聾，

　　有情世間總是充斥著各種音律聲響，實在波動起伏，如果太過於沉迷這些華樂美聲，容易使人耳鳴不安而動搖了本來安定的心神；無法聽清自然的妙音，失去了利聞，簡直就像耳聾失聰一樣。

五味令人口爽，

有情世間總是夾雜了各種巧味陳香，實在氣息瀰漫，如果太過於享受這些珍餚美食，容易使人重口貪味而擾亂了本來淳樸的心靈；無法品嚐生命的雅淡，失去了真味，簡直就像口爽不覺一樣。

馳騁畋獵令人心發狂，

哀哀世人總是縱情的奔馳在田野之間，追捕獵殺那些驚恐逃竄的動物，藉以尋求刺激享樂，這樣殘忍的心態和作為，簡直是喪心病狂，毫無人性。

難得之貨令人行妨。

哀哀世人總是汲汲於收藏難以取得的珍貴寶物，最容易驅使人心掉進虛榮幻境的泥淖之中，好像自己的行為受到妨礙阻擾，因此無法伸展本來遠大的抱負。

是以聖人為腹不為目。

聖人了解人心私欲的熾盛以及為害之深，因此只求可以溫飽果腹，不會貪圖各種聲色香味的享受。

故去彼取此。

所以聖人除去對外物的追求與執著，常處本性的淳樸敦厚。

◎麥教授與郝學生的對話

郝學生：請問教授，五色、五音、五味是指哪一些呢？

麥教授：古時候，五色指青、赤、黃、白、黑，五音指角、徵、宮、商、羽，五味指酸、苦、甘、辛、鹹；這些音色美味總是隨著人心的想念而活躍於整個有情世間。

郝學生：所謂「馳騁畋獵令人心發狂」是指大家喜歡獵殺動物嗎？

麥教授：自古以來，上層社會都有「馳騁畋獵」的嗜好，以顯耀自己的身份地位。其實這一句話也可以引申為：「猶如世人醉心於爭名奪利，人人見獵心喜，追逐相殘，已經到了心智迷失，好像就要發狂一樣。」

郝學生：這裡的「難得之貨」跟前第三章的「難得之貨」，可以請教授作一些解說嗎？

麥教授：因為物以稀為貴，所以說是「難得之貨」，一般人總是為了貴重而又難以取得的財貨，甚至都要演變成盜賊模樣來爭奪。如果進一步的分解，其實大家都有一個老毛病，就是喜新厭舊，所以任何人都可能因為這樣的心態和習性，而對於某些人事物特別的追逐與貪求，越是難以取得，越是想要，這就是他的「難得之貨」，而難得之貨在哪裡他的心就在哪裡，實在無法安心自在，多少人因為這樣，捨棄了原來的初發心，消退了逐漸成形的遠大抱負，所以說「令人行妨」。

郝學生：請問教授，什麼是「為腹」呢？

麥教授：表面上的意思是顧好自己的肚子，不要挨餓就好了，也不再貪圖多餘的享受和愛欲；延伸的意義則是善修自己的身體，三餐簡單、營養、適量即可，生活樸素、實在、勤儉為要；而其最具體的表現則是虛心包容，而能精神飽滿。因為丹田土在腹部，因此以「為腹」來隱喻學行的基礎所在；這裡的「為腹」跟前第三章的「實其腹」兩者的意義是一樣的。

郝學生：什麼是「不為目」呢？

麥教授：眼睛最容易受到外界影像閃爍直接的刺激與影響，因此以「目」來統稱，以及表示，對於外界所有色聲香味的依附與執著，「不為目」就是不去追求外物，也不受外物的引誘。所以「去彼取此」就是除去「為目」的妄求，取用「為腹」的正行。

◎宇宙人生導航──世界真奇妙

　　世界真奇妙，本來一切自然無事，但是如果你越是追求它，它就越招惹你；因為你的在意，它會變得更嬌艷，令人愛不釋手，魂不守舍。

　　好吧，就算得到手了，卻永遠不會滿足，因為人的胃口會更大；在這同時，也會發覺自己變得越來越疲累無力，到頭來一切又要回到原點，真是一場遊戲一場空，場場精彩變老翁。

　　朋友們，記得讓自己靜下來，精神安定澄清，可以一邊欣賞自然的美景，一邊樂享內心的喜悅，原來這個世界真是奇妙。

第13章　寵辱

寵辱若驚，貴大患若身。

何謂寵辱若驚？寵為下，得之若驚，失之若驚，是謂寵辱若驚。

何謂貴大患若身？吾所以有大患者，為吾有身；及吾無身，吾有何患！

故貴以身為天下，若可寄天下；愛以身為天下，若可託天下。

◎字義注釋

1 「貴大患若身」是「貴身若大患」的倒文；因為「身」與上句的「驚」是為真耕協韻，所以將「貴身若大患」倒文為「貴大患若身」。（陳鼓應96）
2 「貴大患若身」的「貴」，表示覺醒或重視的意思；而其中的「身」，除了指生老病死的無常對於身體的影響之外，在這裡同時包含了執愛己身的意思，因此，這一句跟上一句「寵辱若驚」有了緊密的對應與連結。
3 「貴以身為天下」，在這裡表示將「以身為天下」當作是生命中最珍貴重要的事。

◎提要

　　本章直指世人追逐功名以攀緣富貴，因此寵辱相隨而驚異失措，但是有道賢士明白覺悟，如果執著身體以愛養生命，只會招惹無常禍殃，如臨大患，此皆咎由自取。老子慈心，更以明說，寵為下等，寵與辱相同，是為有身之患；因此有道賢士無私無我，以奉獻自己來為天下，當作是生命中最貴愛之志向，則天下可寄託於斯人矣。

◎白話譯文

寵辱若驚，貴大患若身。

　　得寵就像受辱一樣都要使人驚異失措，換言之，得寵對於人格的可能挫傷跟受辱是一樣的。
　　要覺醒執愛己身有如自取大患，換言之，一切的禍殃大患，都是起始於對身體的執著貪愛而產生的。

何謂寵辱若驚？

什麼叫作「得寵就像受辱一樣都要使人驚異失措」呢？

寵為下，得之若驚，失之若驚，是謂寵辱若驚。

受辱固然是人格受到污損，其實得寵也不是好事，它也是一種會帶來人格挫傷失落的下等事，因為當得到長官的寵愛時，容易驚喜失魂而趨附享樂，甚至曲意奉承而自我矮化，並且營思長久保有，卻又擔心失去寵愛，因此時時驚恐失魄，總是驚異於患得患失之間，簡直跟受辱的遭遇一般，所以得寵就像受辱一樣都要使人驚異失措。

（續言）這裡明白的告訴我們，要能夠警惕「憂患使人生存，安逸享樂卻足以令人敗亡。」的道理，因此對於寵辱都能戒慎恐懼，尤其得寵時，更要警覺其可能使人沉淪的下場。

何謂貴大患若身？

什麼叫作「要覺醒執愛己身有如自取大患」呢？

吾所以有大患者，為吾有身；及吾無身，吾有何患！

因為一切禍殃大患都是起始於對身體的執著貪愛而產生的，換言之，我所以會有大患的遭遇，在於我有了這個身體的執愛，一旦我沒有了這個身體的執愛，我怎麼會有大患纏身呢！

（續言）這裡明白的告訴我們，要能夠領悟「超越假我身體的執愛，返歸本性自然。」的道理，不但可以遠離禍殃大患，更可以進一步善行人身的可用價值。

故貴以身為天下，若可寄天下；

有道賢士了解這些道理，所以能夠以奉獻自己的身體來為天下人服務，當作是生命中珍貴重要的事情；因為有這樣超越的志向和遠大的抱負，看來是可以把天下重責寄望在他身上了。

愛以身為天下，若可託天下。

不但如此，有道賢士更能夠以奉獻自己的身體來為天下人服務，當作是生命中安心喜樂的事情；因為有這樣廣大的心量和仁厚的願行，看來是可以把天下大任託付於他面前了。

◎麥教授與郝學生的對話

郝學生：「寵為下，得之若驚，失之若驚。」請教授詳解。

麥教授：對於「寵」而言，「得之若驚」是立即的反應，而「失之若驚」則是隨將浮現的結果，也是一種心念上的執著與幻覺，所以「寵為下」，有如受辱一樣而寵辱等同。因此對於得寵，應警惕其可能使人沉淪的下場，而時時自我反省與策勉。這裡雖然提到「寵辱」，實際上重點在於「寵」，因為受辱的時候，一般人都會驚恐，不需要特別提醒，所以「寵辱」主要是指「寵」的意思，在「寵」的當中已經包含了「得與失」的起伏不安。

郝學生：「寵辱若驚」和「貴大患若身」有什麼關聯嗎？

麥教授：私欲妄求以貴愛己身，表現出來的就是寵辱若驚，其結果有如自取大患；因此這兩句話在這裡可以說是互為同一件事的前因後果，也可以說前一句指出世人的迷思，下一句表明有道賢士的覺醒。

郝學生：有道賢士能夠無私無我，善行人身的可用價值，真是了不起，也特別令人敬佩。

麥教授：「貴以身爲天下」和「愛以身爲天下」就是最了不起的典範，只有無私無我的人才可以作到，正如前第七章所言「後其身而身先，外其身而身存。」都是同樣的道理，也因爲如此，所以天下可以寄託於斯人矣。

◎宇宙人生導航——奉獻

帶著平常心作自己，不要患得患失就沒有包袱拖累。
帶著貪念心愛自己，那麼各種奇人異事就會找上門。
何必替自己找麻煩，好奇追逐引來全身腥臊。
可以爲自己找事作，奉獻大愛得到滿滿祝福。
因爲奉獻的心是人間最高尚的情操。

第14章　道紀

視之不見名曰夷，聽之不聞名曰希，搏之不得名曰微。

此三者不可致詰，故混而為一。

其上不皦，其下不昧，繩繩不可名，復歸於無物，是謂無狀之狀，無物之象。

是謂惚恍。

迎之不見其首，隨之不見其後。

執古之道，以御今之有，能知古始，是謂道紀。

◎字義注釋

1 「夷」，有消除而看不見的意思。
2 「詰」音結，責問之義，「致詰」表示窮究原因的意思。
3 「皦」音角，潔白之義；「不皦」指不是明的，而日月不能增其明，「不昧」指不是暗的，而幽冥不能昧其眞。
4 「繩繩」，表示綿綿不絕的意思。

◎提要

　　本章明白揭露，眞道眞傳而相續相承，至虛至靈而無形無相，唯其虛無妙有，當能廣大致遠，看似隱約恍惚，卻是自古以來聖人執以御世之道脈心法，更是原始至今眞實存有之道統綱紀。

◎白話譯文

視之不見名曰夷，聽之不聞名曰希，搏之不得名曰微。

　　大道虛靈混全，想要專注的凝視它是看不見的，因此說它是夷而無相；想要用心的傾聽它是聞不到的，因此說它是希而無聲；想要使力的搏取它是得不著的，因此說它是微而無形。

此三者不可致詰，故混而為一。

　　夷而無相，希而無聲和微而無形，這三種狀態是由道體同時化現出來的，表面上各自彰明以顯化特質，實際上卻是無法分別窮究其理，因為這三種狀態本來與道體是混全如一的。

（續言）萬物萬象的變化不離二元對立，如果一面是明亮的，另一面就是幽暗的，但是道體非明非暗，非有非無，超越宇宙相對相生的原理法則。

其上不皦，其下不昧，

道體真是玄妙，上面不是明的，下面也不是暗的。

繩繩不可名，復歸於無物，

道體真是虛靈，似乎感覺無所不在，卻是難以言說又無法形容，自然返回淳樸而沒有物象的原始狀態。

是謂無狀之狀，無物之象。

所以說道體是沒有形狀的形狀，沒有物象的物象。

是謂惚恍。

所以說道體若無而存有，將有而還無，恍惚不定又不可捉摸。

迎之不見其首，隨之不見其後。

世人總以為自己是站在最前面，想要去迎接它，但是仍然看不到源頭；有時候又以為自己是走在最後面，想要去跟隨它，但是仍然看不到尾端，真是難以觀察到它的全貌。

執古之道，以御今之有，

聖人明白貫通，善守清靜的本來自性，善行常明的真理自然，因此得以執此尊貴古道，順天承命，掌理當今一切萬有事物。

能知古始，是謂道紀。

聖人淳樸天真，能夠覺知這個自古以來的性理真傳，而能返本溯源，傳承道脈心法，這就是「道統的綱紀」。

◎麥教授與郝學生的對話

郝學生：請問教授，「故混而為一」，其中「一」的真義是什麼呢？

麥教授：指夷、希、微三種狀態，本來混合為一，自然歸於道體；在此加以引申，可以「一」比喻為「道」；「故」含有「本來就是如此」的意思。

郝學生：請問教授，「迎之不見其首，隨之不見其後。」的真義是什麼呢？

麥教授：這一句話的意思，並不在於時空的大小遠近，而是表明道體的玄妙難測，完全的不可捉摸。

郝學生：請問教授，「能知古始，是謂道紀。」的真義是什麼呢？

麥教授：實在不容易回答，只能簡略說明，日後依各人的學行成就，再仔細體會。

「能知」：自然而完全的明白覺知。

「古始」：感應的大道原始以來已經存在，亙古常新，本來如此，不是突然出現，也不是越變越新。

「道紀」：道統的綱紀，也就是承續大道的傳統所順行的秩序和規

律。

簡單而言，道心和人心是相通的，自性與大道是一體的，世人渾然不能自知，聖人卻是明白這個性理真傳的通古奧秘，於內，可以修心悟性，對外，可以治世化民，是以返本溯源，能傳承道脈心法，相續綿綿無盡，這就是道統的綱紀，也是聖人的天職，讓大道見證於世間，讓真理深植於人心。

◎宇宙人生導航──原始的真實

看見的一切卻是來自於看不見的原始，這個原始存在著無限的可能，過去、現在和未來都將持續著，直到永恆，這是自然的規律。

為什麼我們要畏懼改變，煩惱得失呢？

只要依著自己的良知良能，順著自然的規律，就能體會原始的真實，走在永恆的路上。

第15章　不盈

古之善為士者，微妙玄通，深不可識。

夫唯不可識，故強為之容。

豫兮若冬涉川，猶兮若畏四鄰，

儼兮其若客，渙兮其若釋，

敦兮其若樸，曠兮其若谷，混兮其若濁。

孰能濁以靜之徐清？孰能安以動之徐生？

保此道者，不欲盈。

夫唯不盈，故能敝而新成。

◎經文回溯

1 王弼本原文：「豫焉若冬涉川」。

　依各流行本回溯：「豫兮若冬涉川」。

2 王弼本原文：「儼兮其若容，渙兮若冰之將釋。」

　依竹簡本和帛書本回溯：「儼兮其若客，渙兮其若釋。」

3 王弼本原文：「蔽不新成」。

　依經文校勘學者回溯：「敝而新成」。

◎字義注釋

1 「豫」，古代一種野獸，似象而心不定。

2 「猶」，古代一種野獸，似猴而性多疑。

3 「豫」、「猶」，引申表示行為謹慎而靜默慎獨的意思。

4 「儼」音眼，端莊肅穆的樣子。

5 「渙」，將糾結散開，有如水流暢通的樣子。

6 「樸」，尚未作成器具的原木；「璞」，尚未雕成器皿的石玉。本質上兩者是相通一致的。

7 「敝」，陳舊、敝損的意思。

◎提要

　　本章引證古時真正有道賢士體玄用妙，動靜自如而深不可識，誠為謙和不盈之性德，能顯日新又新之原真，給予當代世人，尤其是有志於進德修業者，示現了最真實之學行典範。

◎白話譯文

古之善為士者，微妙玄通，深不可識。

　　古時候真正有道賢士，體現本性的精微奧妙，自然明白而通達玄理，世人畢竟無法以狹隘的視野和有限的思維來觀察與探究其中的真相，因為這樣的人，對世人而言，實在是太幽深而難以認識與理解。

夫唯不可識，故強為之容。

　　就是因為真正有道賢士如此的幽深而難以認識，所以只能勉強的

從生活上的各種氣象來形容這些人，也許能夠讓世人了解與效法，期勉跟他們一樣，復返本性的淳樸天眞。

豫兮若冬涉川，

有道賢士如此的行爲謹愼啊，總是不隨意輕舉妄動，好像是古時候的豫獸一樣的游移不定，在冬天要通過冰川的時候，不敢有絲毫的大意失神，以免不小心踩裂薄冰而性命不保。

猶兮若畏四鄰，

有道賢士如此的靜默愼獨啊，不輕易暴露行蹤，好像是古時候的猶獸一樣的多疑好察，在下山的時候不敢有絲毫的喧嘩吵雜，以免驚擾四周而招惹殺身之禍。

儼兮其若客，

有道賢士如此的端莊肅穆啊，不會逾越規矩，好像是作客一般，不敢隨意的妄心作爲。

渙兮其若釋，

有道賢士多麼的安心自在啊，不會執著貪求，好像是新春的冰河一樣，自然的凍釋化解，沒有牽纏和煩惱。

敦兮其若樸，

有道賢士多麼的誠實敦厚啊，沒有心機也不會巧飾，好像是一塊

尚未雕琢的原木一樣，充滿無限的可能。

曠兮其若谷，

有道賢士多麼的心量廣大啊，包容含和而不爭處下，好像是幽谷深淵一般，可以匯聚眾流而綿綿無盡。

混兮其若濁。

有道賢士總是與世合塵啊，跟百姓生活在一起，好像是混身於濁水之中，卻不會隨波逐流。

孰能濁以靜之徐清？

誰能夠像這樣，雖然處於混濁亂世，仍然無知無欲，讓精神沉澱安靜，慢慢的澄清呢？

（續言）看來只有真正的有道賢士，才能這樣的清新超俗而又入境隨俗。

孰能安以動之徐生？

誰能夠像這樣，時時止於常寂安定，始終通達流暢，讓慧性啟動顯明，自然的發揚呢？

（續言）看來只有真正的有道賢士，才能這樣的舒緩自在而又自強不息。

保此道者，不欲盈。

可見能夠保持而且順行這些道理的人，自然是知足樂道而不會盈滿自得。

夫唯不盈，故能敝而新成。

正因為知足樂道而不會盈滿自得，所以表面看起來，與世同流而陳舊敝損，卻能夠自然澄清，顯耀本來慧性之光，歷久彌新而渾然天成。

◎麥教授與郝學生的對話

郝學生：「古之善為士者」都很神祕，實在不容易形容他們。

麥教授：所謂「古之善為士者」，指真正學道行道之賢士，這裡是以「豫兮、猶兮、儼兮、渙兮、敦兮、曠兮、混兮」來形容他們，可以分成四個部份來說明。

一、「豫兮、猶兮」：形容日常行持，小心謹慎而不急躁冒進，靜默慎獨絕不妄言妄行。

二、「儼兮、渙兮」：這兩句話作了明顯的對照；「儼兮」指言行上雖然小心謹慎，不敢妄言妄行，但是「渙兮」指精神上卻是安心自在，沒有牽纏和煩惱。

三、「敦兮、曠兮」：進一步彰顯「渙兮」的真實功夫；淳樸天真而生機充沛，匯集眾流而綿綿無盡，實在是精神無邊廣大。

四、「混兮」：表示精神無邊廣大，始終與世合塵，不離不棄，圓滿生命而安心自在。

郝學生：請問教授，「微妙玄通」，是否表示有如神通變化之類的能力？

麥教授：神通一詞更貼切的來講，是爲每一個人本來的良知良能，只因爲世人心性已經麻木不通了，所以才忘記，或者說是迷失了自己的本能而已，當有朝一日回復本來自性，顯現慧性之光的時候，神通一詞就沒有任何意義了，因爲一切都是這麼的自然明白，無爲而成。所以不建議以神通來說明，而以「開啓既有的良知良能」來表現，這才是「微妙玄通」眞正的意義。

郝學生：如何看出學行之人的眞實功夫呢？

麥教授：從「濁以靜之徐清」與「安以動之徐生」的彰顯，可以看出學行之人的功夫如何；但是雖然功夫深厚，卻永遠不會盈滿自得，「敝而新成」就是最極致的成就和氣象了。

◎宇宙人生導航──生命力的展現

自傲自滿的人最可悲，因爲不斷的把自己老化，變得更無用了。

謙卑退讓的人最有福，因爲永遠的讓自己新生，變得更有活力。

不要太在乎外面的紛擾，讓內心自然澄清安定，內心空出越大，活水注入越多，生命力越強。

第16章　歸根

致虛極，守靜篤，萬物並作，吾以觀復。

夫物芸芸，各復歸其根。

歸根曰靜，是謂復命。

復命曰常，知常曰明。

不知常，妄作，凶。

知常容，容乃公，公乃王，王乃天，天乃道，道乃久。

沒身不殆。

◎字義注釋

1 「殆」，有危險或是疲困的意思，這裡取危險之義，「不殆」表示不會有危險的意思。

2 「歸根曰靜」的「曰」，指「而」或「則」的意思。

◎提要

本章具體詳述，老子守道無為，實行親證之心路歷程，明白揭露虛極靜篤之如實功夫，以及本來性命之長久永生，並且依序展現復性天真之進道次第，是為古今學行之人悟己歸本之真理大道。

◎白話譯文

致虛極，守靜篤，萬物並作，吾以觀復。

真學真行的人能夠常致虛靈，返回極妙如初的狀態，能夠常守清靜，達到安定篤實的真誠，這個時候慧性照澈，當下一切萬有生化無窮以及生滅變易的玄機，並列作用於前，了然明白於心；老子坦言，自己也是這樣的實行親證，因此可以觀見天地運行周而復始的自然規律。

夫物芸芸，各復歸其根。

原來天地萬物種種一切，雖然形象不同，秉性各異，最後都要復歸於原始的根本。

歸根曰靜，是謂復命。

歸向原始根本而靜止於至善，就是回復本來性命的淳樸天眞。

復命曰常，知常曰明。

回復本來性命的淳樸天眞，則能返本溯源，與道合一，體現本性的眞常恆久；能夠覺知本性的眞常恆久，自然可以顯耀道的常明，照澈萬象物理的眞相。

不知常，妄作，凶。

只可惜世人不能覺知本性的恆常，無法明白萬象物理的眞相，因此容易受到外物的影響而混淆了身心的清靜，以至於妄作非爲而傷己害人，自然會招惹凶災禍殃。

知常容，容乃公，

因爲覺知本來性命的恆常，自然與萬物同心，包容寬厚而心量廣大。因爲包容廣大，氣象恢宏，所以能夠平等無私，大公至中。

公乃王，王乃天，

這樣大公至中，大中至正的人，內修心而爲聖，外治民而爲王，所以眞是一位聖王明君。這樣的聖王，契合天心，順乎天理，盛德與天同齊。

天乃道，道乃久。

盛德與天同齊，自然回歸大道本體。誠然，道體至虛靈妙，眞常永恆而長長久久。

沒身不殆。

如此學行到了極致完全，順天得道，精神安心自在，終身可以免於危殆。

◎麥教授與郝學生的對話

郝學生：請問教授，「致虛極，守靜篤。」之後，才有「萬物並作」的氣象嗎？

麥教授：宇宙間「萬物並作」，原始以來無時無刻不在進行，一般人不知其妙，沒有感應，唯有學行功夫深厚的人，合於「致虛極，守靜篤。」的當下，得以明白照澈「萬物並作」的眞理實相，因此能夠感應同心「以觀復」，可以說是靜觀自得而自得其樂。

郝學生：怎麼樣才能夠眞正的「沒身不殆」呢？

麥教授：要合於如此盛德，首先必須掃除人心的私欲貪想，時時「致虛極，守靜篤。」以回復本來性命的淳樸天眞，並且不斷的提升，其中最關鍵的，要能夠「知常曰明」，開啓既有的良知良能，與道契合而「沒身不殆」。

郝學生：爲什麼說「知常曰明」是最關鍵呢？

麥教授：對一般學行之人而言，因爲無法完全明白自性與大道一體同源，清靜豐足而自然無爲，所以容易受到心魔的考驗與阻礙，因此不能豁達明朗而走入獨善其身的暗室，或是自私偏執的迷路。所以「知常曰明」是生命前途最關鍵的進化點，也是悟性歸眞最重要的推力，

尤其要注意的是「不知常，妄作，凶。」將會帶來難以彌補的罪業而後悔莫及。

郝學生：請問教授，如何作到「公乃王，王乃天。」的意境呢？是不是要作到國王才比較有希望呢？

麥教授：如果是這樣，請問會有幾個人能夠證道呢？這個「王」有兩層意義，第一層意義是勉勵一國之君以及從政的領導人，可以作到「公乃王，王乃天。」的功夫和意境，成為真正「王道蕩蕩」、「王道平平」之頂天立地、「以人象天」而天人合德的王者，這樣當然是很了不起的成就。而另一層意義是指每一個人要以本來自性來主宰身心的思想和行為，絕對不能隨意顛倒，反而被人心的私欲妄想所蒙蔽與左右，也就是勉勵每一個人要能夠作自己的真主人，正所謂「自性之王」，這樣才能夠回復道心自然而長長久久。

◎宇宙人生導航——生命的真相

探討生命的真相，好像是一個很嚴肅的課題，感覺十分沉重。

其實不然，只要讓自己沉澱下來，到了完全的虛心寂靜，一切都明白了。

原來萬物總是順著自然的規律反復循環，這個循環的原點就是生命的種子，從這裡讓生命自然的揮灑，不用去干預它，不用去改變它，它自然會生長得好好的。

所以我們要尊重自己的生命，安定的走在人生的道路上，不必憂心，無需掛慮，順其自然可以安心自在。

第17章 知有

太上，下知有之；其次，親而譽之；其次，畏之；其次，侮之。

信不足焉，有不信焉；悠兮其貴言。

功成事遂，百姓皆謂我自然。

◎經文回溯

王弼本原文：「信不足，焉有不信焉。」

依王弼本註文回溯：「信不足焉，有不信焉。」

◎字譯注釋

1「太上」，有「最好的」之義，而「上」與「下」相對，「上」指
　聖王明君，「下」指人民百姓，所以「太上」引申爲「最好的聖王
　明君」。
2「悠」，表示悠閑而不急躁的意思。

◎提要

　　本章讚嘆國君治世，以無爲而治最自然，至於其他有爲之治，易
起對立相待，繼而引發人民對國君之好惡毀譽與私心偏見，終非長久
之道。老子慈心，同時警惕當時亂世昏君，如果無道失德，必定爲民
所棄而自取其辱，應思貴言誠信，回復上古自然無爲，則天下承平，
百姓順服。

◎白話譯文

（前言）自遠古時代以來，因爲君王修身行道的氣象不同，其治國的
　　　　成效也會不同，這樣的結果，可以從君王和人民之間的互動
　　　　而明白的顯現出來。

太上，下知有之；

　　最好的聖王明君，有如日月運行一般的自然無爲，百姓沐浴在聖
王德澤之中自由自在的生活，只知道上有國君，卻不會受到國君施政
的干擾與影響，因爲這個時候，君民心心相應而同心同德。

其次，親而譽之；

其次的君王，不能像聖王明君一樣完全的自然無爲，但是仍然心懷慈愛，以仁德引導百姓，所以能夠得到天下萬民的愛戴，人人樂意親近君王，而且時時讚譽和傳頌君王的盛德。

其次，畏之；

再其次的君王，私心作祟，捨棄了仁德的引導，反而以律法治國，以刑罰立威，百姓畏懼君王，表面上不敢違逆，但是卻無法與君王同心同德。

其次，侮之。

而最不好的君王，就是無道失德的昏君了，只知貪欲享樂，愚弄百姓，不但得不到人民的信服，更要遭受人民的唾棄與侮辱。
（續言）爲什麼高居一國之尊的君王，會遭受人民的唾棄與侮辱呢？

信不足焉，有不信焉；

因爲國君只圖一己之私欲，而缺乏對人民的的誠信，政令反覆無常而興事擾民，這樣的結果，當然得不到百姓的信服，反而產生對立與抗爭，以及不斷的憤怒與侮辱。
（續言）其實，只要國君能夠安處自性樸實，無私而有誠信，常爲人民謀求福祉，那麼百姓蒙恩受惠，哪有不信任國君，不敬愛國君的。

悠兮其貴言。

國君如此的悠閑而不急躁啊，因爲國君總是貴言誠信。

（續言）所以一個最好的國君，時時貴重自己的言行，不會輕易的興事擾民，總是舒緩自在，清靜無事。

功成事遂，百姓皆謂我自然。

因爲這樣的清靜無事，人民得以安居樂業，生活順遂，這就是國君治世大功告成的時候，百姓沐浴在國君德澤之中，都說「我們自己本來就自然而然這樣了」。

（結語）這不就是上古時候，聖王明君無爲而治的經典再世嗎？

◎麥教授與郝學生的對話

郝學生：「太上，下知有之。」請教授詳解。

麥教授：這是無爲而治最極致的表現，君民之間不必多言，卻能互動，同心同德而自然契合；其他的治世方法，都要落入有爲之治，既然是有了對立相待，漸漸的就會變質而產生反效果。

郝學生：「功成事遂」，請教授詳解。

麥教授：這個「功成」是「無爲而功成」，這個「事遂」是「清靜而事遂」，印證了「悠兮其貴言」的眞實功夫；能夠得到民心，自然天下大化。

郝學生：「百姓皆謂我自然」，請教授詳解。

麥教授：這句話呼應了上一句「太上，下知有之。」突顯了聖王無爲而治的殊勝；「百姓皆謂我自然」的「自然」表示「自己如此」的意思，但是整體表現出來的氣象卻是聖王無爲而治的自然顯化。

◎宇宙人生導航——自然的啟發

人離不開群體，所以必定會有領導者出現。

身為團體的領導者，有不同的領導風格和管理方式，其中，哪一種是合宜適中的呢？

人是感情的動物，容易有情緒的變化，總是起伏不定，如何來掌握與管理呢？難啊！

其實人也有良知理性的一面，需要去引導，讓他自然的啟發，當每一個人都能以良知理性作主，你不用去要求，大家自然會做好，這就是最了不起的管理了。

領導團體是如此，安定自己也是一樣的道理，無為而治最自然。

第18章 三有

大道廢，有仁義。
六親不和，有孝慈。
國家昏亂，有忠臣。

◎經文回溯

王弼本原文：「大道廢，有仁義。」接下來有「智慧出，有大偽。」這一句。

依竹簡本回溯：沒有「智慧出，有大偽。」這一句。

◎字義注釋

「六親」，指父子、兄弟和夫婦。

◎提要

　　本章再次讚嘆太古之時，仁義孝慈人人無爲順行，自然成就，及於當今之日，人心不古，道德頹喪，聖人方立其名以昭盛德，始建其有以明至善，並且嘉勉志士賢能，尊重其貴，願行其功。老子慈心，更以導引世人，應返回根本，當復現天眞，如太古之自然，猶太虛之妙覺。

◎白話譯文

（前言）太古時候人心和道心契合相通，良知與善德自然完備。雖然
　　　　不行仁義禮教，而仁義禮教已經明白表現；雖然不彰父慈子
　　　　孝，而孝慈之德已經顯露；雖然不揚忠義節操，而忠義之德
　　　　已經齊全。可惜自此以來，世人妄心越來越盛，執著越來越
　　　　深，更加不易調服，因此離道越遠而大道難行。

大道廢，有仁義。

　　當世人背離正途，大道難行，好像就要廢棄的時候，聖人便會全力提倡仁義之德，期望能夠挽救人心，振興民風，這個時候才有了仁義的引導與推行，而能夠實踐仁義禮教的人，更顯得尊貴非凡。

六親不和，有孝慈。

當世風趨下，凡俗紛擾不斷的時候，人與人之間容易產生利害衝突，縱使至親家人都會失去原來的和樂，這個時候才有了孝慈的引導與推行，而能夠實踐孝慈天性的人，更顯得非常珍貴。

國家昏亂，有忠臣。

當君王無道失德，國家昏昧動亂的時候，居位者沒有不自求保身，卻棄國家存亡於不顧的，這個時候才有了忠義的引導與推行，而能夠實踐忠義節操的人，實在令人動容。

（結語）所以在世道衰頹的時候，還有仁德善者願以天地聖哲為師，實踐直心正道，的確難能可貴，足以作為天下人的表率，而這樣的善功盛德，原來起始於本性的淳樸天真，好像回到上古時候自然無為的真理大道。

◎麥教授與郝學生的對話

郝學生：請問教授，大道真的要廢棄了嗎？

麥教授：大道是獨立超然的，存在於太虛之前，而且歷久彌新，只因為世人無明，背離正道，所以老子才說「大道要廢棄了」，這是警惕大家，更要珍惜天道可貴，趕快回歸本來至善，以免沉淪無期。

郝學生：這幾句話是不是有一些反諷的意思？也就是說，大道廢棄了才有的仁義就不是真正的仁義，因為那不是如實的自然無為。

麥教授：其實這幾句話，同時含有三種心境的抒發，它是一種感嘆，也是一種稱讚，更是一種期勉。

郝學生：請教授詳述其妙。

麥教授：大道將要廢棄不明了，這個時候才極力提振仁義的美德，因為已經有了名相，就很容易被短視近利的人加以利用與誤導，而流於空談，更落入虛偽，所以是一種感嘆的心境。雖然大道隱誨難行，仍然不乏志士賢能，順行天地聖哲的德儀，實踐本來真誠的仁義，所以是一種稱讚的心境。其實，仁義善德人人本來俱足完備，自然發揚，未有其名，已有其實，所以是一種期勉的心境，而這個「期勉的心境」，應該才是老子真實的心境。

郝學生：所以老子的慈心與歷代聖人的思想是相通一致了。

麥教授：世人以為，老子高呼「大道廢，有仁義。」好像與歷代聖人全力提倡仁義道德是相互矛盾，甚至是相左背離，其實，道脈心法，相續相承，一時一運，各有天命，表面上各顯其真，實質上相互輝映，自然不見其害，反得大利。

◎宇宙人生導航——幸福就在這裡

越想要尋找幸福快樂，表示你已經失去了真正的幸福快樂。

離開了良知良能，所作所為都是偏心歪曲的。

順著本來的直心率性，安享原來的自由自在，人人都會感到滿足，得到喜悅，這才是圓滿幸福的人生。

道理不是求來的，幸福就在這裡，本來如此，隨著自然一切安心。

第19章 樸素

絕聖棄智，民利百倍；絕仁棄義，民復孝慈；絕巧棄利，盜賊無有。

此三者，以為文不足；故令有所屬，見素抱樸，少私寡欲。

◎提要

　　本章明白指出，只有超越名相，掃除表面之虛偽巧飾，歸於本來極妙至善，方顯如實性德光明；老子慈心，特別點化世人，尤其是當時爲政者，樸素寡欲是爲學行之根本核心，亦即治國之無上正法。

◎白話譯文

（前言）爲了挽救世道於不墜，聖人全力宣揚仁義道德，不斷的爲世人注入新的活力和契機，所以在歷史上，多少仁人志士終於立下永垂不朽的美名榮耀。然而聖人了解這些善美榮觀，必將引起世人盲目的追逐與攀附，因此殷殷訓勉世人，尤其是上位者，不要固執於名相上的虛榮，應以平常心來力行實踐，自然彰顯而長長久久。

絕聖棄智，民利百倍；

　　上位者應當棄絕表面虛偽的聖智美名，而以無知無欲的原始來實踐聖智之道，人民受到薰染，自然安靜無求而勤奮工作，可以得到百倍於以往的利益。

絕仁棄義，民復孝慈；

　　上位者應當棄絕表面虛偽的仁義美行，而以清靜敦厚的根本來力行仁義之德，人民受到薰染，自然知恩孝順而寬容慈愛，可以恢復父慈子孝的本性。

絕巧棄利，盜賊無有。

上位者應當棄絕表面虛偽的巧利美妙，而以不貪無爭的淳樸來傳播利生之益，人民受到薰染，自然和氣祥瑞而願施善功，絕對不會有盜賊橫行的事情發生。

此三者，以為文不足；

以上這些表面虛偽的聖智美名、仁義美行和巧利美妙，不是本來心性的自然表現，而是文飾多餘的假面具，上位君者如果憑藉這些不切實際的美名巧行作為施政的手段，實在無法治理國家人民，更難以立為天下尊位。

故令有所屬，見素抱樸，少私寡欲。

所以老子特別的教導，讓每一個人有所歸屬與依止，都能夠時時照見本來素雅的天性，日日抱守原始淳樸的天真，平靜而堅定的減少私心貪欲，如此恆常，一切回歸自然，可以與道貫通而性德宣揚。

◎麥教授與郝學生的對話

郝學生：此三者，真的是一般人心念偏失的主要問題。

麥教授：尤其上位者如果以這樣的心態主政，人民百姓當然上行下效，都要變成一個模樣，只知虛偽巧飾，追逐名位權勢；所以上位者要從根本上除去「此三者」的病害，進而守樸存真，才是國家人民的福祉。

郝學生：「以為文不足」，請教授詳說。

麥教授：「文」即「文飾」，指掩飾、遮蓋的意思，在此引喻為戴著

假面具以隱藏其醜惡的行為；「不足」則指如果上位者表面戴著假面具，以遂行其爭名奪利的手段，實在無法治理國家人民，更難以立為天下尊位。

郝學生：這一章似乎跟前一章有特別的關聯？

麥教授：這一章的表述，可以說是由前第十八章「感嘆的心境」所引申抒發而加以論述的。

◎宇宙人生導航──淳樸的心

再好的東西經過修飾以後就不自然了。

拿不自然的東西來行銷自己，遲早會露出馬腳。

用淳樸的心做自己，就是最好的表現，大家都會感受到如實的真誠，願意與你同行，跟你相處。

第20章 食母

絕學無憂。

唯之與阿，相去幾何？美之與惡，相去何若？

人之所畏，不可不畏。

荒兮其未央哉！

眾人熙熙，如享太牢，如春登臺。

我獨泊兮其未兆，如嬰兒之未孩，儽儽兮若無所歸。

眾人皆有餘，而我獨若遺。

我愚人之心也哉！沌沌兮。

俗人昭昭，我獨昏昏；俗人察察，我獨悶悶。

澹兮其若海，飂兮若無所止。

眾人皆有以，而我獨頑似鄙。

我獨異於人，而貴食母。

◎經文回溯

王弼本原文：「善之與惡，相去若何？」

依竹簡本和帛書本回溯：「美之與惡，相去何若？」

◎字義注釋

1 「荒」是廣的意思；「央」是盡的意思；「未央」表示無盡的意思。「荒兮其未央哉」表示精神無邊廣大。
2 「儽」音壘，憔悴之義；「儽儽兮」引申爲「非常憔悴而喪失意志的樣子」。
3 「沌」音頓，昏昧無知的樣子；「沌沌兮」引申爲「非常昏昧無知的樣子」。
4 「澹」音淡，淡泊恬靜的意思；「飂」音六，指高處的風。

◎提要

　　本章進一步揭示，實踐樸素寡欲之神妙，當絕智忘形能無知無欲，可以悠然自得而瀟灑洋溢，猶如大海之無邊無際，更似高風之無拘無束。老子實行親證，據以表白，道貴天人合一，神通母子連心，能夠長生保命，可以貫徹太虛；反觀世人勞心勞形，憂名憂利，只得無明相伴，煩惱相隨，卻難清靜休息，無法安心自在。

◎白話譯文

絕學無憂。

　　世人只要棄絕私智妄學，回歸淳樸天眞的直心率性，對於一切事物就不會興起分別執著與貪心妄想，自然遠離憂慮煩惱，常處安心自在。

唯之與阿，相去幾何？

就從最微小的地方來看，在待人接物中，別人恭敬和氣的應答「唯」，或是厭煩驕慢的應答「阿」，只要不去分別，這兩種聲音又會相差多少呢？

美之與惡，相去何若？

在日常生活中，外面善美悅人或是醜惡不雅的事物，只要不去執著，這兩種形態又有什麼差異呢？

（續言）然而世人私智妄學，分別心重，妄起執著而好為比較，因此產生了種種歪曲偏離的價值判斷，所以容易引發錯覺誤會，甚至激起衝突對立。

人之所畏，不可不畏。

這種現象平時隨處可見，而且常常是由小而大，最後演變成不可收拾的爭端，因此一般人都會覺得憂心畏懼，何況對於有志於學行的人，更是不可不加以明察警惕而知所進退。

荒兮其未央哉！

世人的私智妄學令人哀嘆，卻更彰顯了有道賢士無知無欲，精神無邊廣大的氣象啊！

（續言）因此老子勉勵有志學行的人，能夠復返本性淳樸，回歸道心舒緩，同時，也將自己對道的體悟與實證，作了最真誠的表白。

眾人熙熙，如享太牢，如春登臺。

眾人貪欲享樂而追逐虛華，這樣熾烈旺盛而忙碌不休的樣子，好像是要趕快去參加盛宴，享受大餐，也好像是要急著登上高臺，遠眺春天美麗的景色，那麼的期盼與想念。

我獨泊兮其未兆，如嬰兒之未孩，儽儽兮若無所歸。

只有老子常處淡泊恬靜，一點也不會動心，有如長不大的嬰兒依偎在母親的懷抱裡，無知無欲，至柔至弱，這樣的不染情緣愛欲，不會到處好奇追逐，世人看起來好像非常憔悴而喪失意志的樣子，以為沒有歸處，卻也沒有約束，多麼自由自在。

眾人皆有餘，而我獨若遺。

眾人貪愛名利富貴，營營終日而不知道讓自己停息，似乎有多餘而用不完的巧智和精力，只有老子好像遺缺了這些，心中空虛無物，意念澄清無求。

我愚人之心也哉！沌沌兮。

老子的心簡直就像愚人這般的樸拙啊！世人看起來好像非常昏昧無知的樣子，卻也沒有憂慮而自得其樂。

俗人昭昭，我獨昏昏；

俗凡之輩私心用智而自誇自耀，喜歡到處表現，總是爭名搶功，看起來好像非常昭顯聰穎的樣子，只有老子好像昏沉無力，不會想要

爭取，總是安靜處下。

俗人察察，我獨悶悶。

俗凡之輩妄心作祟而貪求好利，事事斤斤計較，甚至得理不饒人，看起來好像非常明察精靈的樣子，只有老子好像悶聲不響，沒有自我私心，總是默默無語。

澹兮其若海，飂兮若無所止。

老子的心是如此淡泊恬靜，清澈虛明，好像是大海一樣的寧靜深遠而又無邊無際，不可度量。老子的心是如此純真無染，清新高節，好像是大風一樣的飄逸飛馳而又自由自在，沒有束縛。

眾人皆有以，而我獨頑似鄙。

眾人都自恃著聰明巧智和名利權位以自傲自大，只有老子仍然頑固的堅守著本來清靜自然的原心，看起來好像鄙俗拙劣的樣子，卻是清新脫俗而怡然自得。

我獨異於人，而貴食母。

總之，老子與世人完全不一樣，因為老子了解天道可貴，所以謹守原來道心，不敢稍有離棄，好像是嬰兒餵食於母親一般，如此貴重生命之泉，與道合一而長長久久。

◎麥教授與郝學生的對話

郝學生：「唯之與阿」產生的影響，甚至可能造成衝突對立，實在令人畏懼。

麥教授：這是互動的結果，世人心念如果無法平靜祥和，這樣的情況恐怕還會一再上演，而且更加難以收拾。看看有道賢士「荒兮其未央哉！」是多麼心量廣大，也唯有如此，才能化解一切的紛爭和困擾。

郝學生：謝謝教授指點，看起來一般人的心念實在是太執著了。

麥教授：這是「道與俗反」必然的現象，只有真正行道的人才能完全體會與覺悟，而合於「澹兮其若海，飂兮若無所止。」的意境。特別一提的是，本章指出有道賢士精神志向超越脫俗，而不是與人群疏離的意思，因為有道賢士能夠行於如前第十三章「貴以身為天下」和「愛以身為天下」的真功實善。

郝學生：有道者能夠「而貴食母」，與道不離不棄，真是令人讚嘆。

麥教授：有道者永遠保持心境舒緩自在，「絕學無憂」而通達無礙，時時「而貴食母」，因此得以堅定其超越的志向，實踐其無窮的願力。反觀一般凡夫，終日勞心勞力，奔波忙碌，為的只是追求那些虛假無常的外物顯象，卻迷失了本來的良知良能，這就是真知真學與私智妄學的不同啊！

◎宇宙人生導航——單純的自由

多學知識雖然變得聰明一點，只會無事生非，煩惱纏身。

無知無欲好像一無所有，卻也沒有包袱，能夠自由自在。

看看別人享福享樂，非常意氣風發，可惜跳不出私欲貪愛的框架，只能苦中作樂，必有窮盡的時候。

守住原來安靜的心，默然獨處，卻有享不盡的生命之泉，永遠充滿活力，自在灑脫。

第21章　從道

孔德之容，惟道是從。

道之為物，惟恍惟惚。

惚兮恍兮，其中有象。

恍兮惚兮，其中有物。

窈兮冥兮，其中有精。

其精甚真，其中有信。

自古及今，其名不去，以閱眾甫。

吾何以知眾甫之狀哉？以此。

◎字義注釋

1 「窈」音咬，幽深久遠的意思。

2 「冥」音名，隱晦不明的意思。

3 「閱」，有「觀察而認識」之義，引申爲「經由歷程而知其存在」的意思。

4 「甫」音府：美也，「衆甫」，盛美也，王弼本「衆甫」的註文爲「物之始也」，萬物的本始就是道。

◎提要

　　本章直陳德用之極善，以暢言道體之絕妙；誠哉盛德容光，是皆順從虛靈混全，至精至眞至信之大道本體而有如此峻極宏偉。老子慈心，親啓昭明，聖人依歸大道自然無爲，彰顯一切盛德容光，是以立下萬代不朽的奇功盛名，相續不絕而長長久久，更以此證悟道體存有，乃宇宙本始，爲萬物生母。

◎白話譯文

（前言）大道虛靈混全，生育天地萬物，普澤一切而盛德無疆。道在人身，能顯大德敦化，成聖成賢而盛德威儀。

孔德之容，惟道是從。

　　盛德容光能夠致其榮華，實在是順從道體所自然發揚而顯明化現的，可以說盛德即爲道體的形容，盛德就是道體存有的眞實明證。

道之為物，惟恍惟惚。

「道」這個東西，超越一切名相而至虛至靈，若無存有，將有還無，實在難以捉摸而恍惚不定。

惚兮恍兮，其中有象。

在那樣的非有非無，惚恍之中，隱約的可以體會出有一個能夠生成一切氣象的本無原始。

恍兮惚兮，其中有物。

在那樣的似有似無，恍惚之間，隱約的可以察覺到有一個能夠顯現萬有形物的存有造化。

窈兮冥兮，其中有精。

在那樣的幽深久遠，隱晦不明的當下，含藏著生命源起的至精元素，生機無限，充滿無窮的能量。

其精甚真，其中有信。

這個至精元素實在真誠明白，而且靈驗有信，天地為之循環不殆，萬物得以生生不息；這就是自然的規律。

（續言）天地萬物順行自然的規律，往復循環而無窮無盡，彰顯了盛
　　　　德容光可以致其榮華，因此奇功盛名依附隨生而永續不絕。

自古及今，其名不去，以閱眾甫。

　　自古以來，這些奇功盛名不曾退去，藉此真實歷程得以認識天地萬物的演化，返本溯源而印證了道體存有。

吾何以知眾甫之狀哉？以此。

　　老子真誠表白，道體至虛至靈而恍惚不定，自己是如何明白道體存有，常處至精至真至信的原始狀態呢？就是觀察這些奇功盛名，以及盛德容光能夠致其榮華，因此貫通明白的。

◎麥教授與郝學生的對話

郝學生：請問教授，什麼是「孔德之容」呢？

麥教授：「孔德」即盛德，「容」指行動或體態，「孔德之容」就是盛德容光，順從道體而出，可以說是道體無形之形，無相之相；盛德因大道而彰顯，大道因盛德而真實。盛德容光如此榮華，可以由兩方面來彰顯，一方面是經由觀察宇宙蒼穹的氣象萬千，天地日月的運行有序，以及萬有事物的變化多元，而來認知明白的；另一方面，則是經由體會聖人的大德敦化以及濟世救民的隆恩浩澤，而能感受覺性的。

郝學生：「自古及今，其名不去。」的「名」請教授詳解。

麥教授：這裡的「名」，是盛德容光顯明化現，而由世人所賦予的奇功盛名，但都不是「道」的本來真常之名。這個奇功盛名自古即有，乃至於現今未來，因此由現今回顧到遠古，可以發現這個奇功盛名都不曾消去，更可以返本溯源，返歸道體原始自然。本章最後的「以此」，指的就是「自古及今，其名不去，以閱眾甫。」

郝學生：請問教授，「道與德」如何區分？

麥教授：本章明白指出，盛德是順從道體而出的，盛德因大道而彰顯，大道因盛德而真實。所以老子在解說事理物象的時候非常活潑自然，道與德相互推呈，因此其中的界線可能並不明顯，有時候以「道」來解說，有時候卻又以「德」來形容，所以我們在參悟道德經時應該融會貫通，自然應對，可以怡然自得，明白自處。

◎宇宙人生導航——道與德

也許你相信有道，但是道是什麼？

不管你如何形容，總是缺少了那麼一點真。

想要形容道，不如去實踐德吧，因為德就是道的顯化，把德行出來，感覺道更具體了。

請問，德又是什麼？

看看你的直心率性就知道了，還有，你的良知良能也會表現得非常淋漓盡致。

第22章 抱一

曲則全，枉則直；窪則盈，敝則新；少則得，多則惑。

是以聖人抱一為天下式。

不自見故明，不自是故彰，不自伐故有功，不自矜故長。

夫唯不爭，故天下莫能與之爭。

古之所謂「曲則全」者，豈虛言哉！誠全而歸之。

◎提要

本章承上言而具體闡發，聖人虛心體性以顯靈光，抱道純一以明浩德，是以虛極至柔，無爲不爭，乃至天下莫能與之相爭，而爲亙古之明燈，永世之經典。老子慈心，進以明示，聖人至誠守中，至善周全，是以萬德交會，萬民歸心而天下順服。

◎白話譯文

曲則全，枉則直；窪則盈，敝則新；

彎曲的才能成圓；因此可以隨緣委曲的人，更顯得心地周全，性德完備。

屈捲的才能伸展；因此可以含受屈折的人，更顯得心地率直，道氣沖天。

低窪的才能填充；因此可以安處低下的人，更顯得心地滿盈，知足常樂。

敝損的才能創造；因此可以懷守敝舊的人，更顯得心地清新，淳樸通明。

少則得，多則惑。

所以欲念少的人，精神自然澄清，能夠得到生命的光慧，明明白白而長長久久，相反的，貪想多的人，心頭始終混亂，必將失去根本的依靠，因此對於萬象物理更加迷惑不解。

是以聖人抱一為天下式。

因此聖人靜心依止生命的根本，誠心抱守這個天真純一的古道原心，並且完全的力行實踐，而俱足了所有的至善盛德，自然成為天下萬民的表率和典範。

不自見故明，不自是故彰，不自伐故有功，不自矜故長。

聖人不會固執己見，自然視野清澈，道心常明。
聖人不會自以為是，自然質樸敦厚，性德彰顯。
聖人不會炫耀自誇，自然願行廣施而有真功實善。
聖人不會恃才自傲，自然福慧增益而能長長久久。

夫唯不爭，故天下莫能與之爭。

就是因為聖人能夠這樣的超然自處，從來不與人爭，無所謂勝負得失，所以天底下的人都不知道如何面對，也根本無法與其相爭，只有全然的信服與歸順。

古之所謂曲則全者，豈虛言哉！

聖人不爭之德如此的深遠，乃至於天下沒有不信服歸順的，更印證了古時候所謂「曲則全」種種的哲理，所以這些哲理是真實受用，怎麼會是虛言空談呢！

誠全而歸之。

因此道理很明白，能夠眞誠的實踐「曲則全」種種的哲理，自然天下信服歸順。

◎麥教授與郝學生的對話

郝學生：「曲則全」種種的哲理，對現代人而言實在是不容易明白，也很難作到。

麥教授：對現代人而言確實不容易，因爲每一個人自我意識滿漲，心量不大，脾氣很大，心志不高，自傲貢高，怎麼可能退讓自己去包容別人呢？而有道賢士體會心性的清靜無爲，明白一切事象都是正反兩端同時發展，而且相互依存，曲中有全，全的道理就在曲中，所以能夠超越兩端，眞誠的實踐「曲則全」的至善盛德。

郝學生：請問教授，聖人如何「抱一爲天下式」呢？

麥教授：聖人明白「少則得，多則惑。」的道理，而能依止生命的根本，不但實踐了「全、直、盈、新」的眞實功夫，更展現了「明、彰、功、長」的不爭德行，可以作爲天下萬民的典範，這就是「抱一爲天下式」的眞義和實證；這裡的「一」，就是本來天眞純一的古道原心。

郝學生：「夫唯不爭，故天下莫能與之爭。」可以說是天下無敵嗎？

麥教授：什麼天下無敵，聖人根本沒有這樣的念頭！「天下莫能與之爭」是自然而行，無爲而成，超越萬有能包容一切，是「和氣」與「正氣」同時的彰顯，所以任何人如果想要跟他相爭，當然是起不了作用；有些人認爲這是不可能作到的，然而聖人的德行印證了事實，更是有志學行之人最眞實的明燈和指引。

◎宇宙人生導航——生命的圓滿

有了曲折淬鍊，更容易看見生命力的彰顯。

低窪才能填滿，敝損才能創新。

這就是我們樸實的心所安處的原貌以及所展現的功夫，因此真實的生命力才能源源不絕。

朋友們，既然本來的生命是如此的圓滿，又何必費心的往外尋覓，到處去爭取呢？

只要心安理得，靜默自處，精神自然澄清，可以海納百川，能夠光耀十方。

第23章　同道

希言自然。

故飄風不終朝，驟雨不終日。

孰為此者？天地。

天地尚不能久，而況於人乎？

故從事於道者，道者同於道，德者同於德，失者同於失。

同於道者，道亦樂得之；同於德者，德亦樂得之；同於失者，失亦樂得之。

信不足焉，有不信焉。

◎經文回溯

王弼本原文：「信不足，焉有不信焉。」

依前第十七章回溯：「信不足焉，有不信焉。」

◎字義注釋

1「希言」，指爲人不多辯好爭，爲政不興事擾民的意思。
2「失」，泛指世俗之人，或爲失道忘德而不知學行的人。

◎提要

　　本章闡明，自然之道並非可以音聲表徵去辯解明白，只能以淳樸天眞來感應貫通，因此學行之人勿要多辯好爭，當以眞誠信實回歸自然，覺知天道隨物所行而感應同心，以圓融萬有，能與世和同。老子慈心，以此勉勵當時爲政者，不興事擾民而能貴言誠信，常以百姓之心爲心，天下自然承平，萬民同心順服。

◎白話譯文

希言自然。

不多辯好爭才是合於自然之道。

故飄風不終朝，驟雨不終日。

　　看看天象變化，有時狂風大作，但是不會持續整個早晨，自然會慢慢的減弱安靜；有時暴雨傾瀉，但是不會持續一整天，自然會逐漸的趨緩平息。

孰爲此者？天地。

　　是誰颳起了狂風，下起了暴雨呢？就是天地自己。

天地尚不能久，而況於人乎？

　　天地造成的狂風暴雨都不能持久了，何況是人與人之間的多辯好爭呢？

（續言）這樣的多辯好爭，最後還不是很快的歸於寂靜無聲的原始，因此何必在事物的表象上費心用力呢？其實天道自然，總是隨著物類所行而有相對的感應，不必爭辯，也無需強求。

故從事於道者，道者同於道，德者同於德，失者同於失。

　　所以有心學道行道的人，如果順行大道的自然無為，則能與道感應同心；如果常處盛德的淳樸天真，則能與德感應同心；至於不知學行的人，無法順行大道的自然無為，也無法常處盛德的淳樸天真，就會背離道德根本而迷失了人生的方向。

同於道者，道亦樂得之；

　　因為與道感應同心，那麼道的常明也會樂與同行，一切明明白白而慧光普照。

同於德者，德亦樂得之；

　　因為與德感應同心，那麼德的敦厚也會樂與同行，一切實實在在而綿綿不絕。

同於失者，失亦樂得之。

而不知學行的人，失去了根本的依靠，只能像浮萍一般隨波逐流，起伏不定而苦中作樂。

信不足焉，有不信焉。

所以道理非常明白，上位者如果不能貴言誠信，平靜無事，反而妄心妄為，興事擾民，自然得不到人民的信服，無法同心同德，唯有紛擾不斷。

◎麥教授與郝學生的對話

郝學生：「希言自然」，請教授詳解。

麥教授：「希言自然」，一般指人與人之間應該誠信相待，不須多辯好爭，才是合於自然之道，而其進一步的意義，則指為政應該順行自然而不興事擾民，其中「飄風、驟雨」隱喻為政殘暴，雷厲風行，有暴政不能長久的意思；同時這一句話也揭示了「自然之道並非可以音聲表象去辯解明白，只能以淳樸天真來感應貫通。」

郝學生：有一句話「真理越辯越明」，不知如何解釋？

麥教授：這個辯，不一定是有形言說的爭鋒相對或是據理力爭，也可以是無形的心語，依道而行，行以化人，進而感動對方，直到對方心生喜悅而心服口服，這就是「真理越澄越清」的意思。

郝學生：這一章意義深遠，所謂天道隨物所行而感應同心，實在令人讚嘆。

麥教授：如果證之於帛書本的原始經文，可以看出原始經文比較直接明白，值得詳閱，請參考附錄中「王弼本——經文校勘整合參考」這一章的經文，似乎更合於老子的原始真義。

◎宇宙人生導航──真心願快樂行

看不順眼就嫌棄，那要嫌棄的東西可眞多了。

不喜歡的事就爭吵，那要爭吵的事可吵不完。

請問，有多少的東西可以隨意嫌棄？有多少的精神可以用來爭吵？

朋友們，人生有限，善待自己吧，安定平靜，順著自然就對了。

每一個人都有不同的志向和喜好，因爲有包容，所以能夠跟每一個人相處，因爲有眞誠，所以每一個人都願意與你分享；你怎麼對待他，他也會怎麼對待你；有眞心願，自然快樂行。

第24章　不處

企者不立，跨者不行；自見者不明，自是者不彰；自伐者
無功，自矜者不長。

其在道也，曰餘食贅行。

物或惡之，故有道者不處。

◎字義注釋

1 「企」與「跂」音義相同，腳跟提起的意思。
2 「贅」音墜，多餘、累贅的意思。

◎提要

　　本章以道體淳樸，德用舒緩之原始，再次勉勵有志賢士，應該老實學行，切勿好高騖遠，妄求一步登天，也不要自誇自耀，自傲自大，因為如此勉強作為完全違反自然，離道更遠而難以如願。

◎白話譯文

企者不立，跨者不行；

　　不知道深固根本，卻貪圖非份的人，好像是勉強的踮起腳後跟，妄想高人一等，這樣當然是站立不穩，很快的就會傾倒。不能夠安定持重，卻爭強爭勝的人，好像是勉強的跨步躍進，妄想捷足先登，這樣當然是無法行遠，很快的就會累倒。

自見者不明，自是者不彰；自伐者無功，自矜者不長。

　　總是固執己見的人，反而視野混濁，不能保持原來道心常明；
　　凡事自以為是的人，反而器量狹隘，無法讓自己的性德彰顯。
　　喜歡炫耀自誇的人，沒有真誠，難以成就大功；
　　喜歡恃才自傲的人，失去靜定，無法長長久久。

其在道也，曰餘食贅行。

所以這些違反自然的勉強作為，以道的原點來看，好像是已經吃飽了，還要一直勉強再吃，簡直是多餘的貪食；也好像是在遠行的時候，還要背負著不必要的包袱，簡直是累贅的苦行。

物或惡之，故有道者不處。

像這樣多餘的貪食和累贅的苦行，就連所有物種生類尚且都感到厭惡，何況是有道賢士絕對不會妄心妄行，以免讓自己處在無明的困境當中。

◎麥教授與郝學生的對話

郝學生：常人最喜歡一步登天，不但省時省力，更可以很快的出人頭地。

麥教授：凡事都要先建立好穩固的基礎，然後逐步前進，才能持久耐遠，事竟全功，如果企圖以投機取巧的手段來達到目的，好像是站在雲端上面行走一樣，終究要墜入無盡的深淵而不能自拔。

郝學生：看看社會上「自見、自是、自伐、自矜」的人隨處都有，總是喜歡炫耀自己的財富和權位，而對於貧賤窮困的人卻視而不見，令人心寒。

麥教授：這是社會的病態，如果長此以往，很容易產生嚴重的對立和事端。所以宣揚「富而好仁」和「貧而有志」的美德善行，可以作為良藥解方，也才能平和社會的失衡，以免造成日後不可挽救的激盪和衝突；本章對照前第廿二章「不自見、不自是、不自伐、不自矜」的經文，同時作了正反兩面的陳述，彰顯了聖人之道的真實圓滿。

郝學生：請問教授，一般人都有這樣的習性和偏見，那麼學行之人會

不會也有呢？

麥教授：有些剛剛學行的人，還不能完全放下世俗的名利，所以可能還帶有這樣的習性；而另外有些行道人，或許已經放下世俗的名利，但是很可惜的，卻對於道果道名起了偏執，也就是說，由追逐「世俗名利」轉移為冥想「道果道名」，好像是舊瓶新裝，其下場一樣，甚至更為嚴重。所以要謹記老子的訓誡：「其在道也，曰餘食贅行。」

◎宇宙人生導航──心懷天地

安處當下，就是最好的情況。

如果想要勉力貪求，還沒有得到，恐怕就要重心不穩跌倒了。

也許有了一些成就，不需要張揚，一旦張揚反而成為包袱了。

朋友們，凡事不要勉強，順著自然走就好了。

如果勉強自己，好像在跟自己過意不去，太辛苦了。

能夠安心自在，心中有天地，廣大無邊際。

第25章　混成

有物混成，先天地生。

寂兮寥兮，獨立不改，周行而不殆，可以為天下母。

吾不知其名，字之曰道，強為之名曰大。

大曰逝，逝曰遠，遠曰反。

故道大，天大，地大，王亦大。

域中有四大，而王居其一焉。

人法地，地法天，天法道，道法自然。

◎字義注釋

1「寥」音聊，冷清的意思。
2「殆」，有危險或是疲困的意思，這裡取疲困之義（通「怠」），「不殆」表示永遠不會休止的意思。
3「大曰逝」的「曰」，指「而」或「則」的意思；「逝」，王弼本註文：「周行無所不至」。

◎提要

本章盛讚大道虛靈混全，絕對獨立，返本達源以生生不息，而爲天下之母。老子更爲推崇聖人，效天法地，尊道貴德，串連了萬有生命，因而宇中自然爲大，以此，訓勉世人，切勿癡心妄想，自傲自大，反而加速敗亡。

◎白話譯文

有物混成，先天地生。

在天地未生，渾沌未明的時候，早已經存在一個混成著至虛至靈、至精至眞至信的原始本體。

寂兮寥兮，獨立不改，周行而不殆，可以為天下母。

這個根本原始的混合體，是如此的無聲無臭，無形無相啊，絕對獨立而眞實恆久，往復循環而永不止息，充滿無限能量，普施一切萬有，因此可以稱爲天下萬物的母親。

吾不知其名，字之曰道，強為之名曰大。

它是如此的混全獨立，所以老子明說，實在無法得知其本來的名稱，只好以這個「道」字來指象形容，而「道」又是如此的廣大無邊，所以只好勉強的再冠上一個「大」的名號，是為「大道」。

大曰逝，逝曰遠，遠曰反。

大道周行而無所不至，最後消逝於無邊無際。大道消逝於無邊無際，直到遙不可測的遠方。大道一直到了遙不可測的遠方，就是返回無盡極處的原鄉，歸於本來道體。

故道大，天大，地大，王亦大。

所以道是如此的廣大無邊而盛德無疆。道生天地，天無所不覆，地無所不載，是為天大地大。天地善養萬物，人為萬物之靈，人人都有一顆本來淳樸道心，而聖王是實踐道德最完全的人，能夠大德敦化，德配天地，因此聖王也是非常的崇高偉大。

域中有四大，而王居其一焉。

所以在浩瀚宇宙中有以上四種大，而聖王的大德是居於其中之一，傳承道脈綿延深遠，澤被萬物無遠弗屆。

人法地，

為什麼聖人如此大德，永遠受到世人的景仰與懷念呢？因為聖人取法大地普施一切的博愛以及承載萬物的無私，所以能夠全然付出，

澤被天下。

地法天，

為什麼大地如此精深博厚，無私無我呢？因為大地取法上天的自強不息，適時變通而順勢轉動，因此天地之間孕育了無限的生命，氣象萬千而變化無窮。

天法道，

為什麼上天如此自強不息，周行而不會休止呢？因為上天取法大道的真誠信實，運行日月星辰於不墜，盈虛交替而四時有序，往復循環以源源不絕。

道法自然。

大道生育天地而道貫一切，道體如實不動而道心舒緩自在，所以「道法其自己，本來自然而然，無為而為。」

◎麥教授與郝學生的對話

郝學生：請問教授，為什麼說「遠曰反」呢？
麥教授：這裡的「遠」或許是就宇宙實體之大而言，但是這裡的「反」可是超越了有形的極限和無形的想像，而自然的連結「根本原始的道體」，是如此的獨立超然，完全不能以任何的名相思維來推測與觀望。所以「無盡極處的原鄉」不是在遙遠的那一端，實際上是歸返這個「根本原始的道體」，說是終點也是起點，似乎沒有來去，因此彰顯了「往復周行而沒有休止」的自然規律，這樣的顯化有如聖人

常守原心妙性的根本，精神卻是無邊遼闊，無遠弗屆而又氣象萬千，眞是妙不可言。

郝學生：謝謝教授的指點。

麥教授：這樣的推理具體了前第一章「常無欲，以觀其妙。」和「常有欲，以觀其徼。」的意義，因爲道的展現而生成了萬物，因爲萬物的生成而開演了存有的眞實，萬有一切在盈虛消長中，復化歸於根本原始，回返道的自身，這些無非都是自然的顯化。

郝學生：大道無形無相，幽深長遠，而聖王能夠參贊天地化育，眞是了不起。

麥教授：聖王所以能夠參贊天地化育，位列三才之一，居宇中四大，就是因爲他能夠實踐道德，感化人心，更能夠傳承道脈心法，回歸自然之意，讓大道的光輝普照，串連宇宙萬象的生命；請參考前面〈老子道德經的世界模型〉這一篇裡面有關「什麼是自然？」的說明。

◎宇宙人生導航──笑看人生

大哉問：道是什麼？自然是什麼？

簡單回答：道以自然來呈現自己。

所以自然而然的天地明顯了，萬物活耀了，天地萬物順著自然的腳步，把宇宙彩繪得更鮮豔亮麗。

我們何其有幸，擁有了道的全眞，可以表現自然的善美，人生還有什麼不滿足的，還有什麼要煩惱的？

朋友們，安心吧，隨著自然笑看人生。

第26章 輜重

重為輕根，靜為躁君，是以聖人終日行，不離輜重。

雖有榮觀，燕處超然。

奈何萬乘之主，而以身輕天下？

輕則失本，躁則失君。

◎字義注釋

「輜」音資，「輜重」指武器糧草等非常重要的軍需品。

◎提要

　　本章更以聖人之德儀風範，勉勵世民當以莊重己身，靜定守樸爲根本主宰，能夠輕靈流暢，可以清心舒緩。老子慈心，以此警醒當時爲政者，切勿貪欲多得而輕蔑己身，不能以天下爲重，恐怕就要被天下所棄。

◎白話譯文

（前言）無法莊重己身，會導致心態上的浮漫輕率；能夠莊重己身，
　　　　自然順心如意，輕靈流暢。

重為輕根，

　　所以莊重己身是輕靈流暢的根本。

（續言）無法靜定守樸，會導致言行上的興事妄動；能夠靜定守樸，
　　　　自然清心舒緩，不會急躁不安。

靜為躁君，

　　所以靜定守樸是急躁不安的主宰。

是以聖人終日行，不離輜重。

聖人了解這些道理，因此在每天的行持當中，時時莊重己身，靜定守樸，有如大軍前進，一刻不能離棄武器糧草一樣，因爲這些軍需物品，實在是鞏固軍心的重要依靠。

雖有榮觀，燕處超然。

聖人德儀崇高，因此尊貴非凡，縱使居住樓臺大院，出入隆重壯觀，但是聖人的意念仍然安處在清心舒緩的當下，完全超越那些華麗的外表，絲毫不受影響，因爲莊重靜定的心性才是人身的根本主宰。

奈何萬乘之主，而以身輕天下？

只可惜，爲何擁有萬輛兵馬戰車的君主，卻捨棄了本來的初發心，不但無法莊重己身，讓自己輕靈流暢，反而以浮漫輕率的心態來治理國家，有如輕賤了天下，而爲天下所厭棄呢？

輕則失本，躁則失君。

身爲一國的君主，竟然因爲浮漫輕率而背離民心，必然會失去立國的根本，因爲急躁不安而興事妄動，必然會失去君王的主宰。

◎麥教授與郝學生的對話

郝學生：請問教授，人的一生哪些是輕，哪些是重，會是一樣的嗎？
麥教授：人生有苦有樂，順逆難料，因此孰輕孰重，孰眞孰假，每一個人的標準和認知不同，體會與覺悟也不一樣，簡直是南轅北轍，甚

至有些是輕重不分，眞假莫辨而顚倒錯亂的。

郝學生：這樣的話，有心學行的人如何來順行與依止呢？

麥教授：輕重眞假實在影響非常深遠，總是不離自性爲重，依道據德爲眞。看看聖人的德儀風範，雖然受到萬民的景仰與擁戴，仍然保持平靜安定，沒有一點私心貪念，因爲名利富貴，輕如浮雲，實在觸碰不得，所以「聖人終日行，不離輜重。」

郝學生：本章有幾個「輕」字，請教授詳解。

麥教授：「重爲輕根，靜爲躁君。」王弼本註文爲「不行者使行，不動者制動。」在這裡「不行者」意指莊重己身，如此可使行於輕靈流暢，而「不動者」意指靜定守樸，如此可制動其急躁不安。所以「重爲輕根」的「輕」字，解釋爲輕靈的意思，其他兩個「輕」字，則直接解釋爲浮漫輕率的意思；其實輕靈或是輕率之間，只在一念的啓發而已，但是卻有完全不一樣的表現與結果。

◎宇宙人生導航──莊重與安靜

船行大海，不怕風浪，只怕重心不穩，重心穩了，自然一帆風順。

車行路中，不怕坑洞，只怕心急躁動，心平靜了，自然一路平安。

莊重自己的生命，就不會被外物迷得團團轉；保持安靜的心情，可以征服外面的紛紛擾擾。

一旦輕視了自己的生命，急躁的東奔西跑，很快的就會累倒，更要陷入重重的危機和險境。

第27章 襲明

善行無轍迹，善言無瑕讁，善數不用籌策，
善閉無關楗而不可開，善結無繩約而不可解。
是以聖人常善救人，故無棄人；常善救物，故無棄物；是
謂襲明。
故善人者，不善人之師；不善人者，善人之資。
不貴其師，不愛其資，雖智大迷，是謂要妙。

◎字義注釋

1「瑕」，玉的缺點、毛病；「謫」音折，指責、責罰之義；「瑕謫」，喻為「說話所造成的過失」。
2「籌策」，古時一種計數的器具，稱竹碼子，今或喻為籌碼。
3「關楗」，古時門上的木條把鎖，橫的叫「關」，豎的叫「楗」，是為栓梢、門鎖。
4「善人之資」的「資」，指取用、供給之義，這裡有「取為借鏡而興發救世救民的使命」的意思，引申為「進德修業的資材道糧」。

◎提要

　　本章闡揚聖人承襲道之常明以利濟天下，無需任何條約和限制，只有全然付出，故而澤被四海，厚實了進德修業之資材道糧；而尊為精神導師。老子慈心，以此點化學行之人，應貴重精神導師之教誨，當愛惜資材道糧之啟發，才是掌握人生，向上提升之真實妙益。

◎白話譯文

善行無轍迹，

　　真正的善行不刻意施為，也不會放在心上，所以這樣的善行是自然無為而不留痕迹。

善言無瑕謫，

　　真正的善言是不言之教，只是以身作則，所以這樣的善言是中正

率直而沒有過失。

善數不用籌策，

真正善於計算謀成是應用無心，不假思索，所以這樣的計量是自然功成，不必利用籌碼來推測定奪。

善閉無關楗而不可開，

真正善於閉合而不受滋擾的方法，就是靜定守樸，他的心門自然密合緊閉，不需要任何功用的栓梢和門鎖也不會被打開，能夠降服內心的妄思雜念，可以遠離外物的引誘與迷亂。

善結無繩約而不可解。

真正善於結實而不被分化的方法，就是誠實守信，他的志向始終與道連結，不需要任何形式的條約和限制也不會被解除，能夠力行救世宏願，可以普施天下而福樂綿綿。

（續言）以上這些至善盛德，唯有聖人實踐得最圓滿極致，能夠導引天下萬物回歸自然之意。

是以聖人常善救人，故無棄人；

因此聖人常保一顆慈善的心，全然無私的救度世人而不求回報，聖人了解人人心中有道而自性平等，因此聖人沒有分別心，總是施以同樣的引導，能夠人盡其才而不會放棄任何一個人。

常善救物，故無棄物；

而且聖人常保一顆慈善的心，真誠包容的救治萬物而不起貪念，聖人了解萬物各秉質性而一體同源，因此聖人沒有好惡心，總是給予相同的待遇，能夠物盡其用而不會嫌棄任何一種品物。

是謂襲明。

聖人能夠大德敦化，實在是因爲聖人承襲了道的常明而自覺自悟，彰顯本性的清靜豐足，這就是所謂「襲明」的至善眞義。

故善人者，不善人之師；

所以有道懷德的善人，明理務實而行善建功，自然成爲不知修身行善的人生命成長的精神導師。

不善人者，善人之資。

不知修身行善的人，妄心妄爲而不明事理，自然成爲有道懷德的善人進德修業的資材道糧。

（續言）因此不善之人應該貴重可以使其向上提升的精神導師，而善人也應該愛惜可以取爲借鏡而興發救世救民的使命的資材道糧。

不貴其師，不愛其資，雖智大迷，是謂要妙。

如果不貴重自己的精神導師，不愛惜自己的資材道糧，這樣的人

雖然自以爲聰明多智，卻是沒有了生命成長的依靠，簡直是一個失去人生方向的大迷糊；明白了這一點，才是真正悟入所謂精要微妙的道理。

◎麥教授與郝學生的對話

郝學生：一般人都有相同的毛病，一旦作了自以爲是的善行，總是希望大家都知道，而且雙方的約定，都要立下契約，否則事後必然會產生爭執，爲了個人的私利，永遠有吵不完的事。

麥教授：這就是聖人與世俗不同的地方。聖人救世濟民沒有一點私心貪念，不用契約也無需條件，所以聖人的善行不留痕迹，聖人的善言度化於無形，因此聖人的功德昭顯，與天同齊。

郝學生：請問教授，是否有什麼特別的功夫或秘方，能夠推動聖人成就如此的大德呢？

麥教授：沒有什麼特別的秘方，當下一點真心即是，看起來很玄妙，卻是很平常。當下這一點真心就是道的常明，人人本有，只要效法聖人德儀，每一個人都能夠成就相同的盛業。

郝學生：「不貴其師，不愛其資，雖智大迷，是謂要妙。」有一些翻譯本的解釋不同，請教授說明一下。

麥教授：有些人是從完全不同的面向來思考與解釋，請參考以下的說明：

一、「不貴其師，不愛其資。」：聖人德行完備，自然成爲人間導師，但是聖人絕對不會自認爲尊貴至上；凡夫迷失本性，自然成爲聖人進德修業的資材道糧，但是聖人一點也不會貪愛這些資糧。

二、「雖智大迷」：雖然聖人有如此的天真慧性，卓絕超群而通達無礙，仍然保持一顆平常心，柔和包容，不爭處下，好像是大愚大迷而無知無欲，不會與世相爭，與民求利一樣。

三、「是謂要妙」：聖人承襲了道的常明而能自覺自悟，因此有這樣

的德行與顯化，不會自認尊貴，也不敢貪愛道糧，這才是真正覺悟所謂精要微妙的道理。

◎宇宙人生導航——同心圓

你我都想幫助別人，但是如何幫助呢？

教他們所有的道理，要求他們作好每一件事？太辛苦了。

教他們收心煉氣，要求他們凡事不為所動？太勉強了。

其實很簡單，人都有一顆至善的心，能夠啟發這一顆心，道理自然可以直接明白的行得出來。

啟發這一顆至善的心，就是開啟本來的良知良能，原來人同此心，心同此理，大家都站在同心圓上面。

第28章　常德

知其雄，守其雌，為天下谿。

為天下谿，常德不離，復歸於嬰兒。

知其白，守其黑，為天下式。

為天下式，常德不忒，復歸於無極。

知其榮，守其辱，為天下谷。

為天下谷，常德乃足，復歸於樸。

樸散則為器，聖人用之則為官長。

故大制不割。

◎字義注釋

「忒」音特，過份或是變更之義；「不忒」就是沒有過節、差誤的意思。

◎提要

　　本章進一步宣揚原心要妙之天眞無邪，表彰眞常至德圓其混成能廣其達用，寂寂然，爲天下之楷模，洋洋乎，耀天道之萬能。是以聖人之願行，其功業，如此峻極，其盛德，原來發植於本來淳樸天眞之自然無爲。

◎白話譯文

（前言）道大理微，道與俗反，不可以世俗的價值來評斷，也不可以世俗的聰明來臆測，完全超越有形的對待和認知，只能以自然淳樸的本性來感應與印證。

知其雄，守其雌，爲天下谿。

　　有道懷德的人覺悟本性與道同體能虛柔處弱，獨立不撓而自強不息；因此萬物無法與其相爭，很自然的歸依順服，這才是眞正「剛強雄健」的道理。所以他能夠謹守「柔弱雌順，廣含包容。」的原始，永遠不與物爭，始終不改其志，好像是山間的谿徑一樣爲天下所遵循，通達而流暢。

為天下谿，常德不離，復歸於嬰兒。

因為他的心地像谿徑般為天下所遵循而通達流暢，以至於到了極致，所以他的真常至德穩固靜定，絲毫不會受到外物的引誘與牽纏而背離大道，也就是能夠回復到原來嬰兒般天真無邪的太和之道。

知其白，守其黑，為天下式。

有道懷德的人覺悟本心與世合塵能普照一切；表面上好像渾濁無知，內心卻是光明清澈，沒有瑕疵，這才是真正「清白無染」的道理。所以他能夠謹守「無知無欲，渾黑若愚。」的心門，平靜自處，安份守己，絕對不會作出違失良心的事，足以立為天下的模範和榜樣。

為天下式，常德不忒，復歸於無極。

因為他的言行足以立為天下的模範和榜樣，以至於到了極致，所以他的真常至德合乎中道，不會改變原來的初衷而產生過節，也就是能夠回復到原始無極，渾然無知無欲的清靜之道。

知其榮，守其辱，為天下谷。

有道懷德的人覺悟生命能量無限而潛力無窮，越是受盡屈辱，越能夠淬礪心志，激發出真實願行，終為天下最尊最貴，這才是真正「光榮顯耀」的道理。所以他能夠謹守「謙卑忍辱，虛心處下。」的根本，真誠接受，廣納眾緣，好像是山中深谷一樣，包容天下百川江河，匯聚無邊滾滾巨流。

為天下谷，常德乃足，復歸於樸。

因為他的精神如深谷般的匯聚天下眾流，而俱足一切妙善，以至於到了極致，所以他的眞常至德敦厚廣博，沒有任何的矯飾和虛華，也就是能夠回復到自然淳樸，展現生命活力的圓滿之道。

樸散則為器，

這樣自然淳樸的圓滿之道，生機充沛而巧妙活潑，好像是一塊上等完美的原木，能夠發散爲不同的物象，而創造出種種的器具。

聖人用之則為官長。

聖人性與道合，樸以通理，所以能夠開啓既有的良知良能，自然明白萬象物理的盛衰消長，得以完全充分的應用，讓人民百姓實際受益，因此當處百官首長而爲天下聖王明君。

（續言）但是被切開的原木，經過製作粉飾以後，就會被定型爲一種物象器具而失去了原來無限的可能。

故大制不割。

所以道理很明白，眞正物象體制之大，合而爲一能變化無窮，絕對不會被分割消散的。

（結語）因此聖人總是因物隨性而順其自然，雖然天下大化，卻是無爲而治，常處樸的原始，始終不會被切割而界限在固定的空間和用途，讓本來生命的活力源源不絕以變化無窮。

◎麥教授與郝學生的對話

郝學生：為什麼「知其雄」卻要「守其雌」呢？好像打破了一般人既有的思維和觀念。

麥教授：世人越是表揚「雄」的力量，追求「雄」的境界，最後只會逐漸衰弱，加速滅亡。真正有道德的人與世俗相反，他了解「雄」的力量，而能謹守「雌」的原點，所以生生不息而源源不絕，反而時時展現「雄」的氣象，一般人以為非常神祕而無法理解，但是有道德的人了解這是很自然的現象，也是很平常的結果。

郝學生：請問教授，「樸」的真義和作用是什麼呢？

麥教授：「樸」可以說是道體的化現，充滿無限的可能，聖人用樸明道，以樸治世，因此能夠「樸散為器」以應機變化而普澤一切。但是聖人雖然如此的通達無礙，仍然永遠保持淳樸天真的本性，不會自傲自滿，讓自己侷限在狹隘的偏知和偏見。因此聖人能夠集成「太和之道」、「清靜之道」以及「圓滿之道」於全德，實踐「大制不割」的原始自然，勝物而不傷物，成物而不害物。

郝學生：「大制不割」，請教授詳解。

麥教授：「大制」就是「樸」，以為空無一物，卻是生機充沛而變化無窮，好像已經含藏了各種器物和體制於無形，所以稱為「大制」。「不割」就是沒有分別執著，不會被定型與限制而失去原來的活力和能量。

郝學生：謝謝教授指點。

麥教授：聖人淳樸天真，「守雌無為，所以自然雄健。」、「守黑無為，所以自然明白。」、「守辱無為，所以自然榮耀。」世人妄念妄為，「只想雄健，卻不知守雌。」、「只想明白，卻不知守黑。」、「只想榮耀，卻不知守辱。」反而顯得越來越渺小，變成越來越無用。當一個人自然無為，性德發揚的時候，因為充滿了太和之道，所以源源不絕；因為歸依了清靜之道，所以光明無礙；因為成就了圓滿

之道，所以變化無窮；這些看似妙趣各異，卻是同出於道體原心。

◎宇宙人生導航──未知先知

看得見的世界比看不見的世界少得可憐。

原來未知散佈了每一個角落，包含了一切。

你在這邊用有色的眼光去觀察它，它正用另一面在影響你。

我們以為是這樣的，它卻用那樣的在呈現。

未知不是黑暗，更不是死寂，它是顯耀的，只是我們看不見。

當你覺悟了未知是真實的，是存在的，是全面的，我們尊你為先知。

第29章　自然

將欲取天下，而為之，吾見其不得已。

天下神器，不可為也，不可執也。

為者敗之，執者失之。

故物或行或隨，或噓或吹，或強或羸，或培或墮。

是以聖人去甚、去奢、去泰。

◎經文回溯

1 王弼本原文：「或歔或吹」。

　依經文校勘學者回溯：「或噓或吹」。

2 王弼本原文：「或挫或隳」。

　依帛書本回溯：「或培或墮」。

◎字義注釋

1 「或」，表示反覆不定，無法長久的意思。
2 「噓」，緩緩出氣的意思；「吹」，表示出氣很急的意思。
3 「羸」音雷，瘦弱的意思。

◎提要

　　本章進一步直陳，當時諸侯將相不能常守自然之樸，反而欲逞一己之私，爭先勉力強取以圖謀天下，如此背離正道，只會加速敗亡而已。老子慈心，勉勵有志賢士應該效法聖人，捨棄過度作為，回歸自然之意，得以傳承上天明命，迎取天下民心。

◎白話譯文

將欲取天下，而為之，吾見其不得已。

　　如果有人自傲自大，勉強作為，妄想以武力來奪取天下，老子明白指出，那是絕對不可能得到的。

天下神器，不可為也，不可執也。

　　天下有如神聖尊貴的重器，屬於天下人所有，不可用勉強的作為來奪取，也不可以固執的手段來佔有。

為者敗之，執者失之。

勉強作爲的人妄想以武力來奪取天下，最後必然會遭遇挫敗的結果。固執任性的人企圖以智謀來佔有天下，最後必定要面臨失去一切的困境和絕望。

（續言）爲什麼那些人最後會面臨失敗的命運呢？因爲一切物象的發展都會隨著環境的消長而不斷的改變，絕對不可能長久不變的，這是自然的顯化。

故物或行或隨，或噓或吹，或強或羸，或培或墮。

看看萬有物象，有時候以爲自己行走在最前面，但是轉眼間卻發現自己跟隨在別人後面。

有時候想要緩緩的吐出一口氣，但是轉眼間卻發現自己很急促的在用力吹氣。

有時候想要展現自己的強大，但是轉眼間卻發現自己顯得衰弱無力。

有時候以爲自己在培蓄發展，但是轉眼間卻發現自己正在頹墮消退。

（續言）簡單來說，萬有物象不可能永遠處在最強盛豐盈的高峰，所以如果不能常守自然之樸，回歸自然之意，只會自取其辱，加速敗亡而已。

是以聖人去甚、去奢、去泰。

聖人了解這些道理，因此不敢有絲毫的非份貪求而過甚妄爲，也不會刻意的追逐好奇而奢靡驕縱，更不想隨意的安處虛華而放逸豐泰。

（結語）其實勉強作爲和固執任性，就是最後失敗的根本原因，只有順其自然，常守淳樸天眞的本性，必能應天承命，迎此神器以治理天下，自然民心歸向而太平祥和。

◎麥教授與郝學生的對話

郝學生：當時的諸侯一旦得勢，就很容易癡心妄想，以爲可以佔有更多，甚至想要爭奪天下，難道他們都沒有記取歷史的教訓嗎？

麥教授：因爲一般人只要得了「欲念攻頂」的心病，就容易「健忘」，只知追求外物來滿足自己的貪得，所以對於歷史的教訓，常常記不起來，甚且視之不見，反而蝸牛角上微利，卻爭個你死我活，好像沒有休止一樣。看看這裡有很多「或」字，都是「不定」的意思，也許是主觀上人心私念的善變，可能是客觀上形勢氣象的多變，必然是根本上天地循環的演變，這就是宇宙運行的原理法則，沒有人可以脫離得了。

郝學生：請問教授，不能順其自然的結果是如何呢？

麥教授：如果私心作祟，興起了貪心妄想，便要落入對立相待的漩渦之中，在這個形勢當下，萬象之間充滿了生剋制化的作用力和反作用力，因此你很強，總會有人比你更強，你很聰明，總會有人比你更聰明，而且當你強過頭，聰明到了極限，自己也會逐漸年老衰弱，氣虛無力，直到歸於塵土，所以說「爲者敗之，執者失之。」

郝學生：請問教授，這樣就無解了嗎？

麥教授：聖人明白宇宙運行的原理法則，因此能夠實踐前第二十八章「知其雄，守其雌。」的眞理，始終與道合一，在日常生活上「去甚、去奢、去泰。」常守自然之樸，回歸自然之意，得以傳承上天明命，迎取天下民心，這樣才是正解良方。

◎宇宙人生導航──得天下

如果有人告訴我，想要征服天下，我會非常的驚訝，以為他睡眠不足，應該早點休息，去作夢好了。

你自以為可以征服天下，但是你內心的世界早已經征服了你。

一切隨時在變，或許連明天早上的太陽也看不見，連明天晚上的床舖也睡不著。

不是掃興，**觸霉頭**，只是提醒一下而已。

其實能夠克服內心的世界，完全無私奉獻，自然心中有天地，天下就在眼前，何必費心勉強爭取呢？

第30章　不道

以道佐人主者，不以兵強天下，其事好還。

師之所處，荊棘生焉。

大軍之後，必有凶年。

善者果而已，不敢以取強。

果而勿矜，果而勿伐，果而勿驕，果而不得已，是謂果而勿強。

物壯則老，是謂不道，不道早已。

◎經文回溯

王弼本原文：「果而勿強」。

依帛書本回溯：「是謂果而勿強」。

◎字義注釋

「果」，王弼本註文爲「猶濟也，言善用師者，趣以濟難而已矣，不以兵力取強於天下。」因此這個「果」不是指戰爭的結果，而是指整個戰爭過程中，用兵心法的實現和彰顯；王弼本註文以「濟」字來比喻，非常的適切更是傳神；在此喻爲「平息危難而不再興師作戰」的用兵之道。

◎提要

本章表揚，以正道輔佐人主才是適性得法，尤其不可用兵太甚，因爲兵亂之害無窮，相對報復而慘絕人寰，只有不得已才會用兵，並且要適可而止，儘快結束戰爭。老子慈心，特別勸誡當時輔佐人主之將相謀士，如果借勢據以爭強天下，如此不道妄行，最後必定加速衰老敗亡，應思早日收心，回歸正道，才能長久。

◎白話譯文

以道佐人主者，不以兵強天下，其事好還。

能夠以正道輔佐君主的人，絕對不會利用兵馬武力企圖爭強天下；因爲如果連年征戰，互相殺戮，雙方陷入以牙還牙，循環交惡的糾纏，這樣殘酷的報應，終究要還原到自己身上而不得安寧。

師之所處，荊棘生焉。

而且一旦興師作戰，兵馬所到之處燒殺搶掠，百姓爭相逃難，以至於良田棄置，雜草叢生而荊棘連片。

大軍之後，必有凶年。

等到大軍離境，戰事停歇之際，家毀人亡，百業待舉，隨後必有凶荒之年而民不聊生。

善者果而已，不敢以取強。

因此真正善於用兵之道的人，只有在不得已的時候才會舉兵爭戰，等到平息危難的時候，便會立刻停止用兵，絕對不敢在這個勝利的時刻企圖以兵力爭強天下。

果而勿矜，果而勿伐，果而勿驕，果而不得已，

明白來說，就是在平息危難的時候，不會高傲自大，也不願誇耀自己的戰功，更不想驕縱自滿，因為這是不得已才點燃戰火。

是謂果而勿強。

以上的行為就是「一旦平息了危難，便會立刻停止用兵，絕對不敢在這個勝利的時刻企圖以兵力爭強天下。」的用兵之道。

（續言）其實，萬有一切由成長而逐漸衰老，最後更由衰老而歸於塵土，這是自然的現象。

物壯則老，是謂不道，不道早已。

但是萬物如果不知道要虛柔處弱，卻是執意仗勢逞強，過度展現自己的強壯，只會加速衰老無力，這就是不合乎天道自然的勉強作為，既然是不合乎自然之道，必定不能長久，只有早日走向自取滅亡

的絕路了。

（結語）國與國之間興兵作戰，也是同樣的道理，所以輔佐君主的人應該及時覺悟，早日停止這些爭強用兵的妄行，回復仁慈大愛的輔弼之道，讓人主歸向原來清靜的正道，國家才能長治久安，天下得以太平祥瑞。

◎麥教授與郝學生的對話

郝學生：國君所以爲聖王明君，或是昏庸暴君，其輔佐的將相似乎也有很大的影響。

麥教授：輔佐人主的將相謀士，其影響力當然非常深遠，甚至可以左右整個國政方針，所以老子特別的叮嚀，千萬不可因爲一時得勢掌權而仗勢動武，妄想「以兵強天下」，反而讓人主淪爲昏庸暴君。誠然，有了這麼絕妙的權位際遇，應該以正道仁德來輔佐治國，讓人主成爲聖王明君，這才是身爲輔佐人主者最了不起的志向和抱負，更是修身證道的絕佳良機。這裡的「物壯則老」跟前第五章的「多言數窮」有相通的意思。

郝學生：請問教授，以正道仁德輔佐治國，是否要裁軍縮編，甚至不需要武力呢？

麥教授：在當時的形勢之下，沒有了武力，連守護自己的家國都有問題，更不用說要如何來伸展抱負。所以應該以仁慈來鞏固軍心，以大愛來提升鬥志，建立以一抵十的強大戰力，然而，其目的只是在保衛自己的國家人民以及伸張正義，不得已才會用兵，並且適可而止，絕對不會爭強天下，這才是真正「果而勿強」的用兵之道；其中「是謂果而勿強」是前面四項的總結，不是第五項，這一句是對應前面的「善者果而已，不敢以取強。」的意思。

郝學生：其他很多章節主要在談「爲人君之道」，而這裡特別提到

「佐人主之道」，是否有特殊的意義呢？

麥教授：佐人主者有些是諸侯將相，也可能是參謀策士，爲數眾多而影響力大，可以扶正人主，也可以煽動人主，所以佐人主者其道德修爲以及正義信念，更顯得非常的重要，因此本章以「佐人主者」爲主角，期勉以正道輔佐人主，自然天下太平而長治久安，這樣的功德也是非常的明白昭顯。

◎宇宙人生導航──時代勇者

比拳頭，越比越大，永遠爭不休。

行慈善，越行越柔，時時平安日。

眞的不得已要動武，加點慈善之柔，和平早日到來。

得勝了還要再爭，很快的會遇到強敵，就在自己要累倒的時候。

朋友們，以慈善代替暴力，才是眞正的時代勇者。

第31章　貴左

夫佳兵者，不祥之器。

物或惡之，故有道者不處。

君子居則貴左，用兵則貴右。

兵者，不祥之器，非君子之器。

不得已而用之，恬淡為上，勝而不美。

而美之者，是樂殺人。

夫樂殺人者，則不可以得志於天下矣。

吉事尚左，凶事尚右。

偏將軍居左，上將軍居右，言以喪禮處之。

殺人之眾，以悲哀泣之。

戰勝，以喪禮處之。

◎提要

　　本章以有道君子之慈善仁德及其質樸器量，進一步闡述用兵之眞實典範，蓋皆不得已而興之，念念安靜恬淡；並且承襲古禮，平時常以左邊尊爲行道立德之主位，用兵則以右邊拜爲軍武立威之主位；明此儀規，惠照世人寓意深遠之啓示，詳以彰明仁道之至德，警惕用兵之哀慟。

◎白話譯文

夫佳兵者，不祥之器。

　　看看那些刀槍兵刃和軍需戰備，雖然壯觀工巧，卻都是最不吉祥的器械。

物或惡之，故有道者不處。

　　就連所有物種生類都厭惡而遠離這些兵器，所以有道君子也絕對不可能擁兵自處，藉以征服天下。

君子居則貴左，用兵則貴右。

　　有道君子傳承先聖先王的古禮，平常的時候，以左邊的位置來彰顯行道立德的尊貴，用兵的時候，則反以右邊的位置來表明強兵武略的權貴。

（續言）這樣自然傳承的禮制，能夠給予世人一個清晰明確的區別以及寓意深遠的啓示，藉以了解仁道治世與軍武立威的意義和影響，因此在立志宏願的當時，能夠知道如何取捨，進而做

出最適切的選擇。

兵者，不祥之器，非君子之器。

從這些禮制中明白的揭露，戰爭所使用的兵器實在是最不吉祥的東西，完全不是有道君子行功立德，所展現出來慈善仁德的質樸器量。

不得已而用之，恬淡為上，勝而不美。

只有在不得已的情勢當中才會使用這些兵器，但是，仍然時時保持安靜恬淡，沒有一點私心功利，縱使戰勝了，也不會覺得這是光榮而值得讚美的事。

而美之者，是樂殺人。

如果有人以為戰勝是值得讚美的事，甚至藉此誇耀自己的戰功，這樣的人就是喜歡殺人，還要引以為樂。

夫樂殺人者，則不可以得志於天下矣。

那些以殺業為樂的人沒有慈善愛心，絕對不可能感召天下民心，也得不到百姓的擁護與支持，所以在強取天下的時候，不可能順心如願，志得意滿。

吉事尚左，凶事尚右。

在一般的禮制中，吉祥喜慶的事，都以左邊作為主位，不吉祥而

凶喪的事，則以右邊作為主位。

偏將軍居左，上將軍居右，言以喪禮處之。

而在軍事儀規中，執掌先鋒的偏將軍是位居左邊，而統帥三軍的上將軍則是位居右邊，表示偏將軍是受命征戰，不是主將，上將軍掌握生殺定奪的大權，他才是主將，為什麼是這樣的安排呢？就是要明白的表示，兵者殘忍無情，應該以沉痛的心情，有如凶事般的喪禮來看待與自處。

殺人之眾，以悲哀泣之。

同時，也讓世人能夠反省自覺，一旦興兵作戰，因為殺人實在太多，有仁愛之心的人，看到這般殘忍的景象，都會喚起悲哀的心情，來哭泣與追悼念所有犧牲性命的人。

戰勝，以喪禮處之。

縱使戰爭勝利，仍然懷抱著悲哀的心情，以喪禮來看待與自處。

◎麥教授與郝學生的對話

郝學生：所以位居左邊，是不是比較貴重呢？

麥教授：古時候以左邊為陽為生，以右邊為陰為殺。因此本章借物借象，提醒所有的人，在做人處事與治國治民的時候，有一個依循和準則，了解自己是在作什麼，會有什麼影響，隨時警惕自己，知道如何來面對與自處。

郝學生：這樣的禮制，好像給大家很正面，而且非常深遠的影響。

麥教授：所謂「君子居則貴左，用兵則貴右。」確實給了人們很重要的啓示，也是很明確的導引，這樣就不會造成人們對於事理產生混淆不清，或似是而非的情況；也就是說，大家可以明白的了解行道立德與強兵武略的意義和影響；其中「兵者，不祥之器，非君子之器。」可以說是老子慈心大愛最眞誠的表白。

郝學生：請問教授，如果君子用兵，那會是什麼樣的戰爭呢？

麥教授：「不得已而用之，恬淡爲上，勝而不美。」是爲最上等的典範；有道君子了解，用兵不是伸展抱負最好的方法，如果不得已用兵，會以仁慈大愛來建軍，而且絕對沒有一點私心和貪得，更不會標榜殺人的戰功，一旦平息危難，便會立即休兵，開始重建家國，而且心懷哀傷以悼念陣亡的將士。軍師所到之處都會受到百姓的擁戴與支持，如此軍威才是王者之師，更是長治久安的用兵之道，這也是前第三十章「果而勿強」進一步的申論。

◎宇宙人生導航——人生十字路

人與人的紛爭，國與國的戰亂，總是此起彼落。

可以用武力解決，以求速戰速成，但是殺人無數，哀戚連連。

可以用慈善化解，能夠徹底改變，而且和平無事，福樂綿綿。

有人力行慈善，請站在左邊表揚至仁，這是仁德之尊。

有人志在功略，請站在右邊表現威武，這是功權之重。

朋友們，人生道路你選擇哪一邊？請時時以愛惜生命爲念。

第32章 知止

道常無名，樸雖小，天下弗敢臣。

侯王若能守之，萬物將自賓。

天地相合，以降甘露，民莫之令而自均。

始制有名，名亦既有，夫亦將知止，知止所以不殆。

譬道之在天下，猶川谷之於江海。

◎經文回溯

1 王弼本原文：「莫能臣也」。

　依竹簡本和帛書本回溯：「弗敢臣」，也可以說是「不敢臣」。

2 王弼本原文：「知止可以不殆」。

　依竹簡本和帛書本回溯：「知止所以不殆」。

◎字義注釋

「殆」，有危險或是疲困的意思，這裡取危險之義；「不殆」表示不
　　會有危險的意思。

◎提要

　　本章明白揭示，樸與道相當，樸為道體的呈現，是宇宙間至尊至
貴，侯王能夠守住本來無名之樸以修治己身，可以德澤天下，萬般賓
服歸順。老子慈心，勸誡當時為政者，樸散為器，其用至廣，但是不
可美其名器而作用過甚，反招其害，應思早日復返根本，當下止於至
善，如此道化天下，百姓同心歸依，有如大道盛德傳佈十方之真實，
更似山川河流奔入江海之自然，而能長久永恆。

◎白話譯文

道常無名，樸雖小，天下弗敢臣。

　　真常之道本來沒有名號，實存永恆而歷久彌新，好像是一塊尚未
切開的原木之樸一樣，渾然純粹而天真無邪。因為「樸」沒有名相，
也不著痕迹，看似如此的渺小，卻是與道相當，乃生育天地萬物的真
主宰，而為至尊至貴，因此天下萬物都不敢稱之為臣。

（續言）真常之道，體現無名之樸，生育天地萬物而道貫其中，因此
　　人人本來自性淳樸，是為人身至善寶地。

侯王若能守之，萬物將自賓。

　　所以尊為諸侯君王，如果能夠守樸存真，可以感化人心，天下沒

有不導於正道，萬物都將如賓客般自然的信服和悅，各安其所，能盡其職。

天地相合，以降甘露，民莫之令而自均。

看看天地運行，就是這樣的道理。天地盈虛消長，自然相合澄化能普降甘露，不需要人們的指令與支配，總是均等施惠，全體同霑。

始制有名，名亦既有，夫亦將知止，知止所以不殆。

諸侯君王樸散以爲器用，在開始建立規範，大力整頓的初期，難免需要創造與施行各種名相的器具和體制，以定其尊卑，能治理天下。但是有了這些名器，可以引導國家和平富足，就應該適時的停止這些名器過度使用，同時讓心念靜止於本來自然淳樸；因爲能夠這樣的知止，就不至於固執僵化，可以避免人們對於這些名器的私心貪念，而引發盲目的追逐爭奪，所以不會讓整個局勢陷入危險不安的困境。

（續言）明白而言，道體達用的自然顯化，是這樣的舒緩自在，而能長長久久。

譬道之在天下，猶川谷之於江海。

大道普澤天下，萬物同霑盛德，最後都要歸向根本原始的道體，有如山川河流奔入江海一樣，多麼的自然，因此天下萬物能夠生生不息，源源不絕。

◎麥教授與郝學生的對話

郝學生：「樸」，感覺很抽象，有這麼大的功用嗎？

麥教授：這是因為一般人的心性不能安定平靜，老是往遠處追尋，反而被外物迷惑，所以完全無法體會「樸」的真實妙用。其實「樸」與道體相當，「樸」為道體的呈現，道能生育天地萬物，就是「樸」的作用；道貫天地萬物，卻不據為己有，也不居功自大，而能常保柔和舒緩，就是「樸」的原心；天地萬物順行大道而四時有序，返本溯源而往復循環，就是「樸」的自然。聖人實踐「樸」的真實，所以能夠大德敦化，盛德威儀；試問「樸」的功用有多大呢？請參考前第二十八章「樸」和「大制不割」的說明。

郝學生：這麼說來，如果諸侯君王能夠守樸存真，其成就必定非常了不起。

麥教授：「萬物將自賓」就是最真誠的寫照了。但是更要實踐「知止所以不殆」的意境，有如前第二章「夫唯弗居，是以不去。」才能夠完全的成就「樸」的至德大用，生生不息而源源不絕。這個「止」，有兩層意義，其一，是要停止名器的過度作用；其二，是要靜止於至善寶性，也就是回歸樸的原點。

郝學生：看起來，無名的自在與有名的束縛，其中的差別非常之大。

麥教授：樸的原始，混全自然，實在沒有名字，所以真常恆久，但是樸散為器，萬有事物一旦成器為象，就會被冠上名號，落入有為相對的束縛，終將固執僵化而失去本來的自然淳樸；如果不能早日回復到清靜無私的初發心，其結果將會反轉，正面的力量可能變質而成為反向的作用力，它所造成的災害非常的大，而且是持續不斷的。

郝學生：請問教授，會有反作用力的結果，其原因是什麼？

麥教授：本來「樸」的至用已經顯現，而且其功盛矣，這個時候，如果不能適時的停止對名相的攀緣，卻反而執著日深，大家勢必一蜂窩的開始追逐與爭奪這些名相器物，一場大災難不是又要重演了嗎？所

以要起於「樸的原心」，更要靜止於「樸的原點」，這樣的「樸」才能源源不絕。千萬要謹記：「知止所以不殆。譬道之在天下，猶川谷之於江海。」因爲這句話的意義，貫穿了整部經典，可以說是重點中的重點，關鍵中的關鍵，也是學行之人務必要體會與實踐的根本心法；因爲不殆，所以能夠長久。

◎宇宙人生導航──保持樸的原貌

談到樸，實在莫名其妙，藏在最深極處，默不作聲；但是人有感情，有理想，有愛，卻是來自於心中的樸。

你善待它，人生如畫，色彩繽紛；你冷落它，人生暗淡，全是黑白。

它會給你所有的一切，但是不能溺愛它，它會失控，記得要讓它保持原貌。

心中的樸永遠保持原貌，人生的路始終精彩無比。

第33章　盡己

知人者智，自知者明。

勝人者有力，自勝者強。

知足者富，強行者有志。

不失其所者久，死而不亡者壽。

◎提要

　　本章具體指出，用樸明道之盡己要妙，並且倡言，時時反省自覺，真學真行，自然開啟既有良知良能，慧光相續而長久永壽。老子慈心，藉此針砭世人，尤其是當時為政者，只知追名逐利，好勝貪求，以為用智可以謀大位，用力可以奪天下，而違失了原來道德根本，只是智有窮竭，力有盡時，終究一無所有，唯能速取其亡。

◎白話譯文

知人者智，

　　如果一個人能夠從觀察別人當中，知道對方的賢愚才庸，分辨對方的是非對錯，以及論斷對方的功過善惡，可以說是一個很有睿智的人。

（續言）但是越專注與在意別人，就會更容易忽略與寬恕自己，甚至放縱自己的固執任性，而蒙蔽了心性的光明。

自知者明。

　　因此能夠常常自我反省的人，便會覺知自己的私心始終浮躁善變，自己的本性原來清靜豐足，而顯耀了道心的常明。

勝人者有力，

　　如果一個人擁有了權勢和武力，而能夠一時的戰勝別人，打敗對方，可以說是一個很有力量的人。

（續言）但是這樣的人也正在走入危險的泥淖之中，因為強中自有強

中人，同時自己終將年老氣衰而逐漸形單勢薄。

自勝者強。

因此能夠常常平息自己的脾氣毛病，戰勝自己的情欲貪愛的人，自然沒有任何的引誘能夠左右他，也沒有任何的困境能夠擊敗他，可以說是真正最堅強的人。

（續言）所以能夠自知自勝的人，就是開啓了既有的良知良能。

知足者富，

因為開啓了既有的良知良能，覺知生命的自然豐足，沒有了爭奪，因此不會失去，沒有了貪求，反而擁有全部，所以是世間真正最富有的人。

強行者有志。

因為自然豐足，能夠力行實踐以道化天下，縱使遭遇橫逆與阻擾，依然忍辱負重，自強不息，這樣的人才是真正具有超越的志向，可以肩負起濟世救民的重責大任。

不失其所者久，

因為有超越的志向，不會違失學行所依據的道德根本，而充滿了無限的可能，自然源源不絕而長長久久。

死而不亡者壽。

雖然他的肉體終究要腐死而歸於塵土，但是因爲他能夠回復本性的自然淳樸，常清常靜而無知無欲，所以他的精神與道合一而永生長壽。

◎麥教授與郝學生的對話

郝學生：請問教授，能夠「自知」的人，是不是能夠了解自己的優點和缺點呢？

麥教授：眞正「自知」的人，常常反省檢討，了解內心的固執任性，並且力求改進，除此之外，尤其能夠進一步的覺知本性的清靜豐足，這樣才叫「自知」，也才能「明白」，所以是「自知之明」。

郝學生：能夠「自勝」的人，要戰勝自己的什麼呢？

麥教授：眞正自勝的人能夠平息妄心雜念於心口萌發的當下，常保清新舒緩，化解無謂的紛擾，消除一切的障礙，是爲最堅強的表現，所以是「自勝之強」。

郝學生：看起來能夠「自知」、「自勝」的人確實是很了不起。

麥教授：能夠「自知」、「自勝」的人就是開啓了既有的良知良能，也就是所謂的「用樸明道」，雖然是很了不起的成就，但是學行不可急於一時，也無法一步登天。這樣的修持必須不斷的力行與調整，要眞正的體會「知足者富」的豐足喜樂，實踐「強行者有志」的眞實功夫，自然能夠提升自己的精神，如此發揚光大，到了極致，最後必定能夠回歸本來生命的「長久」和「永壽」。

◎宇宙人生導航——真實的我

人很精靈，喜歡知道別人的事，也很在意這些。

人很茫然，不了解自己，也不去認識。

你知道嗎？在我們身中有一個眞實的我，還有一個調皮的我。

克服了調皮的我，明白了眞實的我，本來良知良能顯現，自然安安穩穩，長長久久。

第34章　成大

大道氾兮，其可左右。

萬物恃之而生而不辭，功成不名有，衣養萬物而不為主。

常無欲，可名於小；萬物歸焉而不為主，可名為大。

以其終不自為大，故能成其大。

◎字義注釋

1 「氾」與「汎」通，周徧廣博之義，也有飄逸不定，無所不至的意思。
2 「其可左右」，無拘無束，變化貫通的意思。

◎提要

　　本章盛讚道體無形，德用無窮，至尊至貴卻不以宇宙主宰自居，因此能夠彰顯其真正偉大；聖人效法天道自然，始終不敢居功為大，而能德配天地，自然成大為上。老子慈心，以此勸誡世人，尤其是當時為政者，勿存夢幻，不知圓其至善，全其至德，卻妄想獨尊自大，如此背離天道，唯有自尋絕路。

◎白話譯文

大道氾兮，其可左右。

　　道體虛靈混全徧滿浩瀚宇宙，道心舒緩至柔含藏無限生機，好像飄逸不定，卻是無所不至，能夠應用自然，而且變化莫測。

萬物恃之而生而不辭，功成不名有，衣養萬物而不為主。

　　大道自然無為，因此萬有物類順行大道，得以生生不息，大道總是一如初衷，永遠不會推辭；大道生育天地萬物，讓天地定位，讓萬物適性得所，而能大功告成，卻一點也不會爭功求名，妄想據為己有；大道有如慈母愛護子女一般，養育他們，讓他們成長茁壯，卻始

終不會以天地萬物的主宰自居。

常無欲，可名於小；

因為道心舒緩至柔，常處自然淳樸而無知無欲，世人以為這個「道」一點也不起眼，好像沒有什麼作用，可以說是很微細渺小的樣子。

萬物歸焉而不為主，可名為大。

萬物同源，順行大道而歸其根本，大道如此尊貴而含攝一切，仍然不以宇宙萬象的主宰自居，聖人明白覺知，這就是道體真正的偉大。

以其終不自為大，故能成其大。

因為道體始終不自以為大，所以能夠在浩瀚宇宙中彰顯無為盛德，而成就道體真正的偉大。

（結語）聖人效法大道自然無為，慈愛天下能全然付出，利濟萬民而不求回報，始終不敢居功，更不會自大，因此包羅廣納，得以成就個人的盛功偉業，德配天地而宇中為大。

◎麥教授與郝學生的對話

郝學生：「大道氾兮，其可左右。」請教授詳說。

麥教授：這是形容道體虛靈混全，無拘無束而變化貫通，當處天際，卻現眼前，就在大家的身邊，更在你我身內，人人心中，是為天地萬

物的古道明德，人身意念的至善性王。

郝學生：「道」，不但「可名於小」而且「可名爲大」，眞是絕妙。

麥教授：大道本體虛靈極妙而又微細難測，可以說是「小而無內」；盛德全用實善廣博而又明白彰顯，可以說是「大而無外」；學行之人只有超越一切名相，才能自然澄清，貫通無礙。

郝學生：「以其終不自爲大，故能成其大。」是否表示能夠不要自誇自大，就可以成就偉大的盛業嗎？

麥教授：道理只對了一半，還有一個重點要補充的，就是「以其終不自爲大」的「終」字。「終」有兩層意思，其一是「至終」，其二引申爲「有始」，就是一個人的初發心以及當時的志向和抱負要有始至終。能夠守住原來的初發心，而且持之以恆，貫通實踐，這樣的有始有終，才能看出一個人的成就如何，這樣才稱得上圓滿。

◎宇宙人生導航——自大無用

人在天地之間非常的渺小，但是說也奇怪，有些人的心卻是非常的自大，簡直要包山包海了。

爲什麼會自大呢？因爲天不言，地不語，把天地看小了，所以就自大了，這叫自欺欺人。

自己內心塡滿了，如何再容得下一丁點新的東西呢？

所以在老天眼裡，這些人把自己變小了，也更無用了。

其實能夠空虛，自然心中有天地，及於天人合一，這就是身爲人的可貴和偉大啊！

第35章 大象

執大象，天下往；往而不害，安平太。

樂與餌，過客止。

道之出口，淡乎其無味；視之不足見，聽之不足聞，用之
不可既。

◎經文回溯

王弼本原文：「用之不足既」。

依竹簡本和帛書本回溯：「用之不可既」。

◎字義注釋

1 「太」通「泰」，順適如意的意思。
2 「樂與餌」，指那些會引誘人的悅耳的音聲和美味的食物。

◎提要

　　此章續揚前章之妙意，聖王效法天道自然，始終不自以為大，故能宇中為大，若執大象盛德以治化天下，萬般歸順無有一害，是以安泰昇平。老子慈心，同時警醒世人，雖然安泰昇平，但是不可逸樂貪享而放縱私欲，因為聖人皆以道心之平淡無欲立本，不以俗念之名相聲色取悅，雖不見道妙之豔彩，未聞真理之律美，卻是舒緩閑雅而自得其樂，應用無窮而長長久久。

◎白話譯文

（前言）道大無形，道隱無名，這個無象之象就是大象。

執大象，天下往；

　　聖人守道無為，好像是執掌了大象盛德，高舉揮揚，自然天下嚮往而民心歸順。

往而不害，安平太。

　　人人往歸大象盛德，自然不會有什麼危害，如此充滿道德心香的當下，百姓安居樂活，社會昇平而國家通泰。

樂與餌，過客止。

雖然昇平安泰，更應該常守清靜樸實的原心，不可放縱私欲在種種悅聲美食當中，因為這些貪愛有如過客一般只是短暫停留，絕對不可能長久。

（**續言**）因為這樣的貪愛享用，只會蒙蔽慧性光明，混淆生命的方向，很快的就要掉入危險滅亡的陷阱。

道之出口，淡乎其無味；

其實大道顯化自然微妙而平淡無奇，完全沒有世俗的執念和品味。

視之不足見，聽之不足聞，用之不可既。

世人以有為的情欲，越想要看仔細大道的豔彩就越看不見，越想要聽清楚真理的律美就越聽不到，然而萬有一切永遠領受天地平等無私的滋養潤澤，這樣自然的作用是不可窮盡的。

（**結語**）所以真正安身立命的人，能夠常處淳樸雅淡而不愛慕虛榮，志高願大而不獨尊自大，反而可以長長久久。

◎麥教授與郝學生的對話

郝學生：「執大象」之義，請教授明說。

麥教授：道體虛靈至極而感應絕妙，德用生機無限而氣象萬千，這個無象之象就是大象。「執大象」就是實踐大道以顯其天心，彰明盛德而致其大用；簡單而言，凡事以道德為根本，以慈愛為基石，是為

「執大象」的表現。

郝學生：「天下往」是不是要四處奔走，到處宣揚呢？

麥教授：大德敦化，至誠動人，有如風行草偃，更似雨露均霑，天下沒有不感應喜悅，萬民都要同心嚮往，自然匯聚眾善，而不必處處勞駕親往。

郝學生：請問教授，大道「淡乎其無味」，會不會單調了一些而覺得行道無趣呢？

麥教授：道與俗反，我們如何能夠體會呢？這一句話是對一般世俗而言的；其實道體虛靈，無形無相而平淡無奇，但是盛德致用，卻是浩瀚無窮而氣象萬千。有道賢士覺悟自性的清靜圓滿，喜悅豐足而能津津樂道，只可惜一般凡俗沉迷愛享，忘失本性，以為道窮無趣而避之猶恐不及，其中的利害得失真是難以用言語來形容。

◎宇宙人生導航 ── 什麼是單調無趣

有些人不想走上學行的路，因為太單調無趣了。

你看，燈紅酒綠，美景美色，人生多享受。

是啊，就連一些學行之人也為之動心，不知不覺的跟上了。

沒有關係，還在學行的人繼續前進，跟著自然走就對了。

有一天覺悟了，開竅了，原來一切都明白了，天地與我同心，大道與我同行。

這個時候，你會自然豐足，津津樂道，外人卻一點也不了解，還在辛苦的追逐那些單調無趣的東西。

第36章 微明

將欲歙之，必固張之；將欲弱之，必固強之；

將欲廢之，必固興之；將欲奪之，必固與之；是謂微明。

柔弱勝剛強。

魚不可脫於淵，國之利器不可以示人。

◎字義注釋

「歙」音細，通翕，指收藏、收斂的意思。

◎提要

　　本章承上宣說，物極必反乃宇宙運行之原理法則，道理雖然微妙，現象卻是明白易顯，是為柔弱勝剛強之天地正道。老子慈心，勸勉世人，尤其是當時為政者，萬有物象終歸虛無寂靜之根本，因此不離自性，常守道心柔弱，反而得以生機無限而生生不息，如果竟日追逐貪享，勉為好強，恰似誘餌纏身，只會加速敗亡。

◎白話譯文

將欲歙之，必固張之；

　　天地間萬有物象如果將要隱晦收斂的時候，在這之前，必定已經過度伸張顯明，而且是到了極限的地步。

將欲弱之，必固強之；

　　如果將要虛脫殘弱的時候，在這之前，必定已經過度剛硬強盛，而且是到了極限的地步。

將欲廢之，必固興之；

　　如果將要廢弛休止的時候，在這之前，必定已經過度興舉整治，而且是到了極限的地步。

將欲奪之，必固與之；

　　如果將要削奪空乏的時候，在這之前，必定已經過度多與參謀，而且是到了極限的地步。

是謂微明。

　　這樣的道理，好像非常的隱微而不可測度，但是這些現象，只要細心觀察與體會，卻是非常明白，也顯而易見，這就是「微明」的道理。

（續言）其實這個「微明」的道理，就是天地萬物盈虛消長，物極必反的原理法則，也是宇宙運行的自然規律。

柔弱勝剛強。

　　既然萬有物象最後都要歸復於虛無寂靜的根本，可見柔弱是生命的本質，剛強是死亡的象徵，這就是「柔和虛弱一定勝過剛硬強壯」真正的道理。

魚不可脫於淵，

　　看看大自然的啟示，魚兒在水裡總是悠游自在，但是絕對不可以脫離深淵水池。

（續言）如果魚兒不自量力，超越本份，想要勉強的跳出水面，必然身陷危機，加速滅亡而已。因此道理非常明白，人人不離自性，常守道心柔弱，自然安心自在，可以自得其樂。

國之利器不可以示人。

同樣的道理，國家不可輕易的把最精良銳利的兵器展示出來。

（結語）如果妄想誇耀武力，表現好戰爭強的企圖，這樣的勉強作為，超越了本份，反而容易暴露本身的不足和缺失，更會引起各國的側目與不滿而陷入危殆不安，必將早日自取滅亡。因此道理非常明白，國君能夠遠離武力肅殺的氣燄，真誠的慈愛人民百姓，自然家國祥和，萬民歸心而長治久安。

◎麥教授與郝學生的對話

郝學生：看來我們是無法脫離「物極必反」的束縛，只有永遠的自然循環，沉浮不定了。

麥教授：好像說得很有道理，因為萬有物象都在陰陽氣數中轉化，受到緊密的牽動，任誰都逃脫不了。但是這樣的想法，只會帶給人們絕望和墮落，對於一般人而言沒有什麼好處。

郝學生：請教授指點迷津。

麥教授：「物極必反」的原理法則，包括了「由強轉弱」和「由弱轉強」兩個部份，而合成無止境的循環，兩者都是以「柔弱勝剛強」為核心關鍵。只要明白與實踐「柔弱勝剛強」的功夫，所有的情況都可以改變與提升。

郝學生：謝謝教授的指點，令人耳目一新，精神為之振奮。

麥教授：在有形的世界中，萬物都會依循這個原理法則運轉而沒有休止，但是無形的真我生命與道合一，超越一切名相，完全不受影響，甚至可以隨順圓滿，自在舒緩。

郝學生：越來越明白有趣了。

麥教授：這一章的解釋，主要是以「由強轉弱」這個部份來闡述與說

明；凡事不要太過爭強好勝，自絕生路，因為萬有物象最後都要歸復於虛無寂靜的根本；這樣的解釋，一般人比較容易明白。

郝學生：那「由弱轉強」的部份呢？

麥教授：在這裡還可以有另一個進階的對照，以彰顯「由弱轉強」的部份。看看自古以來，多少忠烈豪傑，犧牲自己，奉獻生命，表面上被削奪廢棄而一無所有，卻因此回復本來虛靈的原始狀態，得到最大的安心自在，而能名傳千古，流芳萬世，這也是一種「由弱轉強」最真實的印證。

郝學生：原來如此，妙哉！妙哉！

麥教授：所以有道君子順行天道自然，常處柔和虛弱，得以超越一切的名相，遠離世俗的危害，自然精神提升而安心自在。

郝學生：有這樣成就的人，是不是可以肉身不壞，長生不死呢？

麥教授：有這樣成就的人，在世的時候，能夠善修其身，精氣神充滿而身心靈和諧，但是，他的肉體仍然在自然界的生死之中。這裏的重點，主要是指他的道心靈性的成就，超越一切而不受氣數所逼，獨立不撓而自強不息。如果從另一個角度來看，也可以說是，因為他的道心舒緩柔和，猶如不斷的啟動「由弱轉強」自然的力量，而且不會休止退轉，更不會落入「由強轉弱」的幻滅中，所以本來生命與道合一，生機充沛而生生不息，因此，這樣的成就，示現了「死而不亡」之實證；請參考前第三十三章「不失其所者久」和「死而不亡者壽」的解說。

郝學生：感謝教授指導，能否整合一下，更清楚明白，實踐「柔弱勝剛強」的功夫？

麥教授：現在以學行之道六部曲來作說明，這樣或許比較清楚。

首部曲：止於至善，初顯發心。(謹守道心，虛柔處弱。)

二部曲：強身固本，發大願力。(精神充滿，願行廣施。)

三部曲：道心不變，持而有恆。(不爭無求，包容低下。)

四部曲：道心堅定，志向高遠。(才德兼備，福慧增長，太和元氣自

然而顯，慈善之心油然而生。)

五部曲：道心舒緩，自然無爲。(全然付出，不求回報，超越一切名相，不爭功不自大。)

終部曲：道心發揚，至善天下。(大德敦化，盛德無疆，以其不爭，故天下莫能與之爭。)

郝學生：非常清楚，終於明白了。原來「柔弱勝剛強」是眞實可行，絕對不可以世俗膚淺的眼光和認知來看待它，而產生疑惑和誤解。

麥教授：這個以「柔弱勝剛強」爲基礎的學行之道六部曲是值得參考的典範，其過程和結果的細微變化如何，跟學行之人當下的願力和人生的際遇也有關聯，但是不會影響整個道理的眞實。所以我們要用心體會，力行實踐，不要以狹隘的偏見和短視來評斷，而只看到事物的表徵，因此產生更大的疑惑和誤解。

◎宇宙人生導航 —— 學行並不孤單

物極必反的道理，有人眞正了解嗎？

或許我們很會評斷別人的生活過程以及外物的盛衰消長，但是對於自己生命的意義可能一問三不知，更不用說要去身體力行了。

朋友們，有空可以研究一下學行之道六部曲，你會慢慢了解，原來自然一路相伴，你我並不孤單。

第37章 無為

道常無為而無不為，侯王若能守之，萬物將自化。

化而欲作，吾將鎮之以無名之樸。

無名之樸，夫亦將無欲。

不欲以靜，天下將自定。

◎提要

　　本章縱論，眞常之道自然無爲，是以無物不能爲，無功不能成；因此侯王守道無爲，萬物自然化育，萬民同心歸順。老子慈心，嘉勉當時諸侯君王，人心善變多變，或有妄作非爲者，必鎮之以無名之樸，使化解於無形之初，依止本來清靜，則國家自然安定，天下可以長久。

◎白話譯文

道常無為而無不為，

　　道體眞常永恆，道心舒緩自在，讓萬物順行自然的規律發展，而不會施以任何的主導和干預，因此萬有一切生機無限，變化無窮，這些都是大道的至德全用，所以無物不是其所爲，無功不是其所成。

侯王若能守之，萬物將自化。

　　因此諸侯君王，如果能夠常守道心自然無爲，那麼天下萬物無需費心祈願，自然化育成長而歸依順服。

化而欲作，吾將鎮之以無名之樸。

　　雖然能夠化育歸順，但是在過程中，或許還會有一些人因爲安逸放縱而貪欲日盛，逐漸影響人心，這個時候，身爲一國之尊的諸侯君王應該堅定果敢，以眞誠信實的寬厚包容和正氣凜然的威靈直心來面對，展現「無名之樸」的嚴明率性，藉以鎮定安撫那些妄心妄行之徒，以化解其不能滿足而又多欲貪求的惡習雜念。

無名之樸，夫亦將無欲。

那些妄心妄行之徒受到諸侯君王「無名之樸」的鎮定安撫與感召，必將回復平淡和順，返歸無知無欲的本性。

不欲以靜，天下將自定。

返歸無知無欲的本性，就是依止清靜豐足，如此人人知足樂道，天下自然安定長久。

（結語）天下萬物能夠安定長久，就是諸侯君王大功告成，至善天下，以彰顯無不為的至德全用。

◎麥教授與郝學生的對話

郝學生：請問教授，大道「無為」與「無不為」的分別在哪裡呢？

麥教授：「無為」是任其自然而不干預主導的意思；「無不為」則指以「無為」作基礎，因此沒有不能成就的事情，道貫宇宙而無遠弗屆，通天徹地而峻極宏偉。本章的「無為」指大道無為，而前第二章的「無為」則指聖人無為，除此之外，無不為與無所不為，並不完全相同，「無所不為」近於任意妄為的意思，有些人以為相通，但是在這裡應該要避免混為一用。

郝學生：「吾將鎮之以無名之樸」，請教授詳述。

麥教授：整句話主要是以「自然無為」的精神主軸來發揮的，本來是起於原點，終究要返歸原點。

一、「吾」，指的是堅定果敢，絕對自信的意思。

二、「將」，指的是真誠信實，正直以對，也是勢之所趨，理之必然的意思。

三、「鎮」，指的是鎮定安撫而能化解的意思，絕對不是所謂的強勢作爲，以武力鎮壓制裁。

四、「無名」，指的是不冠以名號，不刻意推崇的意思。

五、「樸」，與道相當，也是人人的原心妙性。

郝學生：請問教授，這裡的「樸」跟前第三十二章的「樸」，是否相通一致？

麥教授：當然是相通一致，前後呼應。本章更以樸的動態表現，進一步伸明全義。

一、樸的原始本質，寂靜混全，周徧舒緩，無知無欲而自然無爲，生機無限而生生不息。

二、樸的動態表現，則是德儀昭明，彰顯正氣凜然的威靈率性。

三、既然是守道無爲，就沒有任何名相的執著，但是爲了對治一些善根較淺，習性爲重的人，才會不得已顯現「無名之樸」正氣威靈的權宜應化，也就是樸的動態表現；本章的「化而欲作」似爲前第三十五章「樂與餌」的進一步闡述。

四、樸的動態表現就是用樸明道以顯德，是應機隨生，應運自成，當時過境全的時候，應該適可而止以回歸自然之意，不能顯化太甚，好像病醫好了，應該把藥捨棄，否則會執藥成害，再次陷入更大的困境。

◎宇宙人生導航──心連心沒煩惱

跟著自然走，順風順水，一路平安。

平安豐足，生活逸樂，有人不免宜情宜色，愛欲生波。

怎麼辦，波動一起，浪潮即將湧現！

不要慌，穩住自己，守著心中的樸，心連心，團結一起力量大。

你我齊心合力，鋪陳一個天眞無邪的氣息瀰漫，網住這些不滿足的心，化解那些惡習雜念。

一切必將恢復清靜，重回原來平安喜樂的日子。

第38章　處厚

上德不德，是以有德；下德不失德，是以無德。

上德無為而無以為，上仁為之而無以為，上義為之而有以為。

上禮為之而莫之應，則攘臂而扔之。

故失道而後德，失德而後仁，失仁而後義，失義而後禮。

夫禮者，忠信之薄而亂之首；前識者，道之華而愚之始。

是以大丈夫處其厚，不居其薄；處其實，不居其華。

故去彼取此。

◎經文回溯

王弼本原文：「上德無為而無以為，下德為之而有以為。」

依帛書本回溯：沒有「下德為之而有以為」這一句。

◎字義注釋

1 「以爲」的「以」，表示「存心有意」，因此「以爲」指「因著……而爲」的意思。

2 「扔」，有「引人屈從」之義，「攘臂而扔之」引申爲「伸出手臂用力將其拉過去」的意思。

◎提要

本章明白揭示，道德爲天地之根，人身之本，根本建立，仁義禮教已在其中，不名而自有，不求而自得，如果失去根本，則仁義禮教落入不自然之勉強作爲，而流於虛僞巧飾。老子慈心，嘉勉有志行道之大丈夫，能去表面之虛僞巧飾，當取根本之淳樸厚實，本立道生而德用無窮，仁義禮教自然顯化。

◎白話譯文

上德不德，是以有德；下德不失德，是以無德。

上等德行之人，始終不自以爲行德，因此才是眞正有德。

一般下德之人，不忘失形式上的德，因此根本是沒有德。

（續言）爲什麼看似一樣的行德，卻有不同氣象的展現呢？關鍵在於所行出來的德是否出乎自然之道，所以對於進德修業的人而言，因爲展現的氣象不同，會有不同層次和面向的成就。

上德無為而無以為，上仁為之而無以為，上義為之而有以為。

上等德行之人，順行自然而不妄爲，始終沒有個人的私心意圖。

上等仁慈之人，善於實踐慈愛仁厚，始終沒有個人的私心意圖。

上等義行之人，總是追求義理公道，心繫是非善惡以自我期許。

上禮為之而莫之應，則攘臂而扔之。

至於上等守禮之人，平時循規守法，但是如果對方沒有以同等的禮節相應，便會伸出手臂用力把對方拉過去，希望能夠一起遵行禮節。

（續言）以上四種行爲模式都是出於本來至誠，除了上德完全自然無爲以外，這些上仁、上義和上禮因爲有所作爲，而依次展現出不同的氣象，還是值得學行的參考；然而一旦逐漸的違失了本來至誠的初發心，流於道德名相的顯露與執著，其所作所爲就只是一般俗下的表面功夫而已，當然會慢慢的背離道德根本而漸行漸遠。

故失道而後德，失德而後仁，失仁而後義，失義而後禮。

所以世人：

一旦失去了道的根本依靠，而後才會彰顯德的內在啓發；

一旦失去了德的內在啓發，而後才會樹立仁的慈愛敦厚；

一旦失去了仁的慈愛敦厚，而後才會標榜義的人格情操；

一旦失去了義的人格情操，而後才會強調禮的行爲規範。

（續言）沒有了道德心香的薰染，生命的意義和價值就會扭曲變質，人心充滿了虛偽巧飾，總是行於表面功夫。

夫禮者，忠信之薄而亂之首；

這個時候的禮，表現出來的只是缺少忠信至誠的微薄末節而已，如果世人不能反省覺悟，卻是執著名相而巧用這樣的禮來追求名利或是爭奪權位，恐怕這個禮就要演變成一切禍亂的源頭了。

前識者，道之華而愚之始。

在這種情況之下所預設的種種禮儀規範，根本沒有道的真實內涵，只是假借道的虛名所行出來的表面浮華而已，因此這樣的繁文縟節必定會帶著大家開始走向愚昧昏沉而互相欺騙的絕路罷了。

是以大丈夫處其厚，不居其薄；處其實，不居其華。

因此志向超越的大丈夫總是安處忠信至誠的淳樸敦厚，而不自居於禮規的微薄末節；同時安處直心率性的篤實天真，而不自居於繁文縟節的表面浮華。

故去彼取此。

所以有道賢士，總是除去外表的虛偽巧飾，始終不離道德根本，常處淳樸敦厚，自然性德完備而全體發揚。

◎麥教授與郝學生的對話

郝學生：現在的人表面上最講究禮節，實際上更愛比較身份地位，是否社會已經失去了仁義禮教呢？

麥教授：沒有失去什麼，仁義禮教人人本來俱足，不名而自有，不求而自得。只因為自私貪念，蒙蔽了原來道心，卻不斷的追求仁義禮教的美名，作繭自縛而不得自在，有如失去了一切。其實，只要捨棄了這些虛偽的框架，回復本來的淳樸天真，這些仁義禮教自然顯現發光，有如一盞明燈能夠照亮千年暗室一般。

郝學生：如果大家背離道德根本，而過度的彰顯禮教的名相，是不是後果令人擔憂呢？

麥教授：確實如此。因為人心善變，這些禮節框架正好可以拿來當作偽善的面具，表面上行禮如儀，私底下卻是機關算盡，自然社會風氣混亂敗壞。

郝學生：難怪說「夫禮者，忠信之薄而亂之首。」

麥教授：並不是說禮教不好，而是不要離棄道德根本，卻刻意勉強的去作為。因為一切禮教必須以道德為根本，率性而為，自然而成，這樣不但能夠成全禮教，甚至道德仁義也都同時彰顯發揚。所以真心學行的人能夠實踐「禮」的真諦，發揚「禮」的精神，但願處處成為「禮儀之邦」，讓世人因「禮」而行道，以「禮」而證道。

郝學生：請問教授，這就是「本固枝榮」的意思嗎？

麥教授：非常正確。道德為根本，禮教為枝葉，本固所以枝榮，自然大樹成蔭而能庇護群生，利濟天下，則盛業可成，所以說「去彼取此」。

◎宇宙人生導航──真心有禮

　　講道德說仁義，每一個人都有自己的理念思想；行禮儀論教規，

大家都有不同的體會和感受。

其中禮的行為，對個人和群體都產生了最明顯的影響。

禮多人不怪、禮多必詐、禮尚往來……，到底禮要怎麼行才好呢？

為什麼感覺禮是那麼的沉重繁雜呢？真是搞不懂，也許是因為失去了本來的真心誠意吧。

朋友們，不要被禮的金箍咒給困住了；依著你的良知良能，順著你的直心率性，自然最直接。

當真實的禮復活重生了，可以維繫人群，可以和諧社會，這個禮，最了不起了。

第39章 得一

昔之得一者：
天得一以清，地得一以寧，
神得一以靈，谷得一以盈，
萬物得一以生，侯王得一以為天下貞。
其致之。
天無以清將恐裂，地無以寧將恐發，
神無以靈將恐歇，谷無以盈將恐竭，
萬物無以生將恐滅，侯王無以貴高將恐蹶。
故貴以賤為本，高以下為基。
是以侯王自謂孤、寡、不穀。
此非以賤為本邪？非乎？
故致數輿無輿。
不欲琭琭如玉，珞珞如石。

◎字義注釋

1「其致之」，王弼本的註文爲：「各以其一，致此清、寧、靈、盈、生、貞。」所以「其致之」的意思，可以將其引申爲「其致之者，一也。」
2「琭」音路，「琭琭」表示稀少而珍貴的意思。
3「珞」音落，「珞珞」取形如石貌，比喻多而賤的意思。

◎提要

　　承上言，大丈夫守道固本，自然性德完備而天理流行，是爲上德賢聖，此章更言，道即「一」，「一」即道，天地萬物得「一」以順生，諸侯君王得「一」以貞正。老子慈心，彰明天道自然無爲，看似柔和無用卻能致其大用；同時以侯王守道固本爲典範，不離自性以奠其基石，不分貴賤能君民同心，齊登貞正之治，共享太平之樂。

◎白話譯文

昔之得一者：

　　道體虛靈混全，道即「一」，「一」即道，自始以來即爲天地萬物的根本原始，天地萬物因爲得到「一」才能致遠發達。

天得一以清，地得一以寧，

　　上天因爲得到「一」，所以清明自然，運行有序。
　　大地因爲得到「一」，所以寧靜致遠，廣大博厚。

神得一以靈，谷得一以盈，

神人因為得到「一」，所以靈妙變通，明理感應。
谷海因為得到「一」，所以盈足豐沛，匯集洋溢。

萬物得一以生，侯王得一以為天下貞。

萬物因為得到「一」，所以生機盎然，生生不息。
侯王因為得到「一」，所以天下貞正，吉祥安樂。

其致之。

明白而言，天地萬物能夠順行自然以致遠發達，都是因為得到「一」的原故。

（續言） 相反的，如果天地萬物失去了「一」的根本，那麼大道運行的軌迹就要混淆錯亂而動盪不安。

天無以清將恐裂，地無以寧將恐發，

上天失去了「一」的根本，就不能清明自然而會運行失序，宇宙恐怕要崩裂混亂了。

大地失去了「一」的根本，就不能寧靜致遠而會枯萎解散，山河恐怕要爆發災難了。

神無以靈將恐歇，谷無以盈將恐竭，

神人失去了「一」的根本，就不能靈妙變通而會滯礙不應，生命恐怕要歇息消失了。

谷海失去了「一」的根本，就不能盈足豐沛而會空虛匱乏，深淵恐怕要竭盡昏沉了。

萬物無以生將恐滅，侯王無以貴高將恐蹶。

萬物失去了「一」的根本，就不能生機盎然而會凋敝頹廢，世界恐怕要滅亡絕迹了。

侯王失去了「一」的根本，就不能貞正吉祥，得不到民心的支持，自然無法保住高貴的尊位，恐怕很快的就要顛蹶傾倒了。

（續言）可見這個「一」是天地萬物的根本原始，也是宇宙運行的核心關鍵，看似虛柔無用卻能致其大用，以爲卑賤處下更顯尊貴超凡。

故貴以賤為本，高以下為基。

所以越是位極尊貴超凡的人，更應該以虛柔卑賤立其根本，越是居於高位顯達的人，更應該以包容處下奠其基石；有了深厚的根本和穩固的基石，才是真正的高貴尊崇。

是以侯王自謂孤、寡、不穀。

因此古時候以諸侯君王之尊貴，尚且自稱孤德、寡德、不善等卑微的名詞。

此非以賤為本邪？非乎？

這些不都是因爲效法天道，而以卑賤低下爲根本的表現嗎？難道有人認爲不是嗎？

故致數輿無輿。

所以侯王治國，能夠廣納賢德，匯集民氣，好像是整合了車子的各種零件，完成一輛最好的車，而這輛車融和全體，沒有分別，也不會刻意的標榜這輛車的功能和美名。

不欲琭琭如玉，珞珞如石。

這是因為侯王雖然居於高貴的尊位，內心始終安定平靜以順其自然，總是不想把自己視為如寶玉般的尊貴，而能與民同心，讓自己處在如碎石般的低賤。

（結語）這就是能夠常處道心的根本，真誠得「一」最真實的無為盛德。

◎麥教授與郝學生的對話

郝學生：這一章看起來是從談天說地開始，但其主要目的，好像是以諸侯君王為主體來論述與延伸。

麥教授：自天、地、神、谷、萬物到侯王，每一個對象的論述，都是真實深遠，當中又以侯王跟我們最密切而直接，也是影響最明顯，所以要特別的提出來談。

郝學生：「故致數輿無輿」真正的意義是什麼呢？

麥教授：簡單來說，就是守「一」的根本，以致其全體大用，能成而無我，雖用而無私，這就是「故致數輿無輿」的原意；而「不欲琭琭如玉，珞珞如石。」則是表現出來的真實氣象和度量。其中的「一」表示數的開始，象徵道的不爭處下，此與前第二十二章的「一」是相通一致的。

郝學生：請問教授，有問題不知道該不該問，會不會超出書目的範圍？

麥教授：沒有關係，說來聽聽。

郝學生：談及「道」的時候，在其他書籍裡面，有看到「○」與「一」的說法，到底是有「○」與「一」的關聯，還是只有「一」的表述呢？

麥教授：不管是哪一種說法，其主要目的都是在形容「道」，要將「道」闡明給大家了解與實踐，但是我們還在學習與摸索，因此以「道即一、一即道」的說法，較爲簡明易懂，也較容易接受，這是本章主要的意趣。而對於「○」與「一」的說法，有些人認爲不必要，只需「一」就可以，有些人則認爲，有「○」和「一」的關聯與串接，道理才會更明白。

郝學生：是不是可以請教授簡要的敘述一下「○」與「一」的關聯給大家作參考？

麥教授：現在條列如下，提供給大家參考：

※太上原始虛靈至極，混沌未明，是爲無極之道，以「○」表示。

※「○」靜極思動，開天闢地能創造萬有，是爲太極之道，以「一」表示。

※「一」源自於「○」而含藏「○」，人在「一」中，而人人身中有「○」。

※「一」因「○」而發揚顯耀，「○」因「一」而道脈綿延。

※聖人謹守自性的「○」，也就是「無名之樸」、「眞我元神」、「至善寶地」，以發揚「一」的極致，所以位居天、地、人三才之一。

郝學生：有一些明白了，但是眞的很難去分別「○」與「一」。

麥教授：行道有成，證道悟眞的人自然分明，但是對我們而言或許太深奧難解，因此可以將「○」與「一」合而爲「一」來看，不要刻意勉強的去作分別與探討，這樣反而比較容易入門，日後依個人的用心

與體會，自然會有進一步的覺知與明白。

◎宇宙人生導航——從一數起

有了地基，就可以建造房屋；地基越深固安穩，越能夠蓋起更高的大樓。

當剪彩慶賀大樓落成的時候，是否想到地基正在默默的承受？

是的，正因為地基卑賤處下的默默承受，所以我們才可以看到矗立雲霄的大樓，享受其中的便利。

這個地基就像是一的起數，有了一，才有二、三……，乃至於百千萬億而無窮無盡。

讓我們開始從一數起吧，沒有一，就沒有一切，有了一，才有這個世界。

第40章　反覆

反者，道之動；弱者，道之用。
天下萬物生於有，有生於無。

◎提要

　　本章直接指出，道體返本達源，所以宇宙天地長長久久，道心虛柔處弱，所以萬物萬象生生不息；原來天下萬物順生於「有」，而這個「有」則是立生於「無」，是爲天地萬物生成的總根源。

◎白話譯文

反者，道之動；

　　大道利行，返本達源，總是歸止本無原始，正是大道往復循環的根本動力，所以宇宙天地長長久久。

弱者，道之用。

　　大道利生，虛柔處弱，如此彰顯存有造化，正是大道變易流通的應用核心，所以萬物萬象生生不息。

天下萬物生於有，有生於無。

　　原來天下萬物順生於存有造化的「有」，而這個「有」則是立生於本無原始的「無」。

（結語）有中存無，無中存有，有無同行周轉，所以天下萬物都要隨著形勢氣象的盈虛消長而自然循環，生滅無常終歸寂靜的根本；世人何必追逐那些虛名假相而勞心費神呢？不如守道固本，回歸本來生命，可以長久永生。

◎麥教授與郝學生的對話

郝學生：這一章短短的幾句話，好像把道講活了。

麥教授：天道的本體大用，以及萬物的源起歸處，這裡說得明白直接。其實宇宙萬象的變化消長，總是依循著一定的規律，同時往相反對立的方向作用制衡，並且最後都要返回寂靜的根本原始，這樣的往復循環，沒有止息，而且是舒緩柔和，綿綿不絕。這裡的「反」，跟前第二十五章「遠曰反」的「反」，意境相通，包含了「返本達源」與「往相反對立的方向作用制衡」兩種意義。

郝學生：「天下萬物生於有，有生於無。」這是千古名言，請教授詳解。

麥教授：確實是千古名言，也是一直以來，對於宇宙生成的思想基礎。如果與前第一章連結，就是由「中介狀態的有」向下發動爲有名有相的現象界，而這個「有」，則是生於「形而上的無」，所以說「天下萬物生於有，有生於無。」這樣的論述，一般人比較容易了解與接受。

郝學生：……

麥教授：但是我們在竹簡本中卻發現其經文是「天下之物生於有，生於無。」而不是「有生於無」，不但給了我們一個大大的驚奇，也提供了另外一種完全不同的思考方向。

郝學生：請教授明說。

麥教授：大部份的學者都認爲，竹簡本的「生於無」漏掉了一個「有」字，應該是「有生於無」，所以竹簡本的經文應該也是「天下之物生於有，有生於無。」或者是要將「生於無」解釋爲「有生於無」；但是有些人則認爲竹簡本的經文「天下之物生於有，生於無。」才是老子的原意；如果這是肯定的，並且與前第一章連結，就是由另一種說法的「中介狀態的有無」同時發動爲有名有相的現象界，而這個「有無」則都是生於「形而上的道」，所以說「天下之物

生於有，生於無。」這樣的論述，將「有無」視為一體，沒有先後之分，而合於前第一章「此兩者，同出而異名。」的意思。

◎宇宙人生導航——謹守初衷

要懂得反省，反省讓你休息，可以再重新出發。

要能夠柔和，柔和讓你舒緩，可以更善巧靈活。

這樣的人生非常精彩，永遠動力十足，總是應用自然。

朋友們，要記得原來的初衷，今日快樂的人生，可是源起於最初的狀態，一個無知卻充滿無限可能的狀態。

因此我們應該時時謹守這個初衷，不會太過，能夠無窮無盡。

第41章　聞道

上士聞道，勤而行之；中士聞道，若存若亡；下士聞道，大笑之；不笑不足以為道。

故建言有之：「明道若昧，進道若退，夷道若纇。

上德若谷，大白若辱，廣德若不足，建德若偷，質真若渝。

大方無隅，大器免成，大音希聲，大象無形，道隱無名。」

夫唯道，善貸且成。

◎經文回溯

王弼本原文：「大器晚成」。

依帛書本與經文校勘學者回溯：「大器免成」；請參考附錄中「道德經各章校勘依據之列表與解說」。

◎字義注釋

1 「夷」，表示「平」的意思；「夷道」指「以平常心老實學行」的意思。
2 「纇」音類，絲上的節點或是玉中的瑕疵，有坎坷缺失的意思。
3 「渝」，指汙點、瑕疵的意思。
4 「貸」，這裡有「給予卻不干預」的意思。

◎提要

　　本章闡明道大理微，道與俗反，非有上根大器者真難以認理覺證，始終如一。老子慈心，藉由自悟之明證以及古賢行道之心路歷程，提出真實建言，以之點醒世人，唯其大道虛極包容，含和柔弱，得以超然利濟萬物，全然博施廣成，因此有志賢士，應思會意其妙，當速回頭歸依，自然靈覺如實樸真，方能成就無上正道。

◎白話譯文

（前言）道大理微，道與俗反，萬事萬物的表微氣象或許看似明白，但是其中隱含的理數真相卻是微細而玄妙，因此沒有真知真覺的人，實在難以完全體會與實踐。

上士聞道，勤而行之；

　　上等賢明志士，心地清靜，一旦得聞大道，當下慧性發揚，進而激發自己勤奮修悟能行道立德。

中士聞道，若存若亡；

中等凡夫俗士，只圖福報而不究眞理，一旦見聞大道，口裡說著道好，卻無法與道契合，對道一知半解，若有似無，所以學行經不起考驗，容易半途而廢。

下士聞道，大笑之；不笑不足以為道。

下等愚頑徒眾，私心用事而慧性不彰，一旦聽聞大道，難以接受而嗤之以鼻，甚至哈哈大笑，簡直與道無緣；其實，如果這些人不笑的話，還眞的不足以顯現大道的獨立超然和眞實可貴。

故建言有之：

自古聖賢早已覺悟大道的自然無爲，與世俗的有爲勉強完全相反，爲了讓後人能知能行，所以建立了一些哲理名言留傳後世，以表明行道的心路歷程，印證大道的眞實可貴。

明道若昧，進道若退，夷道若纇。

明白大道的人，藏眞守樸，無知無欲，世人看起來好像昏昧遲滯的樣子。

實踐大道的人，含和無爭，不與人計較，世人看起來好像退讓不前的樣子。

心懷常道的人，老實學行，不標新立異，世人看起來好像坎坷缺失的樣子。

（續言）世人只看到表面的身影，以爲損落平淡，有道賢士卻可以感受到其中眞實的氣象，自然契合同心，眞情交流。

上德若谷，

上等大德的人，無私無我，謙卑低下，有如深谷般虛無寂靜，因此他的心量廣大，能夠收納天下川流，普澤一切萬有。

大白若辱，

潔淨清白的人，隨緣並行，合塵同流，以為受辱污穢，卻是出汙泥而不染，更如蓮花般的潔白脫俗。

廣德若不足，

性德廣博的人，順天行道，慈愛世人，雖然大德敦化，卻不會自傲自滿，反而虛心受教，總是自認為有什麼不足和欠缺的地方，仍然全心付出，精進不懈。

建德若偷，

建德立功的人，默默行善，暗中助人，始終不會放在心上，更不想讓人知道，所以他學行深厚，道心堅定而有真功實善。

質真若渝。

質樸天真的人，隨順世俗，變化污濁，但是他的精神自然澄清，一點也不會被外物所影響與左右。

大方無隅，大器免成，大音希聲，大象無形，道隱無名。

真正方廣之大，無遠弗屆而沒有邊邊角角。
真正器量之大，率直通達，不必在形式上期許如何成就。
真正音律之大，天下共鳴而沒有教說之聲。
真正氣象之大，天下仰望而沒有盛極之形。
大道虛靈混全，隱晦守靜而不會落入名相。

夫唯道，善貸且成。

所以看起來只有大道善於灌輸豐沛的生機給予萬物，讓萬物成長茁壯，輔助萬物順行自然，卻不加以干預主導，這就是大道盛德的真實和尊貴。

◎麥教授與郝學生的對話

郝學生：請問教授，這裡的「士」就是所謂的讀書人嗎？
麥教授：此「士」尤其是指願意學道行道的有志賢士，所以「上士」指真學真行的人，「中士」指若學若行的人，「下士」指後學後行的人。在聖人心中，沒有不學不行的人，畢竟人人體懷道心原性，本來清靜豐足，就是那些無知無明的頑固之人，終究要受到感化而歸於正道，返回自然淳樸。
郝學生：「道」這麼美好，竟然還有如此眾多的凡俗之輩不相信「道」。
麥教授：「道」是獨立超然的，本身並沒有好與不好，美與不美的動機，只能說「道」是真實自然，「道」與俗反；如果說「道」是美好的，必然會造成一般人對道的誤解與幻覺，產生對立相待而落入不切

實際的學說和理論。

郝學生：如果行道人都隱藏不露，無法對社會有所增益，那不是很可惜嗎？

麥教授：這樣的說法，完全有如凡夫的無知無明。「夫唯道，善貸且成。」就是天道的至德全用，也是真正行道人的根本大願，在世間的各個角落都有他們的身影和付出，一般人只覺得他們是如此的柔和寬容與慈愛親切，而有道者更可以感應到其志向的超越與道氣沖天的恢宏氣象。

◎宇宙人生導航 —— 真實功夫

有人作事常常挨罵：「不要只作表面功夫！」

重點來了，什麼是表面功夫？什麼是真實功夫？

學行最怕表面功夫，不但不能成就，恐怕還會傷己害人。

很多人用眼睛看，用耳朵聽，用嘴巴講，以為知道了，其實在學行的路上，這些都是表面的功夫。

那麼學行的真實功夫是什麼呢？

學行的真實功夫就是用心來感應，用行去實證，以退為進，以柔克剛，以低下包容一切。

第42章　沖和

道生一，一生二，二生三，三生萬物。

萬物負陰而抱陽，沖氣以為和。

人之所惡，唯孤、寡、不穀，而王公以為稱。

故物，或損之而益，或益之而損。

人之所教，我亦教之。

強梁者不得其死，吾將以為教父。

◎提要

　　本章再次揭露宇宙之生成與發展，理數合演而周引綿延，是以陰陽清濁旋轉太虛，天地萬物順行太和，因此損益之道自然彰顯，聖王之德湛然高懸。老子慈心，更以古聖先王之明訓，傳導世人，勉其含和致柔，隨緣同塵，才能真實受益，長久永恆；如果頑固強硬，不知變通，只會加速傾覆毀損，終究不得善終。

◎白話譯文

道生一，

　　大道虛靈混全，道體達用而體用合一，微微然一理貫通，其數為「一」，所以說「道」生「一」。

一生二，

　　道體達用，一理貫通，有無同出同行以無思無欲，能夠顯化陰陽之氣，可以現為清濁之質，自然乾行坤往而天地定位，其數為二，所以說「一」生「二」。

二生三，

　　天地既然定位，因此對待趨明而盈虛分判，這樣的各執一端，自然推呈「中央信能之真」為軸為心，所以天地運行旋轉不窮而氣象萬千，其數為三，所以說「二」生「三」。

三生萬物。

天地運轉，始終真誠信實，充滿能量，因此周而復始，循環不殆，自然生機無限而生生不息，萬物均霑而源源不絕，真是玄奇中更顯玄奇，所以說「三」生萬物。

萬物負陰而抱陽，沖氣以為和。

萬物體虛為妙，秉攝清濁質流而能成形具狀，背負太陰之幽幽，抱守真陽之元明，自然陰陽交會激盪，相沖相應而遍行周天，所以太和之極善油然自生，虛柔之顯用無為而成。

人之所惡，唯孤、寡、不穀，而王公以為稱。

太和之善與虛柔之用，人人本來俱足完備，只可惜世人忘失本性而私心謀事，只圖爭強好勇，甚至視柔弱為無用，以卑下為不恥，厭惡與嫌棄孤德、寡德、不善等貧匱失落的名相。但是自古以來，貴為天下之尊的君王公侯，仍然遵行祖訓，謙卑的自稱孤德、寡德與不善等卑微之名，反而更能夠得到天下百姓的信服和歸順，這就是謙和卑下的至德全用。

故物，或損之而益，或益之而損。

所以萬事萬物往往在表面上看起來是柔和受損的，但在實質上卻是日日精進成長，而能在最後顯現豐足和受益。反而在表面上看起來是強硬得益的，但在實質上卻是加速腐敗受損，最後只得走入絕路而難以脫離。

人之所教，我亦教之。

自古聖王賢德，不斷的教誨世人謙沖和氣，柔弱致用的哲理，的確是眞實不虛，受益無窮，所以老子慈心，也以同樣的哲理，傳承給後世，希望人人用心體會，眞心實踐，回復清靜無私的本性，自然能夠與天地同德永壽。

強梁者不得其死，

如果世人執迷不悟，不知順行天道自然無爲，卻一昧的好大喜功，自傲自誇，好像是沒有良知血性的強硬樑柱一樣，頑固不靈，滯礙不通，最後必然力盡衰敗，斷損毀滅，死而不得其所，亡而不得善終。

吾將以為教父。

老子眞誠表白，這種柔和致用的道理，自己時時抱守奉行，而剛強速亡的道理，則深深引以爲戒，好像是父親當面的教誨，永遠銘記在心。

◎麥教授與郝學生的對話

郝學生：原來大道應時應運，自然的引申開展，是這麼的周全順暢。

麥教授：這是理數合演自然的顯化。「道生一，一生二，二生三，三生萬物。」可以說將道的本體大用，亦即宇宙生成由簡入繁的發展過程，以相應的定數明白的呈現出來。跟前第一章對照，這一章似把前第一章的中介狀態，再細分爲三個變化，並賦予「一」「二」「三」的定數，是爲理數合演，眞是非常的玄妙。

郝學生：「道生一」的意思，請教授詳解。

麥教授：道與一之間只在瞬息之變，所謂「大道虛靈混全，道體達用而體用合一，微微然一理貫通。」就是這個意思，所以說「道生一」；其中「一理貫通」的結果，是爲前第一章「此兩者，同出而異名。」的自然實現；但是對一般人而言可以視爲「道即一、一即道」，或許比較簡潔易懂：請參考前第三十九章師生對話中有關「一」的說明。

郝學生：請問教授，「中央信能之眞」是何物，後來才生出的嗎？

麥教授：「中央信能之眞」本來存有，正當天地定位，因此自然的推呈而出，起始爲天地運轉的軸心而顯明致用，其數爲三，可以說是一種純眞的信物，也是一種無窮的能量，因此天地運行周而復始，萬物得以生生不息；請參考前第二十一章「窈兮冥兮，其中有精。其精甚眞，其中有信。」的說明

郝學生：在這個功利爲尚的社會，如果行道人謙沖含和，會不會常常吃虧呢？

麥教授：學行之人知足樂道，自在喜悅，其實眞正吃虧的是誰呢？所謂「故物，或損之而益，或益之而損。」就是這個道理；只有行道才是最安穩的投資，沒有一點風險，而且連本得利，千百億倍奉還，這個利不是世間微利，而是受命於天，可以遍滿宇宙。我們尤其要記得「強梁者不得其死」的警示，因爲爭奪好強完全背離本來道心的舒緩柔弱，自然會很快的衰竭凋敝而自取滅亡，所以「吾將以爲教父」；這裡的「教父」也有「道」的意涵。

◎宇宙人生導航——和氣

與人相爭氣炸了，不要火大，請保持和氣。

作事搞砸了，不要惱怒，請保持和氣。

旅途迷路了，不要恐慌，請保持和氣。

還有什麼要克服的嗎？找和氣就對了，和氣把混亂的氣象調整爲安定的磁場，一切都順了。

　　和氣是生長的溫床，也是慧光的顯耀，其實和氣我們本來就有，是免費的，而且信手拈來，不用力氣。

第43章 至柔

天下之至柔，馳騁天下之至堅，無有入無間，吾是以知無
為之有益。
不言之教，無為之益，天下希及之。

◎提要

本章承上言，更為申明柔弱勝剛強之道；唯天下至柔與道相當，具足無限能量，自然貫通一切，此即無為盛德之彰顯。是以老子讚嘆聖人，以身作則行不言之教，虛柔處弱顯無為之益，猶如明月高懸而不可攀、更似風行草偃而不可分。

◎白話譯文

天下之至柔，馳騁天下之至堅，

天底下最柔弱的東西，反而能夠縱橫暢通於天底下最堅硬的東西之中，可以完全的駕馭和掌握。

（續言）比如水，可以浸蝕鋼鐵金石，穿透高山大地，比如虛空，可以承載日月星河，含納宇宙萬象。

無有入無間，吾是以知無為之有益。

原來至柔至弱如同道體真實呈現，具有融和萬緣的自然力量，得以完全的貫通含攝最堅實而好像沒有間隙的物體，老子實踐真理，性與道合，因此明白覺知，虛柔處弱的無為盛德有如此的增益和實用。

不言之教，無為之益，天下希及之。

因此老子真心的讚嘆，聖人以身作則能行不言的教化，虛柔處弱彰顯無為盛德；但是老子尤其感嘆，這樣的奇功妙益，天底下實在是很少有人能夠力行實踐以達到如此玄勝。

◎麥教授與郝學生的對話

郝學生：虛柔處弱確實有其不可忽視的力量。

麥教授：何止不可忽視，簡直全面包容，全然含有，看看「天下之至柔，馳騁天下之至堅。」就是無為盛德所彰顯的氣象，此與前第三章「為無為，則無不治。」遙相呼應。

郝學生：所以我們應該要好好的學習虛柔處弱的精神。

麥教授：只可惜一般人儘會要求別人，把對方的學行簡單化，喜歡評頭論足，突然變得非常的精靈有神，而對於自己的學行感覺複雜許多，理由一堆，突然變得完全的昏睡失神，所以老子才會感嘆「天下希及之」；有心學行賢士應該以聖人的志向為志向，堅定不移，始終如一，自然可以成就相同的盛功偉業。

郝學生：「無有入無間」的「無有」，感覺很抽象，請教授明說。

麥教授：這裡的「無有」不是指現象界中的有無，而是顯耀了至柔至弱本來存有的無形而又無限的自然力量，能夠融合萬象，含攝一切，「無有入無間」也可以引申為：「聖人以身作則行不言之教，無為不爭立虛柔之德，進以掃除世人積重難返，頑固而又不可化解的無明糾纏。」

◎宇宙人生導航——一定會成功

要說大，很多人的脾氣最大。

要說高，很多人的氣燄最高。

這樣的人頑固又不能自知，總是不會低頭，很難說服。

有什麼辦法能夠化解這樣的狂妄自大呢？

不能硬碰硬，只會兩敗俱傷罷了，要懂得反向思考，運用柔弱不爭的包容來化解強硬頑固。

看起來似乎很難，但是一定會成功，也許就在這一刻。

第44章　知止

名與身孰親？身與貨孰多？得與亡孰病？

是故甚愛必大費，多藏必厚亡。

知足不辱，知止不殆，可以長久。

◎字義注釋

「殆」，有危險或是疲困的意思，這裡取危險之義，「不殆」表示不會有危險的意思。

◎提要

本章直言，世人不知守道無為，卻是執愛身外之物以追逐浮華，表面上似有所得，只可惜身命亡失，其實自性本來俱足，靜心可以依止。老子慈心，以此勸勉世人，應思回復天真，知足知止，自然平安和順而長長久久。

◎白話譯文

名與身孰親？

身外的名聲權位與身內的本來生命，哪一樣跟自己的關係是比較親近呢？

（續言）因為身外的名聲權位是短暫無常的，身內的本來生命是永恆真常的，所以身內的本來生命當然跟自己的關係比較親近，這才是值得世人善守自處的。

身與貨孰多？

身內的淳樸性體與身外的財貨利養，哪一樣對自己的重要程度是比較多呢？

（續言）因為身內的淳樸性體是真實圓滿的，身外的財貨利養是虛幻不實的，所以身內的淳樸性體當然對自己的重要程度比較

多，也才是世人應該親證實悟的。

得與亡孰病？

這樣看來，身外的名利與身內的性命，其中「獲得與亡失」的影響，哪一個對自己是真正有害呢？

（續言）貼切來說，「得到身外的名利，反而常失去身內的性命。」以及「亡失身外的名利，卻可能讓我們覺醒自己有什麼寶貴的，而省悟於身內的性命。」其中「獲得與亡失」的影響，當然是「得到身外的名利，反而常失去身內的性命。」才是對自己真正有害，而必須警惕與遠離的。

是故甚愛必大費，

所以道理非常明白，過份的貪愛物質享受與追逐名利欲望，必定要勞心勞力，反而耗費了本來太和盈滿的精氣元神，並且加速衰老無力。

多藏必厚亡。

過多的珍藏寶物與貪婪的收刮財貨，必定會引起眾人的側目與不滿，終將招惹慘痛的橫禍與無情的亡失。

知足不辱，

因此能夠覺知本來性命真實圓滿的人，不會落入窮困厄運而導致身敗名裂，遭受莫大的羞辱。

知止不殆，

能夠依止本來性命清靜至善的人，始終淳樸天眞，和氣致祥，可以遠離危殆不安的險境。

可以長久。

所以這樣圓滿知足，清靜知止的人，常處自在喜悅，自然長久的綻放出生命的慧性之光。

◎麥教授與郝學生的對話

郝學生：功名富貴人人嚮往，更是凡夫俗士畢其終生所努力追求的目標，要他們全部放下，實在太爲難了。

麥教授：沒有要他們全部放下，人的一生，各享應得該有的部分，只要做人實在，作事認眞，自然可以充足康樂，生活安定。只可惜有些人已經擁有許多，仍然貪求更多，因此蒙蔽本來慧性之光，而迷失了人生的方向；本章的「身」字，這裡把它延伸解釋爲身內的「本來生命、淳樸性體」，因爲身體的表現，主要還是引導於內在的啓發。

郝學生：「甚愛必大費」與「多藏必厚亡」，請教授詳解。

麥教授：這兩句話當然是以道的原點來觀照的，如果以一般人的相對立場自視，必定不會承認，甚至還以爲「甚愛」和「多藏」是很了不起而洋洋得意，這就是天道與世俗的反差。

郝學生：請問教授，「知足知止」眞正的意義是什麼呢？

麥教授：知足，表面上是要覺知「滿足於生活需求」，但是眞正的意義則是要徹悟「本來性命眞實圓滿」；知止，表面上是要覺知「停止其妄行妄爲」，但是眞正的意義則是要明白「依止清靜至善而淳樸天眞」。這裡的「知止不殆」跟前第三十二章「知止所以不殆」，兩者

意境相通，而且功夫一致。

◎宇宙人生導航──誰比較傻

每一個人都想在人生中作一番大事，而多數人想的就是大富大貴，名揚四海。

如果沒有得到，只能惆悵一輩子，如果成功，可要大大的炫耀了。

要炫耀什麼？炫耀已經老邁無力了？炫耀總是紛擾纏身？還是炫耀自己的財富只能留給後人？

別傻了，人生過了一大半，翻騰了許多，難道還不明白人生的戲場不就是這樣的結局嗎？

夜深了，靜靜思考一下，人生到底是為了什麼來的？為什麼有那麼多人在奉獻自己呢？

難道是他們比較傻，還是我們比較傻呢？

第45章　清靜

大成若缺，其用不弊；大盈若沖，其用不窮。

大直若屈，大巧若拙，大辯若訥。

躁勝寒，靜勝熱，清靜為天下正。

◎提要

本章明白昭示，真正大成盈足者自然淳樸，看似失落缺乏，卻能彰顯無為盛德之大用。老子慈心，以此訓勉世人，外表名相並非真實，內含珍藏圓滿俱足，大道如此，人道也是一樣。

◎白話譯文

（前言）自然的顯化，無私無為卻能大功大成，完全不可以從外表的
　　　　形勢氣象來判定它真正的實用和價值。

大成若缺，其用不弊；

真正功成厚實的東西，表面上看起來好像不足缺乏的樣子，但是它所展現出來的作用一點也沒有弊病和敗壞，所以能夠成就真實廣大的功業。

大盈若沖，其用不窮。

真正盈足充滿的東西，表面上看起來好像沖虛失落的樣子，但是他所顯明出來的作用一點也沒有窮盡的時候，因此可以圓滿深固長遠的盛德。

大直若屈，大巧若拙，大辯若訥。

同樣的道理，
最剛直中正的人好像屈折不平的樣子；
最善巧方便的人好像愚鈍笨拙的樣子；

最辯解分明的人好像木訥遲滯的樣子。

（**續言**）但是這些人所展現出來實際的作用，卻是超乎常人所能夠想
　　　像的；所以最上等的人格修持，不在於外表的虛榮浮華，反
　　　而在於內心的自然淳樸。

躁勝寒，靜勝熱，

其實，雖然躁動的氛圍勝過寒天雪地的無聲無息，但是它所引起
的熱鬧旋風，很快的就要勢衰氣竭，完全降伏而消逝於本來平靜的無
盡極處，有如雨過天晴這麼的自然。

清靜為天下正。

所以清靜的本始，才是天下萬物自然依歸的正道。

◎麥教授與郝學生的對話

郝學生：社會上自認為很有成就的人，都是名利雙收，風風光光的，
看起來銳利精敏，不像是有缺陷的樣子。

麥教授：這些世俗的成就，與有道賢士自然無為的成就，是完全不同
的。一個只是以私心欲想，在身外沙漠荒地上堆疊出來的海市蜃樓，
一個則是以誠心敬意，在身內的心田寶地上淬煉化成的真陽寶塔。兩
者對比較量，虛實分明，真假立現。

郝學生：難怪行道有成的人總是低心下氣而敦厚老實，一般人不容易
感應其內在真實的氣象。

麥教授：這是一般俗人的悲哀，不但無知，也喪失了學行的良機。其
實行道有成的人不在於表面上的顯現，而在於精神上的敦厚老實與自
然淳樸，我們必須用心體會，才能感受「其用不弊」和「其用不窮」

的眞功實善。

郝學生：謝謝教授指點。

麥教授：躁動的人喜歡追求刺激，容易挑起事端，表面上比那些學行之人的謙和虛柔，更善於引人側目與注意，所以說「躁勝寒」；但是我們可曾明白，天道自然，物極必反，所有熱鬧的情緒終究要歸於寂靜的本始，所以說「靜勝熱」。只有眞修實善的人能夠常清常靜，順其自然而不妄爲，進一步導萬民於正道，立爲天下楷模，所以說「清靜爲天下正」。

◎宇宙人生導航 —— 冷靜低調

有些人喜歡喧嘩熱鬧，因爲比較容易引起注意，也可以炫耀自己。

有些人喜歡保持低調，默然靜處，能夠縱觀全局，可以安心自在。

時間過去了，原來喧嘩熱鬧的人畢竟要安靜了，還總覺得失落了些什麼；但是原來保持低調的人始終安定自重，仍然安心自在。

看看周圍的人事物，表面顯耀的，不保證明天還是顯耀的，表面隱晦的可以期待來日的光明；原來冷靜低調，能夠安定自重，可以安心自在，必將得到大家的支持與肯定，而自然奉獻所有的心力。

朋友們，相信大家都了解這兩種情境的不同，不過還是再問一下：「眞的明白了嗎？」

第46章　知足

天下有道，卻走馬以糞；天下無道，戎馬生於郊。

禍莫大於不知足，咎莫大於欲得。

故知足之足，常足矣。

◎字義注釋

1「卻」，退回的意思。
2「糞」，用糞來施肥耕田的意思。

◎提要

　　本章繼而揭發，多欲之害，其大惡極，皆導源於不知足而已，尤其上位者欲得，更將影響整個天下國家之安危。老子慈心，以此點醒當時為政者，應思效法先聖明王，時時守樸存真，知足樂道，則天下豐足矣。

◎白話譯文

天下有道，卻走馬以糞；

　　如果上位者靜心守樸，天下充滿了道德心香，自然國泰民安，沒有爭戰與殺戮，原來在戰場上奔馳衝鋒的戰馬都要回到田野中去耕作生產，因此家家豐足安定。

天下無道，戎馬生於郊。

　　如果上位者貪欲爭強，天下喪失了道德依歸，自然世局紛亂，處處爭戰而危殆不安，戰馬都要投入無情的烽火煉獄，生死於荒郊野外，因此民生凋敝，苦不堪言。
　　（續言）其實，戰亂或是和平的選擇，只在於上位者一念之間而已。

禍莫大於不知足，

　　天底下最大的災禍都是導源於人心的不能知足，因為它可以點燃一切妄行，而成為天底下最大的災禍。

咎莫大於欲得。

　　天底下最大的罪過都是歸根於人心的過度貪得，因為它可以匯集污名濁利，而成為天底下最大的罪過。

故知足之足，常足矣。

　　所以道理很明白，只要守樸存真，私欲淨盡，自然彰顯本來自性的圓滿俱足，而能知足樂道，樂道知足；這樣真正知足的人，常保精神泰然豐足，可以永遠的自在和悅，遠離一切的災禍和罪過。

◎麥教授與郝學生的對話

郝學生：從一匹馬的命運，可以看出國家的前途，真是直接明白，而且意義深遠。

麥教授：並不是說國家前途繫於馬的命運，而是點出從馬的命運，可以看出整個國家的前途，而這一切都只繫於上位者心念的啟發而已，也就是說，上位者靜心守樸則「天下有道」，上位者貪欲爭強則「天下無道」。這一章似乎連結了前第三十章和三十一章所揭露的用兵之害極大，更彰顯了上位者心性修持的重要性和必要性。

郝學生：請問教授，是不是因為上位者好勝爭強，引發戰事，所以才造成國家人民莫大的災禍？

麥教授：可以這麼說，但是再仔細的推敲，它的根源卻只在於上位者

內心不能知足滿足，以至於作出如此慘烈的行為；其實一般人也是如此，心性的行持是多麼的重要，影響至深至遠。

郝學生：難怪看到社會上一些人，窮盡畢生，專注於修心悟性，確有其非凡的意義。

麥教授：透過這樣心靈的對話，可以減少欲念的妄想而歸於原始清靜，覺悟本來生命的圓滿俱足而知足樂道，樂道知足，這就是「知足之足，常足矣。」的意境，也是聖人一再苦口婆心，引導世人，最真誠的期望。

◎宇宙人生導航 —— 夠了就好

三餐夠吃嗎？房子夠住嗎？錢財夠用嗎？

還是不夠，你看，他們都比我又多又好，所以我應該是很缺乏不足的。

心裡平靜了嗎？精神安定了嗎？

不平靜也不安定，因為想要的東西太多了，所以很忙。

原來不知足是這樣來的，其實夠了就好，不必忙的就免了，這樣的沒有包袱，不就自由自在了嗎？

朋友們，沒有包袱的自由自在就是我們本來應有的人生，何必向外追逐而自找麻煩呢？

第47章 天道

不出戶，知天下；不窺牖，見天道。

其出彌遠，其知彌少。

是以聖人不行而知，不見而名，不為而成。

◎提要

　　本章特別宣揚，人人本來直心率性，感應玄妙而真知真覺；如果勞心費神，到處外尋，反而其行漸遠而其知更少。老子讚嘆聖人依止至善，明白天道，因此萬物萬象之變化消長，莫不了然於心，自然通達；並且勉勵學行之人應反觀自省，當下即是，與道合一而明明白白。

◎白話譯文

（前言）大道生育天地萬物而道貫一切萬有，所以人心通達道心，良知良能自然流露，因此天道運行，其中永恆不變的真理自然，以及萬象變化的原理法則，可以明白自得。

不出戶，知天下；

　　只要內心自然無為，則性德昭顯，縱使足不出戶，天下變化消長的運勢氣象，得以感應覺知。

不窺牖，見天道。

　　只要內心淳樸天真，則慧光發揚，縱使不探視窗外，天道運行轉動的自然規律，得以明白照見。

其出彌遠，其知彌少。

　　相反的，如果內心無法自然淳樸，捨棄了既有的良知良能，縱使行遍天下，心性只會受到更多外物的迷惑與干擾，因此出走了越遠，

對於萬象物理的眞相，反而知道的越少。

（續言）好像離開了善美盈足的家鄉，卻行走千里遙遠的陌路，妄想搜尋天下奇寶，自然會落得滿身疲憊而一無所得，甚至忘失原來回鄉的路而浪迹天涯。因爲外面的天下奇寶是虛假不實，只有本來的心性至寶才是唯一眞實存有。

是以聖人不行而知，不見而名，不爲而成。

因此聖人直心率性，不用行遍天下，自然能夠覺知宇宙天地的運勢氣象；不用探視外界，自然能夠描述萬象物理的根本脈動；而且不用勉強作爲，自然能夠感召民心，德化天下，成就眞正偉大的無爲盛德。

◎麥教授與郝學生的對話

郝學生：請問教授，現在不必出門，只要利用網路下載雲端大數據，就可以分析了解世界局勢以及萬象物理，這樣也是相同的道理嗎？

麥教授：這樣的比較，不切實際也根本無法對照。因爲世人的「知」，僅只對事物表象的知而已，那樣的知，當然可以透過各種方式取得，但那些都是龐雜紛亂，永遠沒有盡頭；而老子的「知」，則是對事理眞相的知，這樣的知，只能以本來的道心來感應，以光明的慧性去觀照。如果不能發揚既有的良知良能，而只是私心用事，到處追逐，更容易被外物所迷惑與干擾，對於事理眞相，當然是越行越遠，越知越少了。

郝學生：原來「知」有這麼大的差別，那麼，有誰可以達到眞正的「知」呢？

麥教授：聖人直心率性，所以能夠與道合一而眞知眞覺。其實每一個人只要時時眞心行持，用心體會，原來蒙蔽心性的妄思雜念自然澄

清，進而開啓既有的良知良能，慧性光明，通達無礙。

郝學生：請問教授，如果眞的「不出戶」、「不窺牖」，會不會變成宅男宅女呢？

麥教授：能夠眞知必然眞行，能夠眞行自然眞知，所以聖人懷有超越的志向和遠大的抱負，慈愛萬民而利濟天下，全然付出而不求回報。何況「不出戶」、「不窺牖」還有更深一層的意義，並非指有形身體是否走到外面的世界，其眞正的意義是：「能夠守住心門視窗，誠正意識的起心動念，得以常處清靜淳樸，感應天道的眞實絕妙，明白宇宙的萬象物理。」另外，這裡的「不爲而成」可以說是「無爲天成」的意思。

◎宇宙人生導航──一切都明白了

心靈老師在跟學生上高級課程，一個沒有名稱的課程。

「同學們，人生最重要的是什麼？」很快的有100個答案跑了出來，老師搖搖頭，學生嘩然。

「同學們，人生最寶貴的是什麼？」很快的又有100個答案跑出來，老師搖搖頭，學生默然。

「老師，難道還有更重要、更寶貴的嗎？」老師微笑的看著學生，學生疑惑的望著老師……

「什麼都沒有的時候，這個本來的原貌，就是我們的無價之寶。」學生嘩然，接著默然……

「當什麼都沒有的時候，你的意念靜下來了，你的精神安定了，你會感受到心靈的律動，看見生命的顯耀，而充滿了自然的喜悅，當下一切都明白了。」此時教室一片安靜，許久，許久，直到下課鈴響。

第48章 日損

為學日益，為道日損。

損之又損，以至於無為。

無為而無不為。

取天下常以無事，及其有事，不足以取天下。

◎提要

　　本章相提並說，為學與進道，其根本與目的不同，其功夫與成就相異；為學之路，日增其見聞，以廣其淵博之學識，而參悟之道，日損其心過，以平其執愛之習氣，如此損之再損，復歸於自然，能顯乎無為之妙益，必臻於無不為之達用；盡如天下神器，亦皆以無為自成之，以無事得取之。

◎白話譯文

（前言）每一個人都要持續長久，終身努力，才能淬礪進化以超越自己；但是為學與進道，兩者的表現完全不同。

為學日益，

　　在研究學問方面，必須每天不斷的增益見聞，才能累積知識，入於學術名流。

（續言）但是相對於生命的意義，這些知識實在龐雜而沒有止境，也只是一些表面而短暫的功夫。

為道日損。

　　在參悟道理方面，使用的方法就不同了，應該內省改過，每天不斷的減損執著貪愛的習氣。

（續言）所以本來性德自然澄清，原始道心自然顯明，這才是真正根本而長久的功夫。

損之又損，以至於無為。

如果能夠時時減損執著貪愛的習氣，並且持之以恆，減損再減損，直到私欲淨盡，沒有一點瑕疵，就是回復到本來自然無為的原心妙性了。

無為而無不為。

正如心性回復到自然無為的時候，天眞顯露，天理流行，萬物歸依順服而導於正道，這就是因著本性的無為盛德，而能夠成就無不為的眞實表現。

取天下常以無事，

每一個人都是以這樣的行持來成就自己，何況是想要迎取民心，治化天下的賢能志士，更應該常守清靜無私的原心，善行自然無為的妙性，政令清明而不興事擾民，則萬民同心而天下歸依。

及其有事，不足以取天下。

相反的，如果私心用事，政令繁苛以干擾民情，實在難以蒙受天地的護持，更無法承擔濟世化民的使命，當然不足以迎取民心，治化天下。

◎麥教授與郝學生的對話

郝學生：大家聽到「損」字，都要逃之夭夭，學行之人是不是也會覺得很辛苦，想要放棄呢？

麥教授：一般人不明真理又自我意識堅強，當然會避之唯恐不及，而初學道者可能一時不能適應，感到辛苦，但是只要持之以恆，就會越來越自在了。對於真正的行道者而言，他的心性始終平靜安定，自然沒有什麼困難，而且精進不懈，只怕浪費人生，因此他的功夫與成就，當然是立竿見影，自然無為而誠無不為。這個「損」的功夫與前第十九章「見素抱樸，少私寡欲。」的功夫一致。

郝學生：大道無為與聖人無為有何不同呢？

麥教授：前第三十七章「道常無為而無不為」，指大道法其自己而呈現出來的自然無為，任其自然而不干預主導，因此生育天地萬物而道貫一切萬有；這一章則指聖人承襲道的常明所表現出來的自然無為，順其自然而不妄為，因此澤披天下群生而串連宇宙天地；兩者的根本都是一樣，請參考前第二十五章師生對話中有關自然的解說。

郝學生：請問教授，什麼是「無事」，什麼是「有事」？

麥教授：能夠無私無為，以正道感化人心，而不以繁雜的政令和嚴苛的律法來擾亂民心，就是「無事」；如果自私妄為，政令多變而興事擾民，就是「有事」。換言之，因為「無為」所以「無事」，因為「無事」得以上承天命而「取天下」，這就是「無不治」或是「無不為」的功夫。另外，「取」字表面是取得天下城邦，其真正的含義則是「迎取民心以治化天下」的意思。

◎宇宙人生導航——菊花情

　　喜歡賞菊、飲菊嗎？不如自家庭院種菊。

　　賞菊可以開心，飲菊可以清心，種菊可以調心，不必外求追尋，自家應有盡有，真是快意君子。

　　不同的花瓣、花序和花色相互調合，可有數十百種菊花，各有巧妙風韻，思古憶今之情油然而起。

　　賦曰：

滿菊黃金增波影，畫作人間百樣情，

圃苗寒香多芳美，卻入俗煙酒漫斐。

何須飛馳奔山顛，力盡腰折與花厭，

只應周旋參東家，氣定山合同天下。

第49章　德善

聖人常無心，以百姓之心為心。
善者吾善之，不善者吾亦善之，德善。
信者吾信之，不信者吾亦信之，德信。
聖人之在天下，歙歙焉，為天下渾心。
百姓皆注其耳目，聖人皆孩之。

◎經文回溯

1 王弼本原文：「聖人無常心」。

　依帛書本回溯：「聖人常無心」。

2 王弼本原文：「聖人在天下，歙歙為天下渾其心。」

　依帛書本回溯：「聖人之在天下，歙歙焉，為天下渾心。」

◎字義注釋

1 「歙」音細，通翕，指收藏、收斂的意思。
2 「百姓皆注其耳目」，表示「百姓都專注於他們自己的所見所聞」，如王弼本註文「各用聰明」的意思。

◎提要

　　本章明白揭示，人人本來無私無為而至善至信，原是誠無不為而率直通明。聖人但憑這個真常實性，志願度化頑固而又萬變之天下群生。老子慈心，更以讚嘆，聖人照見人人體懷赤子之心，本來天真無邪，只要誠心感動，適性導引，必能順行天道自然，歸返渾厚質樸的原始。

◎白話譯文

聖人常無心，以百姓之心為心。

　　聖人依止真常實性而沒有自我私心，時時以百姓的心念當作自己的心念，而能感同身受。

善者吾善之，不善者吾亦善之，德善。

　　聖人與百姓相處，直心率性而沒有分別，如果有人心存良善，聖人也以良善相待，如果有人心存不善，聖人仍然以良善來感化他，因此人人受到感化，得以回歸本來良善的性德。

信者吾信之，不信者吾亦信之，德信。

聖人與百姓同行，真誠信實而沒有私偏，如果有人遵守誠信，聖人也以誠信相待，如果有人不守誠信，聖人仍然以誠信來感動他，因此人人受到感動，得以回歸本來誠信的性德。

聖人之在天下，歙歙焉，為天下渾心。

聖人立身天下，總是收斂主觀的成見而不以私心作主，如此的含和包容，始終為天下萬民適性導引，而化歸於渾厚質樸的原始。

百姓皆注其耳目，聖人皆孩之。

雖然百姓都專注於他們自己的所見所聞，各用聰明智巧，但是聖人明白，每一個人的本性原來像嬰兒般的天真無邪，所以聖人以充滿慈愛的心來體恤百姓，有如對待自己親生小孩一樣，給予全然的關懷與導引，希望人人都能回復本來的淳樸天真。

◎麥教授與郝學生的對話

郝學生：人心不但能變，而且萬變，聖人能夠「常無心，以百姓之心為心。」真是不容易啊！

麥教授：這是有志於學行的人最了不起的修持功夫。只有完全的無私無我，沒有絲毫的貪念妄想，才能夠親證如此的真理實境；不管每一個人的內心是如何的善變，甚至俗與道反，聖人都能以同理心順勢利導，最後人人都會被聖人的大德天真所感化，而合於清靜的正道。本章跟前第二十七章的「常善救人」和「常善救物」的道理是貫通一致的。

郝學生：請問教授，「聖人皆孩之」，聖人爲什麼把百姓看成小孩子呢？

麥教授：不是把百姓看成小孩子，而是照見人人眞常實性有如赤子般的天眞無邪。其實聖人也知道，有些人心機險惡，妄心妄爲，但是聖人更了解，每一個人本來都有一顆清靜樸實的道心，因此能夠以心應心，感化世人，直到每一個人回復本來自性的淳樸，所以說「聖人皆孩之」；正因爲「聖人皆孩之」而顯耀了「聖人常無心，以百姓之心爲心。」的眞功實善。

郝學生：有一些翻譯本，對於這一章似乎有不同的解釋，請教授說明一下。

麥教授：主要是「爲天下渾心」以及「百姓皆注其耳目」這兩個部分，雖然見地不同，卻各有妙趣，茲將其中與本章解釋不同的地方列示於下，做爲大家的參考。

一、「爲天下渾心」：聖人爲了天下萬民的福祉安危而掛慮，甚至惶恐不安，好像渾濁了自己清靜的心性一般；但是聖人仍然無私大愛，自然澄清，永遠不會放棄濟世救民的初衷。（這樣的成就與前第十五章「孰能濁以靜之徐清」是一理相通的。）

二、「百姓皆注其耳目」：百姓感念聖人德澤，自然都以聖人的行誼爲典範，時時想要親近他，聽聽他的慈音眞言，看看他的慈容光輝。

◎宇宙人生導航──小木瓜的眼淚

午夜時分，一陣陣嬰兒的哭叫聲漫過了天際，散佈整個巷弄，雖然很吵但不煩心，緊接著是嬰兒母親不斷的呵護聲和慌亂聲⋯⋯

小木瓜也被吵醒了，嬰兒的哭叫聲有如鬧鐘一般響著，這些天都是如此，小木瓜習慣了，但是今天的心情感覺特別沉重，因爲小木瓜憶起了往日種種。

青少年叛逆時期，任性、玩鬧、不在乎的行爲傷透了父母的心，

斥責只會帶來更大的反彈，父母只能隱忍自己，反而給予百般的勸導，但是小木瓜可覺得那是多麼的嘮叨。之後剛開始工作，一連串的不順利讓自己變得孤癖冷落，更讓父母擔憂，總是不斷的鼓勵安慰。

　　現在生活穩定了，父母卻老邁了，仍然不時的噓寒問暖，此時小木瓜眼眶泛紅，竟然隨著嬰兒越來越大的哭叫聲，不禁淚如雨下；小木瓜永遠是父母的心肝寶貝。

第50章 生死

出生入死。

生之徒十有三，死之徒十有三。

人之生動之死地，亦十有三。

夫何故？以其生生之厚。

蓋聞善攝生者，路行不遇兕虎，入軍不被甲兵，

兕無所投其角，虎無所措其爪，兵無所容其刃。

夫何故？以其無死地。

◎字義注釋

1 「出生入死」，凡人來到世間是為出生，終老歸於塵土是為入死，明指「肉體有生必有死」，而王弼本的註文為：「出生地，入死地。」也就是「如果出了生地，便會落入死地。」的意思，因此這一句也隱喻「愛養生命而自奉太深，如此出於生地，必定加速入於死地而亡。」

2 「兕」音似，古代一種似牛的野獸。

◎提要

本章昭勉世人，生死事大，一生一死之間，沉浮幽明，立判分曉。凡夫不辨真我，愛養生命，因此出生入死，生死無常而流轉糾纏，唯其善攝生者覺悟真我，清靜豐足，因此超生了死，無生無死而安心自在。

◎白話譯文

出生入死。

每一個人披著形質肉體，有生必有死，這是自然的現象，但是在這生死之間也啟發了我們生命的真諦。

（續言）凡人生活庸庸碌碌，對於真我生命不能徹覺徹悟，因此沒有超越的志向，無法真知力行。

生之徒十有三，

其中有些人，他的人生處於成長的過程，由弱小而逐漸的生長茁

壯，但是他的生活平凡無志，不知把握良機，健身行道；在十人當中，約有三人是這樣的。

死之徒十有三。

還有一些人，他的人生處於退化的階段，由強壯而趨向於衰竭死亡，但是他的生活平凡庸俗，不知隨順運勢，守身明道；在十人當中，約有三人是這樣的。

人之生動之死地，亦十有三。

另外更有一些人，不像前面兩種人一樣，自然的生長，自然的死亡，卻是妄動妄為，因此在人生還沒有到達應有的盡頭時提早踏入死亡領地，遭受死亡的糾纏與威脅；在十人當中，約有三人是這樣的。

夫何故？以其生生之厚。

為什麼說提早踏入死地，自取滅亡呢？因為這些人愛養生命而自奉太深，生活過於豐厚奢華，因此勞心費神而戕害體魄，自然是提前走向死亡之路。

蓋聞善攝生者，路行不遇兕虎，入軍不被甲兵，

但是還有極少數，就是一直聽說非常善於攝取生命之泉的人了，他們了解天道的尊貴，覺悟真我生命永生不滅，清靜豐足，因此不會執著有形肉體，生不自喜，死不及悲，當下超越生死的假相，過著來去自如，安心自在的生活；這種人在路地行走時不會遇到像犀牛老虎之類的猛獸，當他走入軍事陣地時也不會受到戰士的傷害，可以說雖

行而心未遇，雖入而身未害。

兕無所投其角，虎無所措其爪，兵無所容其刃。

縱使強悍的犀牛遇見他，因為感應到純然慈善而沒有肅殺的氣息，所以不知道如何挑撥峭硬的頭角，好像沒有了功能；兇猛的老虎遇見他，因為感應到泰然祥和而沒有敵對的威脅，所以不知道如何舞動尖銳的利爪，好像失去了作用；暴戾的戰士遇見他，因為感應到浩然正氣而充滿令人敬畏的風骨，所以不知道如何收執血腥的兵刃，好像是多餘的器物。

夫何故？以其無死地。

為什麼猛獸和戰士反而會如此的馴服安靜呢？實在是因為善於攝取生命之泉的人與萬物一體，淳樸天真而超越生死的假相，所以不會落入死亡的領地，能夠來去自如，可以安心自在。

◎麥教授與郝學生的對話

郝學生：請問教授，「出生入死」和「超生了死」，其中的意義有什麼不一樣呢？

麥教授：簡單來說，「出生入死」是指有形肉體有生必有死而生死無常；「超生了死」則指真我生命永生不死而清靜豐足。其實人生苦短而生命無限，所以人生在世的時候要多多珍惜，不是讓我們來享受與揮霍的。在這一生當中，如何把握良機，利用有形的肉體來行功立德，絕對是判定一生的價值和成敗的關鍵，也是最後生命歸宿的指引，所以說「生死事大」。其中「人之生動之死地」猶如前第三十章的「物壯則老」。

郝學生： 請問教授，「兕無所投其角，虎無所措其爪，兵無所容其刃。」其中有什麼特別的意義嗎？

麥教授： 從另一個層面來看，「兕、虎、兵」有如世間的名利富貴和爭奪追逐一樣，總是糾纏不已，紛擾不斷，但是對於善攝生者而言，因為他超越了生死的假相，不會落入死亡的領地，而自然遠離那些糾纏和紛擾。

郝學生： 「善攝生者」也是一個行道人嗎？

麥教授： 善攝生者必然是真修實行的人，而真修實行的人自然是善攝生者。這樣的人能夠遠離世俗的誘惑，超越生死的假相，可謂「路行不遇兕虎，入軍不被甲兵。」如果只知道攝生，卻不想學行，就只是表面的攝生，或是只知道學行，卻不想攝生，就只是表面的學行；那樣的人，相對於這些能夠同時攝生與學行的人而言，最後都可能走入偏頗無明的獨善其身或是邪徑險路。

◎宇宙人生導航——生命之歌

　　早晨的陽光灑滿了山野，微風吹醒了綠葉，鳥兒們盡情的飛舞追逐，鳴起了愛的交響曲，原來自然的律動再次揭開了這個天地舞台的序幕。

　　聽啊！生命之歌響徹雲霄，傳遍天際，內容大意是這樣：

　　「生命在哪裡？雖然看不見，我知道妳讓我呼吸著。生命是什麼？雖然摸不著，我知道妳讓我溫暖著。我離開塵囂，投入大自然的懷抱裡，自由自在的享受著無盡的生命之泉。」

　　這首歌聽起來好像是從口中唱出，也好像是從心中譜出，總之，它不斷的環繞盤旋在整個天地舞台。

第51章 尊貴

道生之，德畜之，物形之，勢成之。

是以萬物莫不尊道而貴德。

道之尊，德之貴，夫莫之命而常自然。

故道生之，德畜之：長之、育之、亭之、毒之、養之、覆之。

生而不有，為而不恃，長而不宰，是謂玄德。

◎字義注釋

「亭」，王弼本註文：「品其形」，「亭之」在此引申為「依其種類品其形象」。「毒」，王弼本註文：「成其質」，「毒之」在此引申為「分別試煉成其質性」。因此「亭之、毒之」表示「不斷催化活動使其隨性成熟」的意思。

◎提要

　　本章推而宣說，大道生化天地萬物，卻不加以主宰命令，始終自然無為，更顯獨立超然而道尊德貴。老子慈心，勸勉世人，切勿私欲貪得而任性妄為，當以道德為根本，效法大道自然無為，返本達源而長長久久。

◎白話譯文

道生之，德畜之，物形之，勢成之。

　　大道無形，虛靈玄妙混全如初，生化天地萬物而生機無限。

　　盛德敦厚，太和元氣遍灑一切，畜養滋長而始終自然舒緩。

　　萬有物象，品彙流行稟受質性，各具形異而變化無窮，彰明了大道玄奇。

　　運勢所在，陰陽激盪盈虛消長，應時應運以逼物成物，顯耀了盛德威儀。

是以萬物莫不尊道而貴德。

　　萬物依道以順生，含德能蓄長，自然的在天地之間滋養生息，相

續不絕，因此萬物都要尊崇大道的真誠，貴重盛德的信實。

道之尊，德之貴，夫莫之命而常自然。

大道如此至尊，盛德如此至貴，因為大道生化天地萬物，卻不加以主宰命令，始終自然無為。

故道生之，德畜之：長之、育之、亭之、毒之、養之、覆之。

所以大道生化萬物，盛德培蓄萬物：滋長它們萌芽茁壯，撫育它們充足發展，一直不斷的催動成熟，如此善養薰染而能盛開結果，最終休息靜止，歸覆於生命的本始。

（續言）這樣的自然循環，反復周行，因此萬物得以生生不息而源源不絕。

生而不有，為而不恃，長而不宰，是謂玄德。

雖然道化無邊，德用無窮，但是大道生化萬物而不據為己有，盛德培蓄萬物而不恃才干預，長養萬物而不自認為是掌握一切的主宰，大道如此無私無為，始終寂靜隱誨，實在是最玄妙的無為盛德。

◎麥教授與郝學生的對話

郝學生：「道生之，德畜之，物形之，勢成之。」請教授詳解。

麥教授：這四句話說明了萬物形成發展的四個必然的過程；其中「道生之」和「德畜之」是萬物形成發展的根本原始，決定了往後的形勢氣象，但是對萬物而言，因為「道生之」和「德畜之」不可得見，所

以較爲隱微不明，而「物形之」和「勢成之」，因爲隨著形勢氣象的呈現，所以較爲表徵可見。

郝學生：……

麥教授：因此一般人對於「物形之」和「勢成之」，總是感覺跟自己的關係比較明顯重要，卻忽視了「道生之」和「德畜之」的根本，反而想盡辦法，企圖藉著扭轉時局來改變形勢，以爲這樣可以讓自己很快的成長強壯，進而掌控一切，所以每一個人都只注重表面的形勢氣象，喜歡爭強好勝而樂此不疲。

郝學生：那麼，形勢最強的人，就可以掌握一切了嗎？

麥教授：沒有標準答案，但是大家都有很大的感受和深刻的體會，只能說，不是以道德爲根本所建立的形勢，就是以私心貪欲所堆砌的，形勢越強就越脫離不了世間的糾纏和束縛，這叫「俗氣」，容易轉現成「霸氣」而落入前第三十章的「物壯則老」；但是以道德爲根本所成就的形勢，就是以慈心願力所感應的，形勢越強就越能夠安心自在而無拘無束，這叫「和氣」，可以化現爲「正氣」而圓滿前第二十一章的「故天下莫能與之爭」。因爲「道生之」和「德畜之」才是一切的根本原始，只要我們穩固好根本，順勢利導，一定能夠掌握自己的形勢和運途，這也是大道自然無爲，至尊至貴的明證。

郝學生：「亭之、毒之。」請教授詳解。

麥教授：「亭之、毒之」，依據王弼本的註文，可以引申解釋爲「依其種類品其形象，分別試煉成其質性，因此萬物得以催動成熟。」這樣的解釋，同時彰顯了萬物發展過程中相互依存而又制約對立的現象，也是萬物自然平衡發展的原理法則。另外，這一章的「玄德」和前第十章的「玄德」，原來貫通一致，而且這裡將前第十章的「生之蓄之」再加以明白的開展爲「長之、育之、亭之、毒之、養之、覆之」。

◎宇宙人生導航──尊貴源於自然

很多人喜歡展示自己的了不起，有些是從言語行為上表現出來，有些則是以權勢地位來表現。

這樣表現出來的就是尊貴嗎？有人自以為是，有人信以為真，大家糾纏在一起，互相追逐，互不相讓，苦中作樂而樂此不疲。

只可惜形勢會消長起伏，總是帶來悲喜無常，難道我們不知道嗎？或許不知道，也許是被吸引依附而脫離不了，真是無奈啊！

其實形勢所依據的原始就是道與德，道德才是一切的根本；依道據德展現出來的形勢才是自然尊貴，而從形勢上去改變形勢，也許有人以為洋洋得意，但是對道而言，那是顛倒錯亂，簡直是一場人生浩劫，因為已經完全偏離離了正道。

第52章 守母

天下有始，以為天下母。

既得其母，以知其子；既知其子，復守其母；沒身不殆。

塞其兌，閉其門，終身不勤。

開其兌，濟其事，終身不救。

見小曰明，守柔曰強。

用其光，復歸其明，無遺身殃，是為習常。

◎字義注釋

1 「殆」，有危險或是疲困的意思，這裡取危險之義，「不殆」表示不會有危險的意思。
2 「習」，古音義同「襲」，表示「承襲」的意思。

◎提要

　　前言道尊德貴，自然無爲，是謂玄德，此章更言古道常德，歷久彌新，始爲天下母，萬物共鳴而母子連心。老子慈心，是以勸勉世人，不可一昧逞其私欲，向外追逐，勞心勞力而終身不救，當襲之眞常，應守其道母，復性之光而終身不殆。

◎白話譯文

天下有始，以為天下母。

　　宇宙天地眞是浩瀚廣大，無邊無際，但是這個無盡的虛空總有一個本始，這個本始就是「道」，可以說是天下萬物的母親。

既得其母，以知其子；

　　既然天地萬物都是原生於道母，得於母親無私無偏的慈愛滋養，因此身爲子女的我們，更應該覺知眞我生命與道貫通，萬有物類實在是一體同心，更是一母之子。

既知其子，復守其母；

既然覺知本來自性淳樸，萬物都是一母之子，而且母子連心，心心相應，因此我們應該體會母親的無私大愛，時時反觀自省，守住原來清靜的道母。

沒身不殆。

如此天真無邪，精神安心自在，好像回到母親的懷抱，沒有一點惶恐與憂懼，自然終身免於危殆不安。

（續言）如何守住清靜的道心，依偎在母親的懷抱呢？最根本的方法就是從內心下功夫，體道用德能自顯光明。

塞其兌，閉其門，終身不勤。

阻塞多欲妄言的心口，關閉意念妄動的心門，通體舒緩而真人閒逸，自然終身不必勞役身形。

開其兌，濟其事，終身不救。

如果縱容多欲妄言的心口開啓，隨著意念妄動而追逐外在事物，自然終身陷入不可救藥的危險困境。

見小曰明，守柔曰強。

一旦精神清靜舒緩，當下照見隱藏在一切事理背後微小的變化和玄機，得以完全明白真理自然所彰顯的實相；而且常自善守虛柔不爭的性德，含和順行，自然匯聚成為超越一切的強大力量。

用其光，復歸其明，無遺身殃，是為習常。

同時應用自身的常寂慧光，返照內在的常明性體，如此守住本來清靜的道心，不管什麼時候，永遠不會給自身留下任何的災殃，因為這是「承襲道的常明」，也就是返歸原來道母的懷抱。

◎麥教授與郝學生的對話

郝學生：把大道比喻為母親，感到十分的溫馨，也更加親近許多了。

麥教授：這是一種心靈的呼喚，期望可以引起世人的共鳴，能夠進一步的認知真我生命原來與萬物一體，同是一母之子，這樣行起道來，不是更暢快自然嗎？而且人人守住原來的道心，返入母親的懷抱，是為「復守其母」，就會更積極、更用心。此與前第二十章「而貴食母」有相通的意義，也與前第二十一章的「眾甫」以及前第四十二章的「教父」一樣，都是比喻「道」的意思。

郝學生：「既得其母，以知其子；既知其子，復守其母。」其中「母」與「子」的意義，請教授明說。

麥教授：所謂道為體為母，這是根本，物為用為子，是為枝葉；母子連心，大樹成蔭，有體有用而無窮無盡，這也是「人不離道，道不遠人。」「天人合一，物我同體。」的道理。

郝學生：本章似乎隱含了極妙至理，請教授明白點出。

麥教授：本章揭示「回歸道母的懷抱，就是返回生命的原鄉。」因此回鄉之路不必遠求尋找，就在當下，是為眾妙之門，也就是「用其光，復歸其明。」千萬不可離棄根本，反被物用，更不可迷信誤信，忘失真我，如果不知回鄉之路，只得浪迹天涯，漂泊無期，成為名副其實的「散仙」了。

郝學生：「終身不勤」的「勤」，請教授詳解。

麥教授：「終身不勤」的「勤」，與前第六章「用之不勤」的「勤」

意境相通，尤指不用勞心費神，勞役身形的意思，主要是讓精神安定祥和而能真人閒逸。另外，前第四十一章「上士聞道，勤而行之。」的「勤」，表示激發自己，勤奮修悟的意思，主要是讓學行穩固厚實而能親證實悟。

◎宇宙人生導航──相信自己

登山隊費盡了九牛二虎之力，終於登頂成功，搖旗吶喊。

眾人俯視大地一片遼闊，足下煙波稀疏真是渺小；仰望虛空無邊廣漠，天上星際燦爛真是偉大。

每一位隊員站在山頂，正處於偉大和渺小的銜接區，萬種情懷交織連動，當下掃盡紛擾煩惱，只留下天真無邪，完全自在灑脫。

朋友們，請相信自己，守住原心，放下一切包袱，可以貫通天地，回歸自然的懷抱。

第53章　大道

使我介然有知，行於大道，唯施是畏。

大道甚夷，而民好徑。

朝甚除，田甚蕪，倉甚虛。

服文綵，帶利劍，厭飲食，財貨有餘，是為盜夸。

非道也哉！

◎字義注釋

1 「介然有知」的「介然」，學者樓宇烈解釋爲「確然」，「介然有知」在這裡引申爲「覺悟眞實的道」。

2 「夸」音誇，學者嚴靈峰說「猶大也」；「盜夸」指大盜，盜魁的意思。

◎提要

　　本章感嘆人心不古，世道衰頹，離棄正信正念之正門大道，卻偏好妄思妄想之邪門小徑，個個追逐富貴愛養而充滿私心貪欲，以至於大道雖廣，無人願行。老子慈心，尤其勸勉當時爲政者，應早日覺悟，順行自然能無爲而治，才是長久之路，實乃太平正道。

◎白話譯文

（前言）時局紛擾，人人貪名奪利而爭亂不休。

使我介然有知，行於大道，唯施是畏。

　　老子感嘆，假使能夠覺悟眞實的道，讓自己開啓了本來慧性之光，行走在大道上，想要施以無爲之化，期望世人接受引導以回歸自然，只是這樣的施化必須非常小心謹愼。

大道甚夷，而民好徑。

　　其實大道是平坦而寬敞，直達而通暢的，人人可行，人人能行，但是上位者沉迷私欲，追逐華麗，離棄了正信正念的康莊大道，偏偏

要走進妄思妄想的崎嶇小徑，更成為一股邪妄民風。

（續言）在這種邪妄民風的推波渲染之下，人人固執任性，充滿私心貪欲以追逐富貴愛養，都要失去了道德根本；雖然有志賢士想要力挽狂瀾，卻是難以教化施為，甚至還會受到影響，弄得滿身汙穢，實在令人警惕生畏。

朝甚除，田甚蕪，倉甚虛。

看看當時上位者營私謀利，國政敗壞廢弛，朝綱體制已經保全不住了；因為朝綱不保，百姓不能安定生活而無法耕作，農田已經荒蕪了；因為田地荒蕪閒置，五穀米食沒有收成，糧倉已經空虛了。此情此景，實在疾苦艱困而民不聊生。

服文綵，帶利劍，厭飲食，

反觀這些貪官污吏，仍然穿著錦繡文綵的美服，以增顯自己的華貴；佩戴光彩奪目的利劍，以炫耀自己的權威；貪圖山珍海味，竟日縱欲享樂，好像永遠不能滿足。

財貨有餘，是為盜夸。

正當民不聊生的時候，這些上位者竟然還是如此的極盡奢華，而且不斷的收刮民脂民膏，累積自己的財富，雖然早已過剩多餘，卻是不肯救助急貧百姓，這樣的貪得妄為，簡直就是盜賊中的首惡，一點也沒有為政者應有的慈愛和胸襟。

非道也哉！

上位者如此的追逐富貴愛養，處處與民爭利，完全不顧百姓的死活，實在是完全背離了自然無為的清靜正道，最後只有走入絕路而自取滅亡啊！

◎麥教授與郝學生的對話

郝學生：請問教授，推行大道，嘉惠世人，為什麼還要這樣的小心謹慎，甚至警惕生畏呢？

麥教授：所謂社會風氣隨人心而轉，如果人心頹廢不振，私欲熾盛，自然社會風氣也會轉為昏昧險峻，助長人心為惡作怪，所以不善之輩傾出，邪惡之勢竄起，如果不是意志堅定，道心穩固的人，恐怕很快的就會被汙染淹沒，更談不上要推行大道了，所以說「唯施是畏」。

郝學生：為什麼人們會走到這樣貪婪的地步呢？

麥教授：簡單來說，就是「而民好徑」所導致造成的。這裡的「民」，表面上是指人民百姓，其實尤指上位者和文武百官，因為他們沉迷私慾，追逐華麗，才是邪妄民風的始作俑者，更是一切禍亂的罪魁禍首。

郝學生：這些上位者是什麼居心，竟然作出如此違背天理的事呢？

麥教授：這些人不能為國為民，慈愛百姓，卻是愛養己身而好逸放縱，只圖個人私欲享樂，甚至追名逐利，以為這樣才會受到敬重，才能帶給自己生命的榮耀和光彩。這種迷信誤信，妄念妄為，最容易影響人心，所以當時文武百官人人追逐，個個爭奪，完全忘記了身為朝官應有的慈愛和胸襟，在此世局紛亂，民生疾苦的時候，反而「財貨有餘」，扮成了盜賊模樣作威作福，所以說「是為盜夸」，真是「非道也哉」。

◎宇宙人生導航──權力的迷思

能夠登上權力高峰的人可以說是百中選一，甚至萬中選一，但是進入權力核心以後還能保持原來初發心的人更是難得，這就是權力的迷思，在不知不覺中，你我都要陷入其中，難以自拔。

在這種迷思當中，充滿了虛榮和愛養，總是貪得無厭，好像永遠不能滿足，為了追逐在迷霧中的幻象，使盡了全力去爭奪，卻一點也看不見那些非常需要伸手救援的人，難道真的忘記當時的初發心了嗎？

朋友們，不管身在何處，請不要忘記自己的初發心，尤其正當通達順遂的時候。

第54章 善健

善建者不拔，善抱者不脫，子孫以祭祀不輟。

修之於身，其德乃真；修之於家，其德乃餘；

修之於鄉，其德乃長；修之於國，其德乃豐；修之於天下，其德乃普。

故以身觀身，以家觀家，以鄉觀鄉，以國觀國，以天下觀天下。

吾何以知天下之然哉？以此。

◎提要

本章盛讚道眞、理眞、善德爲眞，持之，體現性德圓滿，行之，及於致深且廣，始於自性可以至善天下，人人如此，事事同理。老子親證實悟，以此，妙觀萬象而明知天下，並且續勉世人，應早日覺醒，不離自性，當建德立功，揚善立孝，可以致遠及大而長久永恆。

◎白話譯文

善建者不拔，善抱者不脫，子孫以祭祀不輟。

有形東西都是短暫而無法長久，唯有建立無形善德才是根本而不會被拔除，也唯有抱守心中常道才是實存而不會被脫離；如此福蔭後代綿綿，自然子孫依道奉行，知恩圖報，永遠的祭祀追思，馨香流芳而相續不絕。

（續言）因爲善德常道不會被拔除也不會脫離，所以能夠由近而遠，次第推展，始於自性而至善天下，成就長久永恆，無邊至廣的盛德大業。而且性德之光，愈陳愈眞，越顯越明，所以每一個進階的心路歷程以及含德之厚，都是值得世人的體會與實踐。

修之於身，其德乃真；

眞正學行之人能夠盡己自覺，修持清靜妙道，則善德天眞流露，至誠感應而宣然發揚。

修之於家，其德乃餘；

如果進一步以清靜妙道感化家人，同心修持，則善德多有餘慶，庇蔭全家而相融和睦。

修之於鄉，其德乃長；

以清靜妙道感化鄉里，合體修持，則善德充沛增長，鄉里安居和樂。

修之於國，其德乃豐；

以清靜妙道感化邦國，全民修持，則善德廣大豐盈，國家富足興盛。

修之於天下，其德乃普。

如此全然無私無為，以清靜妙道感化天下，人人修持，則善德普及一切，天下承平吉祥。

故以身觀身，以家觀家，以鄉觀鄉，以國觀國，以天下觀天下。

因為實踐真理自然的當下，原來萬象事理都是貫通一致：

可以自身行道的體悟來觀察他人的身教言行，而明白現在和未來其變化與成就如何。

可以自己對家庭行道的體悟來觀察他人的家庭。

可以自己對鄉里行道的體悟來觀察他處的鄉里。

可以自己對國家行道的體悟來觀察他國的發展。

可以自己對天下行道的體悟來觀察天下的變化。

吾何以知天下之然哉？以此。

老子直言，為什麼自己能夠覺知天下的情勢和未來的變化呢？就是因為親身證悟自性的真實可貴，以及道理的貫通一致，所以至誠靈驗而感應明白的。

◎麥教授與郝學生的對話

郝學生：既然善德常道不會被拔除脫離，而且可以延伸發展，那麼年輕時行道跟老年行道，有什麼不同呢？

麥教授：老年懂得行道，絕大部份都是根植於年輕時學行的基礎而延續推展，最後開花結果，必定成就非凡；但是如果一直等到老年才來行道，表面上安靜平和，只怕是力不從心，難以大成；尤其可惜的是，有些人的人生將到盡頭，竟然捨棄了最後學行的契機而安於現狀，只能終老塵土，抱志長眠。所以年輕時能夠學行最為可貴，更是值得稱讚與賀喜；進一步而言，「年輕」也可以是指精神與心靈的狀態，而不一定是指年齡的多少。

郝學生：「修之於身」乃至「修之於天下」，分成幾個階段，其中的差別在哪裡呢？

麥教授：其中依止的是原心妙性和道德根本，這個是相通一致的，差別只在於當下的德量和慧性；也就是處在不同的階段和情境，所要面對的形勢確實有非常不同的強度和影響，因此所必須對應的德量和慧性，當然是有其一定的級距。聖人的心量廣大無邊，慧光通澈昭明，完全回復本性清靜無私，自然無為，所以聖人能夠「修之於天下」，其成就和日月同光，與天地同德。

郝學生：請問教授，對一般學行之人而言，能夠「修之於身」或是「修之於家」已經很不容易，如果還要「修之於天下」，真的可以做得到嗎？

麥教授：當然可以，因為：

其一、人人身中有道，而且相通相容。

其二、無形善德不會被拔除脫離，因此相互連結，可以眾人之力，合成眾人之功，進而兼善天下。

其三、只要根本穩固，道心堅定，以此往上設定目標，始終如一，自然上下順行，其功可成。

其四、聖人不是已經示現了最真實的典範和見證，而且不斷的給予我們導引與勉勵嗎？

所以「修之於天下」，也就是「無不為的盛功」，是能行可成的，因為這樣的善德是可以推而廣之，相互印證，沒有不一樣的情況和結果；但是要特別注意的是，修身齊家仍然是學行的根本基石，絕對不能本末倒置；也就是應該以自性和道德為根本，發揚家庭倫理和孝道的真實偉大，進而至善天下。

◎宇宙人生導航──不朽的基業

兒子要結婚了，老爸當然非常高興，只是名下財產空空如也，無法給兒子什麼炫耀。老爸想了一夜，終於叫了兒子過來，父子情深，難得促膝深談。

「小寶，要結婚了，恭喜啊！雖然沒有什麼名貴的東西送給你，但是只要你提出來，我會想辦法的。」

「老爸，不用了，有您的祝福，就是最好的禮物了。」

「小寶，我一生不投機，不取巧，雖然沒有大富大貴，但是一家能夠溫飽，平安無事；其實每一個人都有應得該享的部份，不能勉強也不必貪求。現在我把我一直以來堅持的信念送給你：發揚你的善

心，找回你的良知良能，不一定能夠發大財，卻是不朽的基業。」

「老爸，謝謝您的金玉良言，我會謹記在心，時時尊行，也會把它傳給子子孫孫，告訴他們，老爸永遠是老爸，眞偉大！」

「還有，老媽更偉大，我永遠愛您。」站在一旁的老媽微笑地流了滿面淚水。

第55章 含德

含德之厚，比於赤子。

蜂蠆虺蛇不螫，猛獸不據，攫鳥不搏。

骨弱筋柔而握固，未知牝牡之合而朘作，精之至也。

終日號而不嗄，和之至也。

知和曰常，知常曰明，益生曰祥，心使氣曰強。

物壯則老，謂之不道，不道早已。

◎經文回溯

王弼本原文：「全作」。

依經文校勘學者回溯：經文校勘學者認為，各本中以河上公本和
傅奕本的「朘作」，以及帛書本的「朘怒」較為適宜，本書採用
一般通行的「朘作」為經文的依據。

◎字義注釋

1 「蠆」去聲柴，像蠍子而尾端較長的毒蟲。
2 「虺」音毀，毒蛇名。
3 「螫」音是，語音折，毒蟲用尾端刺入的意思。（「蜇」音敖，毒蟲用像鉗子的前腳夾住的意思。）
4 「攫」音決，用爪子抓取的意思。
5 「朘」平聲最，指小男嬰的生殖器；「朘作」，這裡喻為眞陽之物自然興作的意思。
6 「嗄」音煞，哭多而聲音沙啞的意思。
7 「益生曰祥」的「益生」，指縱欲貪生；「祥」，古義有妖祥、不祥的意思。

◎提要

　　本章更以有道厚德賢士，其眞實功夫及博德善行來彰顯赤子之心，感應靈妙而通情化性，至精陽和而至眞常明，是為吾人攝取生命之泉之眞實典範。老子慈心，明白指出，人人應如赤子，回復天眞無邪，不可縱欲貪生以勞心動氣，因為違背天道自然之有為逞強，表面上好像物壯氣盛，卻是加速身心衰老，早日走向敗亡之路而已。

◎白話譯文

含德之厚，比於赤子。

　　含藏善德博厚的人，心性清靜柔和，好比是嬰兒般的天眞無邪，自然無為。
（續言）因此，可以從嬰兒的一舉一動，觀察到這些有道厚德賢士，

其眞實的功夫和相同的見證；看看這幼小的嬰兒，赤子之心無知無欲，天眞而沒有一點汙染，神全而充滿太和元氣，自然與萬物感應交融。

蜂蠆虺蛇不螫，猛獸不據，攫鳥不搏。

縱使遇到了各種毒蟲蛇類，那些毒蟲蛇類也不會去刺啄，遇到了野鳥猛獸，那些野鳥猛獸也不會去撲擊。

骨弱筋柔而握固，未知牝牡之合而朘作，精之至也。

他的筋骨柔弱，輕盈溫和，一握起小拳頭來，非常堅固緊密，而且沒有男女之間的情欲，也不懂得雌雄交合的糾纏，眞陽之物自然興作，因爲精滿神足，是如此的純粹無染。

終日號而不嗄，和之至也。

整天不時的嚎啕大哭，也不會聲音沙啞，仍然宏亮有神，因爲和氣柔順，是如此的澄清流暢。

知和曰常，知常曰明，

所以含藏善德博厚的人，精滿神足，和氣柔順，體現本性的眞常恆久；因爲能夠覺知本性的眞常恆久，自然顯耀道的常明，照澈萬象物理的眞相。

益生曰祥，心使氣曰強。

只可惜世人不明眞理，不知從根本建立，總是縱欲貪生而厚愛己身，以爲利益生命，卻是招惹妖祥奇禍，難以安心自在；而且頑固任性，勞心動氣以驕縱逞強，導致精神渙散而身形枯槁。

（續言）其實，萬有一切由成長而逐漸衰老，最後更由衰老而歸於塵土，這是自然的現象。

物壯則老，謂之不道，不道早已。

但是萬物如果不知道要虛柔處弱，卻是執意驕縱逞強，過度展現自己的壯大，只會加速衰老無力，這就是不合乎天道自然的勉強作爲，既然是不合乎自然之道，必定無法長久，只有早日走向自取滅亡的絕路了。

◎麥教授與郝學生的對話

郝學生：請問教授，是不是……，只有小男嬰可以「脧作」而達到「精之至也」呢？

麥教授：如前第四十二章「萬物負陰而抱陽」所言，不分男女乃至萬物，都是背負虛陰而抱守眞陽；這裡的眞陽之物，直接來說，好像是指小男嬰有形的外觀特徵，但是推以言之，這是一種眞精充滿，眞陽激發，精神旺盛集中的意境和狀態，男女都有，這樣才是較爲廣義的「脧作」。

郝學生：謝謝教授指點。

麥教授：所謂「男爲清爲陽，女爲濁爲陰。」那是指物類的歸屬和氣質的變化，在天地間扮演著互補的角色，相輔相成，相得益彰；然而世人不分男女，個個道心和天命卻是超然一致，沒有絲毫不一樣的地

方。看看現今當代，女生出頭，領位掌舵的越來越多，這是最顯著的印證，男生不要心理不平衡，否則道行起來會很辛苦，而女生則要自立自強，因爲大道平等無私，絕對沒有分別，更是沒有偏執。

郝學生：如果回復到像嬰兒般的天眞無邪，這樣會不會太軟弱而沒有作爲呢？

麥教授：其實「知和曰常，知常曰明。」正好可以用來對應與化解；因爲顯耀了本來道的常明而能照澈萬象物理的眞理實相，如此極致表現，自然道氣沖天能圓融一切，可以至善天下，怎麼會是沒有作爲呢？這裡的「物壯則老」跟前第三十章的「物壯則老」意義相同，貫通一致。

◎宇宙人生導航──返老還童

公園裡嬉鬧聲不斷，在這些人群當中，最醒目的就是這一對爺爺和孫子了，因爲他們倆個看起來都很可愛，簡直是一個模樣。

孫子是剛學會走路的小嬰兒，天眞無邪，活潑可愛。爺爺是已經退休安養的老人家，慈心善念，充滿和氣，一老一小在那邊玩耍，帶起了如意旋風，掃盡了陰暗誨氣。老小合體，看不出是老是小，還是又老又小，遊人走過都跟著歡笑起來，滿心喜悅，急走快行的商旅看了這景象，也會慢下腳步，知道要休息一下，想一想自己到底在忙些什麼？

第56章 道貴

知者不言，言者不知。

塞其兌，閉其門，挫其銳，解其紛，和其光，同其塵，是謂玄同。

故不可得而親，不可得而疏；不可得而利，不可得而害；不可得而貴，不可得而賤；故為天下貴。

◎提要

　　本章具體備詳，眞正知道明理之人覺知性理心法，寂然依道妙玄，全然化物類同，獨立不撓而無爲，自強不息無不爲，以身示道而不可說、不可名。老子讚嘆，其心清靜，其志堅定，超乎塵世而釋然隨俗，實乃天下至貴，應爲世間明燈。

◎白話譯文

（前言）大道無形無相，隱晦無名，眞常微妙而致遠及廣，實在難以用言語來形容。

知者不言，言者不知。

　　因此眞正知道明理的人，不離自性，不多言說，自然流露淳樸天眞；反而那些喜歡高唱議論的人，行爲乖張，自傲自大，無法體會大道的眞實和尊貴，完全不是一個知道明理的人應有的氣象和表現。

塞其兌，閉其門，

　　這樣知道明理的人，他能夠安定自在，因爲他阻塞了多欲妄言的心口，關閉了意念妄動的心門。

挫其銳，解其紛，

　　他能夠圓融柔順，因爲他磨碎了突顯出來的銳角傲氣，化解了紛擾無明。

和其光，同其塵，

他能夠包容廣大，因為他與世人相應，自然和合一切光明，與眾人順行，自然混同萬有塵緣。

是謂玄同。

如此的淳樸敦厚，與天下同心同德，實在非常玄妙，這就是所謂的「玄同」。

故不可得而親，不可得而疏；

這樣看似平凡無奇，卻是志向超越的人，與道合一而混世玄同，好像虛空不染情緣，所以縱使有人想要以有為私心去親暱他，是不可能的。他普愛天下世人，所以如果有人想要疏遠他，這也是不可能的。

不可得而利，不可得而害；

他真誠樸實，恬淡自處而不貪不取，所以縱使有人想要以有為私心去利誘他，是不可能的。他超越生死的假相，沒有憂懼而安心自在，所以如果有人想要傷害他，這也是不可能的。

不可得而貴，不可得而賤；

他自然無為，心地光明而不慕虛榮，所以縱使有人想要以有為私心去貴重他，是不可能的。他清靜安適，懷抱著本來心性至寶而行滿天下，所以如果有人想要輕賤他，這也是不可能的。

故為天下貴。

世間的名利毀譽絲毫不能動搖他，反而彰顯其道心的清靜與自性的圓滿，所以是天底下最尊貴的人。

◎麥教授與郝學生的對話

郝學生：好像知道明理的人都不多話，只是腳踏實地而又敦厚老實。

麥教授：因為他們慧性光明，覺知大道的獨立超然，實在無法形容與描述，而且一般人妄心堅固，總是喜歡誤傳迷信，所以乾脆不多言說，講了大家也聽不懂，甚至不相信，反而產生疑惑與奇行，因此知道明理的人常以身作則，代替言語說明，更能夠讓人們感受與體會。

郝學生：請問教授，「玄同」與「相同」差別在哪裡呢？

麥教授：「玄同」不只是「相同」，而且是真知真行，雖然生活上與一般人相同，沒有不一樣的地方，但是他們了悟真理而不同流合污，實踐大道更能隨緣治化，因此能夠成就平等無私的真實功夫。此與前第四章「挫其銳，解其紛，和其光，同其塵。」遙相呼應，天人合同。

郝學生：能夠跟這樣「玄同」的人交朋友，應該是令人振奮，也是非常榮幸。

麥教授：但是千萬不能虛心假意，取巧計利，否則是無法感應交心的。因為這樣的人道心堅定而志向超越，絕對不可能以有為的私心去改變他，甚至威脅利誘。正因為有如此獨立超然的真知真行，所以是天底下最尊貴的人了；如果能夠真誠的交到這樣的朋友，而且同心相應，至情相融，可以說離學行有成的目標不遠了，至少成功的機會比別人多很多。

◎宇宙人生導航 ── 真正的貴人

　　人與人之間的互動，總是經不起時間的考驗，也容易被外物的變化所影響。

　　因為多數人常常情緒不穩，不但讓自己心神不寧，而且感染力特別強，除了反客為主，更要喧賓奪主。

　　朋友們，請不要這麼輕易的放棄自己，時時保持平靜的心和安定的精神，讓自己作主。

　　讓自己作主，海闊天空，萬物與我一體，原來自己才是真正的貴人。

第57章　治國

以正治國，以奇用兵，以無事取天下。

吾何以知其然哉？以此。

天下多忌諱，而民彌貧；民多利器，國家滋昏；

人多伎巧，奇物滋起；法令滋彰，盜賊多有。

故聖人云：「我無為而民自化，我好靜而民自正，我無事
而民自富，我無欲而民自樸。」

◎字義注釋

1 「利器」，在這裡喻爲各種權謀爭鬥的意思。
2 「伎」音計，指藝術、技能的意思；「伎巧」，引申爲各種浮華智巧的意思。

◎提要

　　本章明白立言，正道乃治國之根本，絕不可以奇巧治國而傷其基石，無事乃取天下之關鍵，絕不可以霸道奪天下而敗其核心。老子慈心，更示以總綱詳論，續勉當時爲政者，如果有爲妄念，有事妄行，則上下自負盲從，人人爭奇昏亂，因此當思自然無爲，應行平靜無事，則百姓自化清正，天下太平吉祥。

◎白話譯文

以正治國，以奇用兵，以無事取天下。

　　上位者應該以實行清靜正道來治理國家；在用兵的時候則以運行詭奇的戰術來制敵機先；同時讓百姓的生活平靜無事，以無爲德信來迎取民心，治化天下。

吾何以知其然哉？以此。

　　老子揭露，自己爲什麼明白以上的道理呢？因爲老子抱道奉行，覺知以下這些眞實的啓示而貫通明白的。

天下多忌諱，而民彌貧；

國家有太多的禁忌和避諱，到處約束與限制人民的言行，人民生活無法安定，工作難以平順，自然更加貧困。

民多利器，國家滋昏；

人民好行權謀爭鬥，違失了淳樸天真的本性，國家自然更加昏亂。

人多伎巧，奇物滋起；

人民好為浮華智巧，喪失了敦厚誠實的真心，就會激起各種奇特邪曲的事物。

法令滋彰，盜賊多有。

國家政令繁苛，反覆無常，人民不知所措而躁動不安，反而驅使盜賊橫行。

故聖人云：

因此自古以來，聖人都是這樣的垂訓世人，尤其對於上位者，更是用心良苦。

我無為而民自化，

只要我無私無為，順行天道自然，隨應鄉情俗緣，人民就會信服

和悅，自愛而化育。

我好靜而民自正，

只要我內心清靜，穩重自處而不妄為躁動，人民就會循規蹈矩，自律而正直。

我無事而民自富，

只要我真誠無事，政令精簡明確，品物暢行流通，人民就會安居樂業，自立而富足。

我無欲而民自樸。

只要我沒有貪欲，淡泊無爭而不愛慕虛榮，人民就會知足常足，自省而樸實。

◎麥教授與郝學生的對話

郝學生：請問教授，聖人不是一直希望治國不要用兵最好嗎，為什麼還會提到「以奇用兵」呢？

麥教授：當然不要用兵最為上策，這裡會提到「以奇用兵」，目的是表達一種明顯的對照，提醒上位者要特別注意，千萬不要以「奇」治國，這樣只會適得其反，讓民心絕望離散，加速國家腐敗滅亡。

郝學生：治國之道或為理論，而老子把實務方法的總綱條目都提領出來，真是了不起！

麥教授：老子謙和遵禮，自覺自悟，並且參研古聖先王的明訓，提出四點負面表列的訓誨，以及四點正面表列的教導，每一點的陳述，都

是歷史軌迹具體的呈現，有失敗的下場，也有成功的典範，這些都可以給上位者一個清晰明確的指引和依據。所以老子的道德思想是理論和實務並行並重，而且是能行能成的。

郝學生：如果上位者正本清源，自然本固枝榮，那麼，太平盛世就可以期待與成就了嗎？

麥教授：上位者的一言一行，影響百姓至為廣大深遠，必須謹慎施為，基本上有兩點要特別注意與實踐：

其一，以「無為」建立行動主軸；國策的推廣，常守本來清靜樸實的初發心，順行天道，自然無為。

其二，以「無事」制定法條規範；政令的採量，應該簡單明確，常以人民的福祉為優先，自然無事。

以這樣的正念和正行作為治國的基石，人民自然蒙受薰染而能自化樸實，天下自然清正太平，必定長治久安；這樣的至德全用，看起來好像沒有什麼勉強和施為，卻能夠全面而深入的感動人心，改變一切，展現真正的偉大，而且是超越極限的力量。所謂「無事」，可以參考前第四十八章師生對話中的說明。

◎宇宙人生導航——公園裡的棋王

　　兩軍廝殺，鬼哭神嚎，昏天暗地，每一步都是奇招，每一手都是險詐；說時遲，那時快，瞬間兵臨城下，小鬼頭被將了一軍，只能棄械投降。這是大雄連續第三局的勝利，小鬼頭輸得服服貼貼，大雄不愧是公園裡的棋王。

　　安定了勝利的喜悅，收回奇詐的心思，大雄走到對面的空地，練起了天地拳，拳法輕鬆自然，招式簡單不多，穩重而緩慢，可以沉澱心情，提振精神，進入身心靈和諧齊一的境地。

　　用過了早餐，整理一下衣裝，大雄面露堅定安祥的微笑，騎著單車上班去了。他是公司的老板，將要帶領著精英團隊開創新局，面對

任何可能的挑戰。

第58章 察政

其政悶悶，其民淳淳；其政察察，其民缺缺。

禍兮福之所倚，福兮禍之所伏。

孰知其極？其無正。

正復為奇，善復為妖。

人之迷，其日固久。

是以聖人方而不割，廉而不劌，直而不肆，光而不耀。

◎字義注釋

1 「其無正」的「正」，有「定」的意思；「無正」，就是「沒有一定的結果可以預知」。
2 「劌」音貴，以刀傷人，引申「為難他人」的意思。

◎提要

　　本章具以申論，為政治國存乎用心之妙，其結果是禍是福，總是隨心變化而應機反轉。老子感嘆，當時為政者不施誠信守道之自然無為以敦厚民心，卻行私心用智之有為造作而敗壞民情，因此人人顛倒是非，善惡不分，是以正信不信，善德不德，如此積重難返，唯能推呈聖人，彰顯其率直通明而不銳利逼人之深厚德儀，可以安定民情，框正民心，使民復歸於清靜淳樸之正道。

◎白話譯文

其政悶悶，其民淳淳；

　　為政治國如果誠信守道以敦厚民心，廉潔清明而不干擾百姓的安寧，表面上悶聲不響，卻是無為而治，人民自然淳樸，勤儉良善，可以遠離災禍而福樂綿綿。

其政察察，其民缺缺。

　　相反的，為政治國好為私心用智以監控民情，表面上明察嚴厲，卻是有為不治，人民總是焦慮難安，缺少動力，無心勞作而貪想狡詐，因此遠離福樂而災禍不斷。

（**續言**）同時我們也要了解，禍與福不是一定不變的，是會隨著客觀
　　　　局勢，尤其是人心意念的啓發與作爲而改變的。

禍兮福之所倚，福兮禍之所伏。

災禍啊，幸福倚附在其中；幸福啊，災禍潛伏在裡面。

（**續言**）其實禍與福是相倚相伏的，表面是災禍苦厄的，卻可能憑藉
　　　　著它而知命改善，進以轉禍爲福；表面是幸福快樂的，卻可
　　　　能使人沉淪而自傲自滿，反且由福生禍。

孰知其極？其無正。

這樣看來，事情的演變，有誰知道最後的結果會是什麼呢？明白
而言，最後到底是禍是福，實在沒有一定的結果可以預知，因爲客觀
局勢難以究竟，人心意念變化莫測，所以禍福交替難料，苦樂反覆無
常。

（**續言**）不僅禍與福是相倚相伏的，同樣的，正與邪、善與惡的關聯
　　　　也是如此。

正復為奇，善復為妖。

看看時局，人人顛倒是非又善惡不分，反而視正道的宣揚爲邪端
奇說，善德的教導如惡行妖怪，因此正道轉趨被邪端取代，善德轉趨
被惡行取代。

（**續言**）推究原因，不就是因爲上位者私心用智，過份的固執任性而
　　　　不知變通，因此人人迷信誤信，都要落入形式化的巧飾虛
　　　　假，這樣的失去眞誠，所以對於本來正面良善的，反而轉變
　　　　成負面不善的結果。

人之迷，其日固久。

　　其實世人這樣的迷失顛倒而又頑固難解的現象，已經開始於非常久遠之前了。

（續言）如何引導人民走上正道坦途呢？只有聖人宏道興德，可以振衰起弊，立為世人的表率。

是以聖人方而不割，廉而不劌，直而不肆，光而不耀。

　　聖人方正規矩，但是沒有一點傲氣稜角去割傷他人。
　　聖人廉潔如玉，但是不會過於嚴苛銳利去為難他人。
　　聖人正直無私，但是不會過於坦率放肆而對人不敬。
　　聖人慧性光明，但是不會炫耀自己也不會咄咄逼人。

（結語）聖人嚴明律己，卻是寬厚待人，始終懷抱著慈愛之心以開導百姓，沒有一點壓迫與勉強，能夠導正民心，使其回復清靜淳樸的正道，而不會落入變易交替的無常當中。

◎麥教授與郝學生的對話

郝學生：為什麼治理國政，比較積極而「察察」的，會造成人民「缺缺」，反而比較不積極而「悶悶」的，卻能夠導引人民「淳淳」呢？

麥教授：做事積極固然很好，但是治國治民的優劣成敗，不能以此來衡量，而是要以對人民實質的效益來判定，也就是上位者跟人民之間的互動和互信才是最重要的。為政「察察」表示對人民太過於積極的掌控，而突顯出對自己的驕縱任性，其結果就是人民「缺缺」，相反的，為政「悶悶」表示對自己積極反省，而對人民自然無事，其結果就是人民「淳淳」。

郝學生：請問教授，如何改善「爲政察察」以及如何實踐「爲政悶悶」呢？

麥教授：看看聖人的行誼就是是最好的典範，「方而不割，廉而不劌，直而不肆，光而不耀。」示現了超然的道行德風；雖「方」而不落入傲慢自大，雖「廉」而不落入嚴厲霸道，雖「直」而不落入任性妄爲，雖「光」而不落入炫耀迷惑。

郝學生：謝謝教授的指點。

麥教授：其中的「方、廉、直、光」是對自己的反省與要求，而「不割，不劌、不肆、不耀」則是對別人的尊重與包容，進而實現清靜無事的眞功實善，自然可以解決「察察」的問題，也是實踐「悶悶」的功夫。

◎宇宙人生導航──清正顯福泰

　　謀事創業，每一個人的志向不同，人人用心，各有巧妙。

　　成與不成，每一個人的價值不同，人人用功，各有千秋。

　　清心自然澄清，正念自然導正。

　　這樣的嚴明律己，寬厚待人，必定感應福泰滿滿，始終通達順遂。

第59章　長生

治人事天莫若嗇。

夫唯嗇，是謂早服。

早服謂之重積德。

重積德則無不克，無不克則莫知其極。

莫知其極，可以有國。

有國之母，可以長久。

是謂深根固柢，長生久視之道。

◎字義注釋

1 「嗇」音色，表示非常的珍惜，有而收藏不用，尤指精神集中不渙散的意思。
2 「柢」音底，指樹根，引申為根本基石的意思。
3 「有國之母」的「有國」，含有保家衛國的意思。

◎提要

本章立言明說，嗇己復性，可以敦厚道心之淳樸，發揚至德之達用，實在是內聖外王，治人事天之根本基石。老子慈心，勉勵有志賢士，嗇之全功，能為國之慈母以至善天下，盡顯生命之光而長生照耀。

◎白話譯文

治人事天莫若嗇。

要作好治化萬民，事奉上天，這麼神聖的大業，莫過於要先「嗇己復性」，絕對不浪費一絲的精氣元神，讓精神集中不渙散，以充實自己的生命力。

夫唯嗇，是謂早服。

唯有這樣的嗇己復性，奠定生命的根基，才是固本守中的真實絕妙，有如每天一早起來，最重要的就是先穿好衣服，保暖護身，讓整天的精神安定充足一樣的自然，這就是「早服」的功夫。

早服謂之重積德。

能夠作到早服的功夫以安定精神，如此持以恆久，自然天眞流露，天理流行，可以不斷的莊重厚實本來無爲盛德，這就是「重積德」的實善。

重積德則無不克，無不克則莫知其極。

能夠深化重積德的實善，自然慧性光明，生命力穩固，可以得到眾人的支持與肯定，就是再大的困難也沒有什麼不能克服與勝任；既然沒有不能克服與勝任的事，如此推廣及大，以至於無法測知他的道心德行所可以眞正成就的極致宏偉。

莫知其極，可以有國。

因爲他的道心德行是如此的眞誠宏偉，無遠弗屆，實在難以測知他的最深極處，自然是高遠博厚而人天擁戴，可以承擔保家衛國的重責大任，這就是內聖外王的眞實呈現。

有國之母，可以長久。

以這樣仁心厚德的人來治理天下，就是穩固了立國的根本，正如偉大的慈母盛德，爲百姓付出全部的心力，卻不求任何的回報，自然國家得以承平祥和而長治久安。

（續言）國家能夠長治久安，萬民歸依順服，因此社稷宗廟滿座，馨香禱頌不絕，有如自己長生得壽，永遠與百姓生活在一起，而印證了嗇己復性可以至善天下的眞實可貴。

是謂深根固柢，長生久視之道。

這就是所謂：「讓樹根長得既深且直，更是堅牢穩固，這樣的深厚自性的根基，守固生命的源頭，可以長生得壽，好像端視著天下百姓，永存人民心中。」的清靜正道。

◎麥教授與郝學生的對話

郝學生：請問教授，「事天」的意義是什麼？

麥教授：「事天」表示對天地的尊崇禮敬與祈福佑民，也是對祖先的懷恩追思與飲水思源；然而其更深一層的意義，則是借由事天，讓大家能夠反省自悟，進一步產生對真我生命的正信和莊重，並且效天法地以發揚良知良能的光輝；所以「事天」也有「修其心以歸其天性」的意思。

郝學生：「治人事天」與「嗇」有這麼根本直接的關係，覺得很新鮮特別，但是也有一些不明白。

麥教授：這裡的嗇，是對自己而不是對別人，主要是指身心的行持，常保精神充足，回復本來天真，自然性德完備，到了這個時候，要來「治人事天」可以說是自然天成，因此「治人事天」與「嗇」連結在一起，引申為「修身可以治國」「治國當以修身為本」的意思；另外，「早服」也有「凡事早作準備」的意思。

郝學生：請問教授，為什麼說是「有國之母」呢？

麥教授：「母」是生命的根本，也是萬民的守護，「有國之母」就是能夠穩固立國根本，保衛家國百姓的聖王明君；有這樣嗇己復性，仁心厚德的人來治理天下，這個國家自然是幸福滿滿，喜樂綿綿。

◎宇宙人生導航 —— 長生不老翁

請問，人世間有長生不老藥，可以長生又不老嗎？

有的，在人人身上，你我都有。

此藥不需服用，也不必提煉，是我們的精氣元神，乃人身至寶，只要珍惜它，善待它，自然無窮無盡。

此藥非藥可以治癒百病，此藥非神可以治化天下，此藥非仙可以遨翔天地。

此藥化作乾坤，貫通日月，因為生命與萬物一體所以長生，因為精神源源不絕所以不老。

朋友們，你們相信嗎？不妨試試看，長生不老翁就是各位。

第60章 治大國

治大國，若烹小鮮。

以道莅天下，其鬼不神。

非其鬼不神，其神不傷人。

非其神不傷人，聖人亦不傷人。

夫兩不相傷，故德交歸焉。

◎提要

　　前章以「嗇」爲師，讚爲「治人事天」之神奇，此章以「若烹小鮮」爲用，奉爲「治大國」之絕妙，共證人天合明之昭顯，同啓自然無爲之眞實，終究萬德交會，可以道化天下，返本溯源而長長久久。

◎白話譯文

治大國，若烹小鮮。

　　治理國家大政，看起來以爲龐雜繁複，其實只在用心之妙，不就像是烹煎新鮮的小魚一樣，掌握好火候，不用急躁的常常攪拌翻動，自然可以輕鬆的作出一道上等好菜。

（續言）換句話說，國家政令不可急躁冒進，也不能一再的反覆變動，這樣只會讓百姓無所適從而造成莫大的困擾與挫敗，以至於國家和人民失去互信，甚至對立，因此以「若烹小鮮」比喻爲政順行自然無爲的絕妙。

以道莅天下，其鬼不神。

　　治理國家能夠順行自然無爲，以正道眞理來感化天下，以平靜無事來推行政令，這個時候，國家社會一片祥和，遠離暴戾與爭奪，縱使鬼魅也無法興風作浪，完全失去魔力神氣的力量。

非其鬼不神，其神不傷人。

　　不是鬼魅不能幻現魔力神氣的力量，而是那些魔力神氣不能傷人。

非其神不傷人，聖人亦不傷人。

其實不是那些魔力神氣不能傷人，而是因為聖人以道治世，善德普天下，人人心存正念，不會被那些魔力神氣迷惑而受到傷害，所以鬼魅不神，萬物呈祥。

夫兩不相傷，故德交歸焉。

一旦無形的鬼神和當代聖人兩者都不會傷害人民，表示治國化民大功告成，正是君民同心同德，萬物感應交會，都要回歸原來的淳樸天真，平安喜樂。

◎麥教授與郝學生的對話

郝學生：治大國，竟然可以「若烹小鮮」為妙用，真有創意。

麥教授：以百姓日常生活的體驗來引證最實用，而大廚煎魚更可以顯現其中的奧妙；「起火熱鍋煎成金黃色以後，轉為文火慢行，耐心安靜的烹煎，不隨意翻動。」始終保持一條魚的完整，而且熟透鮮嫩，這就是成功的訣竅。如果是沒有耐心的小廚，浮躁急性，火候不對而且常常翻動，最後只會看到支離破碎的魚塊，表面焦黑，裡面不熟，這就是失敗的下場。——對照，上位者就像是大廚，火候的掌握是多麼的重要，如此與治國治民的情境，不是有其相通神似的地方嗎？

郝學生：烹煎小鮮，與道可以關聯，更精彩了。

麥教授：上位者扮演好大廚的角色，把「若烹小鮮」的意境發揮到極致，就是「以道莅天下」，為什麼呢？

先行「起火熱鍋煎成金黃色」，好像是決心改革，道氣沖天的樣子。

接著「文火慢行」，好像是虛柔包容，道心舒緩的樣子。

然後「耐心安靜的烹煎，不隨意翻動。」好像是平靜無事，因勢利導

的樣子。

如此意境，不就是與道相當了嗎？這裡的聖人尤指「以道莅天下」的聖王明君，而「聖人亦不傷人」則善喻「以道莅天下」的聖神功妙，其中的「亦」，更是彰顯了整個情境的真實。

郝學生：請問教授，什麼是鬼神之說呢？

麥教授：鬼神之說，實在是人心善惡意念的顯化與對應；人心為善為正，自然化現天神高明，人心為惡為邪，自然招惹鬼魅妖怪。如果人人淳樸天真，無知無欲，則鬼神與我同心，萬德與我同行。雖然我們要禮敬鬼神，但是卻不可有偶像崇拜以獨尊自大的執著任性和心態行為，因為一切還是要以大道為依歸，以真理為自然。

◎宇宙人生導航——本來無事

面對人生起起伏伏，世事紛紛擾擾，總在利害得失之間盤旋，更於是非對錯之中翻騰。

有人感到厭煩嗎？有人覺得累了嗎？

何不安靜自省，找一找這些盤根錯節的源頭，順勢鬆綁，一次解決。

對了，別老是往外到處追尋，就在這裡，一顆本來淳樸天真的心。

請依止這個本來淳樸天真的心，再回頭看看人生世事，原來人人和諧，事事順遂，本來無事。

第61章 為下

大國者下流。

天下之交，天下之牝。

牝常以靜勝牡，以靜為下。

故大國以下小國，則取小國；小國以下大國，則取於大國。

故或下以取，或下而取。

大國不過欲兼畜人，小國不過欲入事人，夫兩者各得其所欲，大者宜為下。

◎經文回溯

王弼本原文：「則取大國」。

依帛書本回溯：「則取於大國」。

◎提要

本章進一步廣而宣明，國與國之間，不可兵戎相見，更不可以大欺小，但以低下自處，以謙讓對待，則天下共存共榮。老子慈心，續勉當時為政者，雖國有大小之分說，然謙讓低下，理歸一致，大國能顯有容之量，小國可全安民之德，特別是大者宜為下，貞正吉祥而天下太平。

◎白話譯文

大國者下流。

大國不以武力征服小國，應以寬厚謙卑對待小國，有如自居於百川綿延的最低下流。

天下之交，天下之牝。

因為大國總是處於最低下流的地方，自然成為天下眾流交會的極處，實在是眾善所歸，也好像是致遠懷柔的天下雌母，虛而廣受，和以博生，這就是有容之量。

牝常以靜勝牡，以靜為下。

這樣有容之量的雌母盛德，常守靜定，包納萬緣而致廣悠遠，自然勝過堅硬躁動，狹隘膚淺的雄健頑強，這就是以靜定低下，合於無為大用的真理自然。

故大國以下小國，則取小國；

所以大國常以寬厚的心，謙卑而靜定低下的對待小國，自然容易取得小國的信服，願意歸順大國。

小國以下大國，則取於大國。

如果小國常以相忍的心，謙恭而含和低下的對待大國，自然容易取於大國的敬重，願意支持小國。

故或下以取，或下而取。

無論大國能夠謙卑低下，寬厚靜定，以取得小國的信服歸順，或是小國能夠謙恭低下，相忍含和，而取於大國的敬重支持，其實，他們都有個別的治國目標。

大國不過欲兼畜人，小國不過欲入事人，

大國為政治國的目標，只不過是要兼善天下，畜養萬民，以廣大其圓成之容，以宣揚其萬泰之德，而不是要征服他國。小國為政治國的目標，只不過是要得到真正平等的對待，可以傳承護國使命，能夠事奉人民百姓，而不是要委屈求榮。

夫兩者各得其所欲，大者宜為下。

如何讓大國和小國雙方都能夠實現所期望的治國目標，最重要的，尤其大國應該主動先以謙卑低下對待小國，開啟良性的互動和發展，自然天下共存共榮，太平盛世指日可待。

◎麥教授與郝學生的對話

郝學生：「或下以取」和「或下而取」，只有一字之差，其中的意義有什麼特別的不同嗎？

麥教授：雖然是一字之差，卻道盡了大國和小國之間，因為形勢氣象的差異所表現出來微妙的特質。「大國以下小國，則取小國。」是一種主動的形勢，所以對應的是「以取」，表示大國物產富饒，國力強盛，仍舊謙卑低下，寬厚靜定，自然能夠據以取得小國的信服；「小國以下大國，則取於大國。」是一種被動的形勢，所以對應的是「而取」，表示小國資源有限，勤勉自足，依舊謙恭低下，相忍含和，自然能夠進而取於大國的敬重。不管是大國或是小國，能夠依情據理而行，自然可以很容易得到所期望的治國目標，這是「取」字在這裡的本意。

郝學生：「欲兼蓄人」和「欲入事人」，請教授詳述。

麥教授：欲兼蓄人，是泱泱大國行道立德，自然的感召和器量，欲意兼善天下，蓄養萬民，所以廣其能容之量，揚其萬泰盛德。欲入事人，是清正小國有道含德，自然的感召和使命，欲意護衛家國，事奉人民，所以濟其事功，全其至德。

郝學生：請問教授，人與人之間的交流，也是相同的道理嗎？

麥教授：人人根性器度不同，運勢強弱各異，此消彼長，時大時小，但總以「大者宜為下」是為重點，其中的道理都是一致；能夠行滿周全，自然是有容為大，可以長長久久。

◎宇宙人生導航——有容為大

包容可以廣大，含攝一切而無遠弗屆，這樣的大，才是真正的大。

如果內心充滿了自我，被自大的幻覺佔據了僅有的心靈，還能包

容什麼呢？

　　因此凡事讓自己處在最低下的地方，化解頑固的自我，當自大不見了，自然虛空顯現。

　　有了虛空，可以包容萬象，實在是眾善所歸，自然成大為上，這不就是有容之大眞實的呈現嗎？

第62章 道奧

道者，萬物之奧，善人之寶，不善人之所保。

美言可以市，尊行可以加人。

人之不善，何棄之有？

故立天子，置三公，雖有拱璧以先駟馬，不如坐進此道。

古之所以貴此道者何？不曰求以得，有罪以免邪？

故為天下貴。

◎經文回溯

王弼本原文：「以求得」。

依帛書本回溯：「求以得」。

◎字義注釋

「奧」，有主、藏之義，在這裡引申爲「庇蔭」的意思。

◎提要

　　本章讚嘆大道虛靈混全，誠爲宇中萬物之庇蔭；善與不善，人人依止，同露天恩。老子慈心，進以勸勉世民，人爵不如天爵，當抱道奉行以覺性明理，可以長長久久。

◎白話譯文

道者，萬物之奧，

　　大道生育天地萬物而道貫一切萬有，人人日用而不可離棄，物物本有而自然順行，所以大道是萬物的庇蔭。

善人之寶，不善人之所保。

　　道在人身，可與天地同德，因此善人視爲修心悟性的無上至寶；而不善之人良知良能還在本性之中；時而發顯以自省自新，因此道也是這些人所賴以自保依靠的。

（續言）其實大道平等無私，包容廣厚，善與不善皆爲其所護持庇佑。

美言可以市，尊行可以加人。

　　善人演說美德佳言，必然可以得到大家的讚賞與肯定。甚至奉行

道的自然無為，更是人格高尚而為人上之人。

人之不善，何棄之有？

不善之人只要能夠改過自新，大道怎麼會遺棄他們呢？

（續言）大道如此真實可貴，人人應該覺性明理，依道而行，才是正確的人生之路。

故立天子，置三公，雖有拱璧以先駟馬，不如坐進此道。

所以縱使立為天子尊位，文武百官隨侍左右，此時此刻，雖然擁有碩璧光彩的寶物炫耀於前，乘坐富麗華貴的馬車綿延於後，但是這些榮觀盛景不能長久，還不如返入道的懷抱，奉行道的自然無為，才是流芳萬世，長久永恆之計。

古之所以貴此道者何？不曰求以得，有罪以免邪？

看看古時候的賢德志士，都能夠尊貴大道，宣揚真理，為什麼他們會有這樣的覺性呢？不就是因為，只要靜心止於本善，真心抱道奉行，自然心誠則靈，道求得應，以此善功善德化解無知無明，好像免除了過去的惡業和罪行嗎？

故為天下貴。

大道如此盛大極妙，所以是天地間至尊至貴，而為萬物的庇蔭與依靠。

◎麥教授與郝學生的對話

郝學生：「美言可以市」，請教授詳解。

麥教授：「市」，有「交易」的意思，整句話好像在形容一個「擁有最好的商品而最會做生意的商賈」，因此這裡的「市」，相對於下一句的「加人」，或有亦褒亦貶的味道，卻更襯托「尊行」的殊勝與厚實。比如我們常說「要做好人說好話」，其實，我們更期望的是「要做一個有慈愛，能擔當的學行之人。」而不只是做好人而已。

郝學生：請問教授，如何「坐進此道」呢？

麥教授：如前第五十二章「復守其母」，返入道母的懷抱，具體而言，就是親身實踐大道，或可為「進奉真實的道作為獻禮」。

郝學生：所謂「不曰求以得，有罪以免邪？」請教授詳解。

麥教授：這裡的「求」，不應解釋為請求，而是指探求或實踐的意思，那我們要「求」的是什麼呢？就是要「求道」，也就是要「返入道母的懷抱」。每一個人如果能夠真心懺悔，決心改過，勇於發大願力，勤於多行善功，自然天從人願，道求得應，災厄遠離而喜神自來，學行不亦快哉，人生不亦樂乎！所以從另一個層面來看，也可以說是「真學真行的人可以開啟既有良知良能，進而主導自己的命運。」的真實啟發與明證；這裡的「故為天下貴」與前第五十六章「故為天下貴」，交織輝映，天人合一，齊顯道真、理真，故為天下最尊最貴。

◎宇宙人生導航──道求得應

求人不如求己，因為別人不可靠。

但是人有三心二意，有七情六欲，到底要如何求自己呢？

原來人人性德圓滿厚實，自然的順勢利導，可以安定發展，這才是我們要去探求與實踐的。

其實世俗的功名富貴非常脆弱，經不起時間的考驗，唯有天道盛德才是真實可貴，長久永恆。

明白了這一點，我們是否知道如何來求，可以求什麼，而能夠道求得應呢？

第63章　無難

為無為，事無事，味無味。

大小多少，報怨以德。

圖難於其易，為大於其細。

天下難事，必作於易，天下大事，必作於細。

是以聖人終不為大，故能成其大。

夫輕諾必寡信，多易必多難，是以聖人猶難之，故終無難矣。

本章承上言，道爲宇中萬物之庇蔭而爲至尊至貴，因此聖人抱道奉行，圓明極善性德，順行一定原理，所以大德敦化，大功告成，好像天底下沒有什麼艱困難事。老子慈心，以此訓勉世人，凡事先要穩固好既有基礎，把握住當下良機，效法聖人誠信守道之天眞，始終如一之堅定，自然盛功可期，大業必成。

◎白話譯文

為無為，事無事，味無味。

聖人的行爲，中正無私，自然無爲，而能大德敦化，宏恩浩澤普施天下。

聖人的處事，圓融無爭，安靜無事，卻能大功告成，造就了不凡的盛業。

聖人的品味，淳樸無華，恬淡無味，終能湧現如實馨香，薰染存有眞味。

大小多少，

聖人覺悟眞我生命精細微妙而圓滿俱足，得以開啓既有的良知良能，成就如高山大海般的正道善德，這就是窮其精妙而廣其達用，以小爲大的道理。聖人虛柔處下而眞誠付出，因此受到天下萬民永遠的追思，好像是多福多壽一樣，這就是返其虛無而含融萬象，以少爲多的道理。

報怨以德。

聖人淳樸天眞，總是順行一定的原理法則，其中，必或受到世俗無知莫名的指責與怨懟，卻一點也不會放在心上，更無任何報復的私念，反而回報以誠正的善德以及仁慈的寬恕，可以化解世間無明的仇視和無謂的紛爭。

（續言）因此聖人以親證實悟的原心妙性，勉勵大家無私無爲，在謀事上要專注於基礎關鍵的穩固，以小顯大，大而化之，以少示多，多而廣攝，這樣的日益精深高明，凡事順行流暢，必然盛功可成。

圖難於其易，為大於其細。

想要圖謀艱難的工程，就要從其中簡易基礎的地方下手紮根。
想要成就遠大的目標，就要從其中微細關鍵的要處專注用功。

天下難事，必作於易，

天下事再怎麼困難，都必須先從簡易基礎的地方開始作起；核心基礎穩固了，自然可以逐步深入，完成整個創新的事業，切勿存心僥倖圖謀，急進搶功。

天下大事，必作於細。

天下事再怎麼宏大，都必須先從微細關鍵的要處開始作起；核心關鍵通暢了，自然可以漸次向上，成就整個壯觀的事業，切莫妄想好高鶩遠，一步登天。

是以聖人終不為大，故能成其大。

因此聖人始終沒有高傲自大，自以爲是的妄心妄念，認眞走完每一步路，用心做好每一件事，所以能夠成就偉大的盛業。

夫輕諾必寡信，

然而世人自傲自滿，卻又做事草率，總是輕意而隨便的答應別人，只爲了炫耀自己的聰明和能力，自然不會把答應別人的事當作一回事，這樣的人必定缺乏誠信，難有眞心，實在是喪失了應有的人格和尊嚴。

多易必多難，

那些缺乏誠信，沒有眞心的人，做事不肯紮根築基，以爲這些都是小事，本來就很容易，只是，這些根基沒有作好，如何能夠更上一層呢？恐怕接下來的發展就要面臨多災多難的困境和阻礙了。

是以聖人猶難之，

因此聖人誠信守道，世人以爲最容易而不想用心專注的地方，聖人尤其愼重小心，並且視爲最根本而又最用功的核心關鍵，有如對待一個艱難的大工程一樣。

故終無難矣。

聖人如此的腳踏實地，認眞實作，最後能夠成就無上的盛功偉業，好像天底下沒有什麼困難的事，而能自在舒緩，平靜無事一般。

（結語）然而這樣的大德功業，正是世人所無法承擔與成就，有如天底下最困難的事一樣。

◎麥教授與郝學生的對話

郝學生：「圖難於其易，為大於其細。」和「天下難事，必作於易，天下大事，必作於細。」這兩句話，其中的意義有什麼不同呢？

麥教授：意義相似，而且妙趣相連。上一句主要是指任何事情必定難中有易，大中有細，因此應該先完成其中的核心易處以及內含的關鍵細微；而下一句則指能夠完成簡易細微的核心關鍵以後，可以這些經驗心得作為根本，累積複製，有如堆砌積木一般順勢而為，越積越高，越聚越廣，最後必定能夠成就天底下最難最大的盛業。

郝學生：「多易必多難」，請教授明說。

麥教授：這裡的「易」，尤其是指因為輕易的許諾，所表現出來行事草率以及缺乏誠信的一種心態和作為；有這樣心態的人，做起事來可以說是多災多難而困難重重，最後只能落得一無所成的下場。同時，這些道理也告誡我們誠信的重要和關鍵。此與前第十七章「悠兮其貴言」的意思相通。

郝學生：「是以聖人猶難之，故終無難矣。」其意境好像更超越了。

麥教授：其中兩個難字，是聖人的用心和世俗的迷思，相互對比的表現。上面的難字，指出人們越是認為不重要的小事，聖人卻是更加謹慎小心，而且用功專注。下面的難字，指出聖人終能成就大業，好像沒有什麼困難，而世人無法作到，以為很難；其實聖人超越難易對立相待的糾纏，凡事順行一定的原理法則，先從根本建立，接著順勢利導，自然大功告成，大德敦化。

◎宇宙人生導航 —— 難與不難

做事的方法很重要，然而做事的心態更重要。

心態影響作為，作為決定結果，難與不難的道理就在其中。

很難嗎？其實不難；不難嗎？其實很難。從不同的角度和面向，顯現完全不同的認知。

以很難的心態謹慎行事，在不難中成就了，別人覺得很了不起。

以不難的心態草率行事，在困難中失敗了，別人認為自討苦吃。

難與不難的道理真奇妙，親身體驗就知道了。

第64章　輔物

其安易持，其未兆易謀，其脆易泮，其微易散。

為之於未有，治之於未亂。

合抱之木，生於毫末；九層之臺，起於累土；千里之行，始於足下。

為者敗之，執者失之。

是以聖人無為，故無敗；無執，故無失。

民之從事，常於幾成而敗之。

慎終如始，則無敗事。

是以聖人欲不欲，不貴難得之貨；學不學，復眾人之所過。

以輔萬物之自然，而不敢為。

◎字義注釋

1 「泮」古音義同判，解開、融化的意思。
2 「復眾人之所過」的「復」，有「導正……使其回復……」的意思。

◎提要

　　本章詳述治化天下之真實妙法，唯其從心作起，從根建立，必能掌握先機，籌謀於事之未有與未亂之際，得以順行自然而無為天成，無敗無失而長長久久。老子更以讚嘆，聖人守樸存真，志學超然，當得輔導萬物順其本性以自然發展，聖人卻從來不敢妄為，因此萬物各安其所，各依所歸。

◎白話譯文

其安易持，其未兆易謀，其脆易泮，其微易散。

　　時局正當安定的時候最容易護持，徵兆還未形成的時候最容易圖謀，物象還很脆弱的時候最容易化解，態勢還很微細的時候最容易消散。

為之於未有，治之於未亂。

　　所以道理非常明白，當時局安定穩固，事端還沒有發生的時候，應該早作準備，預先謀劃；當事端將要萌芽，紛亂尚未散佈的時候，應該立即處理，作好防治與導正。

（續言）既然已經籌謀完備於事前，也作好修治圖正於當下，這樣的

從心作起，從根建立，就可以朝著既定的方向，邁進遠程的目標，因勢利導以隨順自然，舒緩自在能無為天成。

合抱之木，生於毫末；

一棵足以由眾人合抱圍繞的大樹，是從一個小小的種子萌芽生長出來的。

（續言）因為在它還是一個小小的種子的時候，得到土地豐沛的滋養，所以能夠持續順勢的長成這樣的大樹。

九層之臺，起於累土；

一座屹立雄偉的九層高臺，是從一小撮泥土累積起用上來的。

（續言）因為在它還是一小撮泥土的時候，經過穩固而結實的工程，所以能夠持續順勢的建造成這樣的高臺。

千里之行，始於足下。

可以行走千里路遙而遍滿天下的人，是從第一步開始接踵行遠的。

（續言）因為在他推展第一步的時候，充滿堅定的信念和毅力，所以能夠持續順勢的行走如此遙遠的路。

（續言）其實，凡事都要順行自然，因其源始而現其果實，所以能夠在未有與未亂的時候及早著手處理，是最容易掌握與控制，如果喪失機先，徒讓形勢逐漸扭曲變質，等到事端已經成熟蔓延，卻想要勉強的抑制與改造，這樣的違背自然，不但很難導正，恐怕只有落入失敗的命運。

為者敗之，執者失之。

如果不從源頭下手以穩固基石，只圖在事象上勉強作為，隨時會顛倒傾覆而遭遇失敗的打擊；如果總是固執任性，執意把持，必然要面臨失去所有的痛苦。

是以聖人無為，故無敗；無執，故無失。

因此聖人順其自然而不妄為，所以從來沒有失敗的打擊；圓融變通而不固執任性，所以從來沒有失去的痛苦。

民之從事，常於幾成而敗之。

然而最可惜的是，一般人做事雖然有了很好的開始與發展，卻常常在幾乎快要成功的最後階段，竟然與成功擦肩而過，走向失敗的命運。

慎終如始，則無敗事。

因此除了在開始的階段應該深固根本，奠定基礎之外，同樣重要的是，必須謹慎行事，一如初衷，直到最後，這樣的順行自然，因勢利導，就不可能有失敗的結果發生。

（續言）

聖人為了導正天下人的偏執和缺失，總是以身作則，示現了自然無為的典範。

是以聖人欲不欲，不貴難得之貨；

因此聖人求人所不欲求的；世人妄心躁動而貪得無厭，但是聖人安心自在而不貪無爭，尤其不會貴愛世間難得的珍奇寶物，因為這些都是引起世人精神迷亂，忘失根本的主要原因。

學不學，復眾人之所過。

聖人學人所不想學的；世人好勝好強而自傲自大，但是聖人常處淳樸而包容一切，能夠導正眾人的過失使其回復本性的自然，因為這樣才是啟發世人邁向成功的正道坦途。

以輔萬物之自然，而不敢為。

聖人就是這樣的輔導萬物順其本性以自然發展，自己卻不敢有任何的妄心妄為，因此萬物隨行，各安其所，各依所歸。

◎麥教授與郝學生的對話

郝學生：「為之於未有，治之於未亂。」凡事能夠作到這一點，實在是最了不起的人了。

麥教授：這就是建立根本，穩固基礎的功夫，其用力最小而功成最大；根本基礎作好了，當能以自然無為之心對應自然而然之理，這就是順行天道自然最極致而具體的表現；從另一個角度來看，這也是一種最積極的態度。

郝學生：可惜一般人都是反其道而行，無法體會自然的妙益。

麥教授：如果不能夠以自然無為的心來對應，不知先從根本上用功使力，卻只圖在事象上巧為蠻力，就會落入物極必反的漩渦，受困於相

對的糾纏和混亂當中，一旦喪失了先機，等到事情已經成熟鬧大了，才急於挽救矯正，恐怕要花費更大的力氣，卻不一定能夠完全的解決，最後必然會嚐盡失敗的苦果，所以說「爲者敗之，執者失之。」此與前第二十九章「爲者敗之，執者失之。」道理一致。

郝學生：「而不敢爲」的眞義，請教授詳解。

麥教授：簡單來說，就是不敢有勉強的作爲，也就是不妄爲的意思，跟前第二章「而不始」的意思相通。「而不始」指天道所顯化的自然無爲，這一章「而不敢爲」則是由聖人所表現出來的自然無爲。

◎宇宙人生導航 —— 聽天由命

凡事成與敗，總要聽天由命，是嗎？

是的，如果行事不早作準備，不先建立好基礎，當然只有聽天由命了。

但是如果能夠早作準備，先建立好基礎，並且因勢利導，始終如一，自然可以順心合意，如所願行。

原來命可以自己造，天會依從人願，這樣的聽天由命眞是妙哉妙哉。

第65章 玄德

古之善為道者，非以明民，將以愚之。

民之難治，以其智多。

故以智治國，國之賊；不以智治國，國之福。

知此兩者，亦稽式。

常知稽式，是謂玄德。

玄德深矣，遠矣，與物反矣，然後乃至大順。

◎字義注釋

「稽」音機，有查核、考究之義；「稽式」引申爲「合於楷模典範的法式準則」。

◎提要

本章繼以申論，治國首重化民，而民氣應和，民智當息，國之所以難治，皆因民之聰明智巧而任性妄爲，國之所以易興，實乃民之無知無欲能歸止淳樸。老子慈心，續勉當時爲政者，必效法古聖明王，常使民無知無欲，以愚其俗智，以現其本來良知良能，終能玄德大順，長治久安而綿綿無盡。

◎白話譯文

古之善爲道者，非以明民，將以愚之。

古時候力行修身覺性，善於以道治國的人，絕對不會誘發人民好爲聰明智巧，而是引導百姓回復淳樸天眞，表面上似乎愚拙了人民百姓，實際上卻是開啓了人人既有的良知良能。

民之難治，以其智多。

其實，人民難以治理的原因，往往在於他們太過聰明智巧而任性妄爲，所以造成社會的混亂不安。

故以智治國，國之賊；

所以如果上位者不知修身覺性，卻以智巧詭詐的心機和謀略來治理國家，那麼百姓也要跟著聰明智巧，而且上下勾心鬥角，這樣的結果，必定會帶給國家無比的賊亂和傷害。

不以智治國，國之福。

如果上位者不以智巧詭詐的心機和謀略來治理國家，而以無知無欲的眞實德行來感召百姓，自然人民樸實和諧，安居樂業，這樣的結果，必定會帶給國家眞正的福祉和安定。

知此兩者，亦稽式。

所以上位者如果同時覺知以上兩種治國方法的根本源起以及必然結果的差異，就是眞正了解到長久以來古聖明王修身治國的法式準則，而這個法式準則就是治化天下的楷模。

常知稽式，是謂玄德。

上位者能夠時時反省自悟，覺知這種法式準則，並且力行實踐，除去惡因以防制弊害，取其善行而利益人民，如此性德到了極致，就是眞正具有最玄妙的無爲盛德。

玄德深矣，遠矣，與物反矣，然後乃至大順。

這樣具有玄德的人，超越一切名相，實在深遠博厚，以至於表面看起來，其言行作爲與世俗的認知不同，更與萬物的直覺相反，但是

最後必定至誠感動，人人回歸本來至善，順行天道自然而太和大順。

◎麥教授與郝學生的對話

郝學生：「愚」和「智」，請教授詳解。

麥教授：「愚」和「智」在字義上完全相反，本章取其反差較大的對比，藉以突顯治國所造成的利害得失，其影響有如天壤之別，同時讚嘆唯有玄德之人在「與物反矣」的當下，還能夠「將以愚之」，成就不朽的盛功偉業。其中，「不以智治國」跟前第十章「愛民治國，能無知乎？」意思相通。

郝學生：「知」和「智」有什麼差別？

麥教授：「知」在本書經文裡有多面向的意義，一般多為「知道」、「了解」，再深一層的解釋則為「覺性明理」，如前第三十三章「自知者明」，本章「知此兩者，亦稽式。」以及第七十章「吾言甚易知」的「知」；「知」的反面意義，如前第二章「知美知善」以及前第三章「使夫知者不敢為也」的「知」，表示一種分別執著的妄知，它的相對詞「無知」，如前第三章「常使民無知無欲」以及前第十章「愛民治國，能無知乎？」的「無知」，則表示超越一切名相，回歸本性自然淳樸的意思，這個時候的「無知」跟前第二十章「我愚人之心也哉」以及這一章「非以明民，將以愚之。」的「愚」有相通的意思。

郝學生：……

麥教授：「知」的具體表現是「智」，在本書經文裡面大多視為反面意義，如前第十九章「絕聖棄智」，前第二十七章「雖智大迷」以及這一章「以智治國，國之賊。」的「智」，都是有為的聰明智巧。

郝學生：這裡的「玄德」跟前第十章和前第五十一章的「玄德」，應該是道理一樣吧。

麥教授：前兩章揭示大道自然無為而虛柔不爭，這一章更加宣揚治國

化民的眞實功夫，無知無欲終能太和大順，所以功成最大，性德周全，這是由聖人所表現出來的玄德。

郝學生：「與物反矣」的意思，請教授詳解。

麥教授：大道無形無相，眞常無名而無私無爲，所以道心舒緩，虛柔處下，眞理貫通而包容廣大，相反的，萬有品物各具形異，各稟氣質而自私自利，所以妄心躁動，自傲貢高，貪欲妄行而器量狹小，因此，「道」當然是「與物反矣」。

◎宇宙人生導航 ── 喜歡比較的巧智

誰最聰明？他很聰明，不對，還有人更聰明。

那你呢？我也很聰明，說話我最行，做事我最靈光，交友我最有人脈，而且……

這樣的比較沒完沒了，最後大家都自認爲最聰明，還在自己的四周築起了一道道高牆。

這種會比較的巧智，自私頑固，能顯奇詐又多算計，總是帶來紛紛擾擾。

只有人人本來的良知良能最聰明，不用比較，不會炫耀，總是清靜無事，安心自在。

第66章 江海

江海所以能為百谷王者，以其善下之，故能為百谷王。

是以欲上民，必以言下之；欲先民，必以身後之。

是以聖人處上而民不重，處前而民不害，是以天下樂推而不厭。

以其不爭，故天下莫能與之爭。

◎提要

本章明白揭示，聖人抱道懷德，以自然爲師，有如江海善以處下，現爲百谷川河之王，勝物成物而不傷物，所以天下不能與之爭，猶水之就下，自然歸依而完全順服。老子慈心，以此點化當時爲政者，欲求眞正王天下者，應思效法聖人，言行處下而無爲不爭。

◎白話譯文

江海所以能為百谷王者，以其善下之，故能為百谷王。

江海之大，所以能夠成爲百谷川河之王，就是因爲它善於處在最低下游的地方，自然天下眾流歸往，包容廣大而無邊無際，因此能夠現爲百谷川河之王。

是以欲上民，必以言下之；欲先民，必以身後之。

因此聖人明白，居上位者想要治理好天下，平常的言語態度必須謙卑低下，自然廣受人民的支持；如果想要立於人民的前面領導，應該把自身的寵辱毀譽拋之於後，自然常爲人民所追隨。

是以聖人處上而民不重，處前而民不害，

因此聖人澤民深厚，性德昭明，處在萬民上位，百姓不會覺得受到壓迫而感到負累沉重；處於萬民前面，百姓不會覺得受到委屈而感到危害不安。

是以天下樂推而不厭。

因此天下萬民沐浴在聖人的隆恩浩澤之中，都非常樂於推崇聖人的無爲盛德，而且永遠不會感到厭煩。

以其不爭，故天下莫能與之爭。

就是因爲聖人能夠這樣的順行自然，從來不與人爭，無所謂勝負得失，所以天底下的人都不知道如何面對，也根本無法與其相爭，只有完全的信服和順從。

◎麥教授與郝學生的對話

郝學生：以江海來比喻聖人的性德，感覺很貼切，實在是最恰當了。
麥教授：世間一切景象都與人心串連而相應隨生，因此以這些景象來善喻聖人至廣極大的性德，最能感動民心，起而效法，此與前第三十二章「譬道之在天下，猶川谷之於江海。」其意境是一致的。
郝學生：所以心量廣大，不爭處下，如江海般的性德，是如此的令人讚嘆！
麥教授：這也是行道人必須學習，而且是最重要的一門基礎課程。其實心量廣大與不爭處下，是一體兩面而相通並行的，這一門課程能夠修得幾分，其成就自然是顯現幾分，完全不可以勉強作爲，更不能夠自欺欺人。
郝學生：請問教授，「是以聖人處上而民不重，處前而民不害。」似乎有很深的意義？
麥教授：這一句反應了當時上位者的霸道，使得人民受到很大的壓迫，因此老子特別提出「不爭」盛德，反而「天下莫能與之爭」，此與前第二十二章「夫唯不爭，故天下莫能與之爭。」的道理一致。

◎宇宙人生導航──讓我們看海去

大海的澎湃令人讚嘆，大海的寧靜令人感動，大海的變化莫測，更是令人十分敬畏。

原來江河驅下，奔入大海是這麼的自然，因爲大海總在最低處。

請體會大自然的啓示，低下不爭可以包容廣大，直到無邊無際。

朋友們，一起看海去吧，感動大海的寧靜，擁抱大海的熱情，海天一片，不分你我。

第67章　三寶

天下皆謂我道大，似不肖。

夫唯大，故似不肖。

若肖，久矣其細也夫。

我有三寶，持而保之：一曰慈，二曰儉，三曰不敢為天下先。

慈，故能勇；儉，故能廣；不敢為天下先，故能成器長。

今舍慈且勇，舍儉且廣，舍後且先，死矣！

夫慈，以戰則勝，以守則固。

天將救之，以慈衛之。

◎提要

本章感嘆世人貪心妄想，自傲自大，不明事理不究眞理，因此無法體道虛極，更難以致德達用。老子慈心，示現三寶心法，以匡亂世，以正民心，人人實踐三寶，常保身中古道復返清靜自然，尤以「慈」乃至寶，古爲上天好生之德，能顯大愛，必行大勇，是爲本來固有威儀。

◎白話譯文

天下皆謂我道大，似不肖。

天下凡俗之輩執著形相，都認爲老子把「道」形容得盛大極妙，但似乎什麼都不像。

夫唯大，故似不肖。

就是因爲「道」虛靈混全，其體小而無內，大而無外，實在微細難測卻又無邊無際，所以完全不像世人所看到、聽到或是想到的任何東西。

若肖，久矣其細也夫。

如果「道」跟某一樣東西相似，能夠名說形容，可以顯象觸摸，那麼在很久以前就會有人說：「這個東西怎麼會這樣細小啊！」因爲在世人的心中，永遠會不斷的滋生其它更大的幻知幻覺來作比較而沒有休止。

（續言）「道」是如此的虛靈混全，其實人人身中也有「道」，不但

至玄至妙，而且至尊至貴。

我有三寶，持而保之：一曰慈，二曰儉，三曰不敢為天下先。

所以老子示現了由本來自性所發揚出來，三個最可貴的心性至寶，自己始終護持奉行，保全如初：第一寶「慈」，對萬物懷有慈愛的心，不會自私自利；第二寶「儉」，對自己能夠儉約樸素，不浪費精氣元神；第三寶「不敢為天下先」，做人處事謙和包容，不敢有好大喜功，想要居於天下人先前的念頭。

慈，故能勇；

能夠慈愛萬物，可以激發內在的潛能，勇於面對任何的考驗，承擔天賦的使命。

儉，故能廣；

能夠自我儉約，可以常保太和元氣通暢舒緩，自然強身固本，多行善功，推展廣大的救世宏願。

不敢為天下先，故能成器長。

能夠不敢有好大喜功，想要居於天下人先前的念頭，可以謙和包容，成就天下大器，德處長者尊位。

今舍慈且勇，舍儉且廣，舍後且先，死矣！

　　只可惜，當今世人不遵道行，不修善德，捨棄慈愛萬物的原心，卻越來越鬥狠好勇；捨棄精氣元神的儉樸厚實，卻越來越貪得無厭；捨棄本來居於人後的謙卑包容，卻越來越好勝爭先。這樣的人表面上堅強自大，若有所得，實際上卻傷害了生命的根本，好像要快一點步入死亡的領地！

（續言）所以世人應該當下覺悟，內省自修，明白三寶心法的真實和
　　　　可貴；尤以第一寶「慈」，更是濟世救民，原始的動力和無
　　　　限的推力。

夫慈，以戰則勝，以守則固。

　　真正心存慈愛的人，當他勇於面對無情的挑戰時，充滿大無畏的浩然正氣，能夠克服與戰勝所有的困境；當他力守崗位，堅定不移的時候，有如中流砥柱，能夠鞏固基石，永不動搖。

天將救之，以慈衛之。

　　看看天道就是如此，上天本有好生之德，滋養萬物，救度萬靈，正是因著慈愛的天心來護衛萬有一切。

（結語）所以慈為天德，常駐人心，串連以大愛，表現為大勇。

◎麥教授與郝學生的對話

郝學生：道體達用是這樣的真實，但是一般人卻仍然無法體會與覺知，這是為什麼呢？

麥教授：一般人因爲自私自利而無知，自傲自大而無明，所以不能與道相應相合，只會以幻知幻覺的感官來衡量萬有世界，面對無形的眞理自然，卻完全的不相認識，對道產生疑惑與誤解，陷入崎路而不能自拔。

郝學生：請問教授，三寶的力量這麼神奇，眞的可以實現在我們的身上嗎？

麥教授：三寶不需要有錢有勢才能得到，更不需要勞心勞力才能作到，其實，三寶就是人人本來身中古道，只因爲一時的迷失與蒙蔽，所以才會不見光明，只要藉由聖人的引導，時時反省，日日覺性，自然可以體會三寶的眞實，力行三寶的善功，彰顯本來固有威儀。其中的「儉」跟前第五十九章的「嗇」有相通的意思。

郝學生：「天將救之，以慈衛之。」請教授詳解。

麥教授：「將」是未來式，也是進行式，引申爲從原始以來，到無盡未來，天道如實不變，天心初衷不改，救度萬靈於不墜，以慈衛之行大愛；其中的「之」，是爲萬有一切，也可以是某個具有眞功實善的人，以彰顯天慈的殊勝與靈驗，所以「慈」爲第一寶。另外老子特別提出「慈」的至寶，主要是對治當時的時局，因爲人人缺乏慈善愛心，所以天下爭亂不休，禍害無窮。

◎宇宙人生導航──多情人生

人生充滿了情愛，總是爲情所困，由愛生恨。

因爲情愛，人生好像變得光彩了，因爲情愛，卻是常起風波。

爲什麼呢？難道情愛有錯？其實這樣的情愛被限縮了，被濫用了。

多欲生情愛，難分難解，死去活來；無私顯慈愛，老少皆親，長長久久。

誰能夠走出情關，化現爲大愛，人人都是不老仙。

第68章　不爭

善為士者不武，善戰者不怒，善勝敵者不與，善用人者為之下。
是謂不爭之德，是謂用人，是謂配天，古之極。

◎經文回溯

王弼本原文：「是謂用人之力」。

依帛書本回溯：「是謂用人」。

◎提要

本章延伸前章三寶心法之妙意，用兵能夠慈柔致和以低心下氣，實乃不爭之盛德，當勝敵於無形。老子慈心，以將帥用兵勝敵之妙行，進而訓勉欲圖治國治民者，更應以和為貴，且能以下為用，才是自古以來迎取民心，治化天下之無上正道法則。

◎白話譯文

善為士者不武，

最好的介甲勇士，不會任意逞強好武，反而會以提昇鬥志來激發無比的勇氣。

善戰者不怒，

最能打戰的神兵，不會輕易動氣發怒，反而會以養精蓄銳來保持高昂的戰力。

善勝敵者不與，

最善於靜定勝敵的將帥，不會主動起兵與敵正面交鋒，反而會以軍心士氣作為最堅強的後盾，必能制衡於干戈之前，決勝於瞬息之間。

善用人者為之下。

最懂得用人的長官，低心下氣以親近部屬，自然可以得到眾人的

信服，願效其忠，願爲所用。

是謂不爭之德，是謂用人，是謂配天，古之極。

　　這就是所謂能顯慈柔不爭的盛德威儀，也是所謂善於領導統御的用人之道，更是所謂合於天道自然的無爲心法，實在是自古以來，用兵勝敵以及治化天下，至高無上的正道法則。

◎麥教授與郝學生的對話

郝學生：衝鋒陷陣的將士，卻見其不武不怒不與，這樣的軍隊可以打戰嗎？

麥教授：如果不是發自內心的太和正氣使然，必定是一支軟弱無力的軍隊，這是不能打戰的。但是如果三軍將帥以自然樸實的太和正氣以及慈柔低下的綿密包容來穩固軍心，感召民心，就是眞正不武不怒不與的用兵之道。

郝學生：「善勝敵者不與」，請教授詳解。

麥教授：這個「不與」隱含了「不必然與敵正面交鋒」的意思，因爲這樣的將帥能夠靜定慈柔，以眞實的戰力來撼動敵軍，以無比的氣勢來震懾對方，乃至於威德感召，不戰而勝，此即「不與」的勝敵眞義，也是「不爭之德」的全體大用。

郝學生：「不爭之德」能夠顯現如此的極大妙用，是不是有什麼秘訣呢？

麥教授：完全因著人人本來自性發揚光大而已。「不爭之德」除了不會爭強好勝以外，更含藏兩項眞實功夫：

其一，處處謙卑爲下，常懷慈柔寬容，而能含納萬緣。

其二，時時善修自身，常保太和正氣，而能自強不息。

所以在不爭當中，仍然日益成長茁壯，集成廣大，這就是最令人敬

畏，而不能與之相爭的無爲盛德。

◎宇宙人生導航——改變自己

人有很多老毛病，其中之一就是喜歡爭，喜歡鬥。

有力鬥力，有氣鬥氣，沒有力氣就鬥嘴鬥心。

爲什麼有這些毛病呢？因爲有了自我，所以自大，無法包容而固執任性。

請把自我放下，懂得放下就自在多了，一切變得和諧，哪裡需要爭，需要鬥呢？

原來不爭是我們本來的性德，放下並不困難，大家不妨試試看，改變自己，展現眞實的我吧。

第69章　用兵

用兵有言：「吾不敢為主而為客，不敢進寸而退尺。」

是謂行無行，攘無臂，扔無敵，執無兵。

禍莫大於輕敵，輕敵幾喪吾寶。

故抗兵相若，哀者勝矣。

◎經文回溯

王弼本原文：「故抗兵相加」。

依帛書本回溯：「故抗兵相若」。

◎字義注釋

1 「行無行」的「行」，指軍隊接敵作戰的行伍、陣勢。
2 「扔無敵」的「扔」，指「就」或是「面對」的意思。
3 「相若」，指相當之義，有「勢均力敵」的意思。
4 「哀者」，不是指「悲哀失落」，而是「哀矜不殺」，含有「慈」的意思。

◎提要

　　本章承上言，更佐以先賢兵家之明訓，闡揚軍事用兵之法，所謂慈柔不爭之盛德威儀，乃順天之行，而好殺好戰之殘暴不仁，皆逆天之舉，古來順天必勝，逆天必敗。老子慈心，續勉當時為政者，用兵靜定為尚，切勿躁動圖進而輕敵妄為，如果急迫窮盡追討，定落最惡險境，終究難以自保。

◎白話譯文

用兵有言：

自古以來，體悟用兵心法的軍事家早有最實在的箴言良語。

吾不敢為主而為客，不敢進寸而退尺。

　　在兩軍對陣的時候，我方不敢存有爭強好戰的企圖，妄想先行主動展開攻擊，只有在對方已經宣戰，開始進攻的時候，我方迫不得已才會起而應戰。在出兵交戰的時候，也不敢有一點肅殺好勇的行為，妄想前進追討，侵占他國，反而寧願將防線儘量退後，以緩和雙方的

緊張和對立。

（**續言**）這就是順應天理，常懷慈柔不爭的用兵妙法。雖然表面上指
　　　　揮大軍作戰，但是內心沒有好戰的躁動與激情，始終保持靜
　　　　定穩重，時時充滿至情大愛。

是謂行無行，

所以當軍令動員的時候，雖然將士用命，擺出接敵作戰的陣勢，
卻無肅殺之勇，好像沒有陣勢可擺。

攘無臂，

雖然作出奮臂攘敵的盛怒狀，但是不會失去理智，也無暴戾之
氣，好像沒有奮臂可舉。

扔無敵，

雖然不得已就敵應戰，但是這樣的戰鬥，只在一時的爭端，不會
視對方為萬惡不赦，好像沒有敵人可赴。

執無兵。

雖然手執兵刃，全力奮戰，但這只是為了保家衛國，因此不會有
殘害之心，好像沒有兵刃可執。

禍莫大於輕敵，輕敵幾喪吾寶。

縱橫戰局，本來詭異多變，但是，導致失敗最大的禍根就是自傲

自大，好戰好勇，輕敵的結果。因爲用兵輕敵妄爲，必然會傷慈害性，有如喪失了本來的心性至寶，定會落入無明的躁動與激情，卻不知道要保持戰力，厚實軍威，等到驚覺瞬間，已經是兵疲馬困，危在旦夕。

故抗兵相若，哀者勝矣。

尤其當兩軍對抗，勢均力敵的時候，如果一方哀矜不殺，心懷慈柔不爭，都要激發出大無畏的勇氣和力量，好像得到上天特別的加持，有如增添了千軍萬馬一般，必定能夠擊退無情的強敵，取得最後的勝利。

◎麥教授與郝學生的對話

郝學生：用兵不敢主動，反而被動，不敢進寸，反而退尺，實在令人費解，眞是看不懂也猜不透。

麥教授：這是「慈」與「不爭」的極致表現，也是最上等的用兵妙法。因爲不主動所以不會躁動，反而能夠看清局勢的演變，掌握制敵先機；因爲不追討所以不會激情，反而能夠緩解當時的壓力，重整軍要戰備。主帥用兵懷慈守柔，所以將士用命一心一德，心無爭心，意無敵意，力無暴力，可以無形勝有形。

郝學生：這樣看來，雖然說是無形的戰爭，但是表現出來的卻是上等一流的戰力。

麥教授：其力量能有多大，完全取決於主帥的居心和氣度，越是有遠見而又寬容的人，越能夠展現其無形而無限的力量。同時，這樣的主帥也絕對不會因爲躁動與激情而掉入輕敵的陷阱，遭受失敗的命運，所以這是一支常勝軍，其無形力量的核心，就是慈柔不爭的心性至寶，此爲「哀者勝矣」的眞義實相。

郝學生：請問教授，兩軍衝鋒對陣的當下，真的還可以保有慈柔不爭的念頭嗎？

麥教授：一般人覺得難以想像，然而一位自覺自悟，至真率性的人，當他指揮三軍，衝鋒對陣的當下，就有這樣的氣度而能靜定穩重；其實，這些都不是從念頭勉強構思出來的，完全是由本性自然流露。兵家如此，平時的行持治化更是這般；所謂人心萬變，妄起險詐惡念，喜歡巧辯強辯，貪求無厭而爭亂不休，常人的一生不就像是無盡的紛擾和戰禍的人生嗎？因此學行與用兵都是一樣，以慈為尚，不爭為德。

◎宇宙人生導航──無形的戰力

當人生遭遇無情的打擊時，如何面對呢？以戰勝戰？以戰止戰？不戰而退？還是棄械投降？

請勿急躁動氣的應戰，請慎重採取行動，找出最好的方法來面對。

其實發揮無形的戰力來面對無情的打擊才是最好的方法，這種戰力的核心就是慈柔不爭，人人本來都有。

它是一切力量的啟動者，不但源源不絕，而且可以串連人心，結合成無限的力量；這樣無形而又無限的力量，有人可以感受得到嗎？當你在感受這種力量時，它正以另一種形式展現，一股太和之氣的包容力以及親和力。

第70章 懷玉

吾言甚易知，甚易行；天下莫能知，莫能行。

言有宗，事有君。

夫唯無知，是以不我知。

知我者希，則我者貴，是以聖人被褐懷玉。

◎字義注釋

「事有君」的「君」，指依據的意思。

◎提要

　　本章直指宣說，古道明德貫通天地，真我性體常而永恆，人人本有卻不知其有，而迷失於天地之間，是以真道難知難行。老子讚揚聖人守樸存真，心懷妙道以暗釣良賢，特此訓勉有志賢士，應該善守自性淳樸，實踐聖人德儀，自然可以悟入真道，體現真我，及於天人合一而返本溯源。

◎白話譯文

吾言甚易知，甚易行；

　　老子的真言妙行充滿了性理實義，都是順乎天道自然，應乎人心淳樸，所表露闡述出來的，因此這個道理可以說是最容易覺知體會，也是最容易力行實踐才對。

天下莫能知，莫能行。

　　但是天底下的凡夫俗士，卻連這些最真實而又直率的道理都難以覺知體會，更無法力行實踐。

言有宗，事有君。

　　其實老子所說的每一句話必定有其宗旨，都是導源於古道明德，

傳承自先聖先賢，所眞情流露出來的；老子所作的每一件事必定有所依據，都是善止本來淳樸，順行眞理自然，所誠心表現出來的。

夫唯無知，是以不我知。

就是因爲世人私心妄念，蒙蔽了本來慧性之光，無法了解老子的眞言妙行所彰顯的宗旨和依據，因此根本不能覺知老子所承襲的古道明德的眞實可貴。

知我者希，則我者貴，

所以能夠覺知老子所承襲的古道明德的人，可以說非常的稀少，因此能夠取法這個古道明德，並且力行實踐的人，更顯得尊貴與超越。

（續言）聖人了解世俗的無知無明與固執任性，不但迷失本心，無法自覺自悟，甚至對道產生誤會與疑惑，因此聖人只能隨緣開示，等待有心人了。

是以聖人被褐懷玉。

因此聖人好像是一位外面披著簡陋粗糙的布衣的人一樣，言行低下，與世同塵，但是裡面卻懷抱著有如希世美玉的淳樸妙道。

（結語）其實這個人人存有卻不知其有的淳樸妙道，勝過世間一切極美珍品，只要明白識貨的有緣人願意回頭尋根，聖人自然會立刻點化，如此有志賢士必定當下覺醒，復返本來自性的清靜豐足和淳樸天眞。

◎麥教授與郝學生的對話

郝學生：請問教授，老子宣說性理法旨，寓意深遠，含藏玄機妙善，常常要一看再看，再三思索，才可能有一些明白與體會，何況要力行實踐更是不易，爲什麼說「甚易知，甚易行。」呢？

麥教授：其實這些經論妙法，都是在闡述天道自然以及人人既有的良知良能，跟我們每一個人都是非常的貼切，也是最眞實的關聯和互動，所以應該是大家都能夠直接的感應與體會才對，但是爲什麼會變成如此的陌生，而且難以理解與開悟呢？追根究底，就是因爲私心貪念，蒙蔽了本性所導致而造成的。

郝學生：什麼是「不我知」呢？

麥教授：直接來說就是「不能覺知老子所承襲的道」，但是進一步推究，也可以說是「不能覺知本來自性的面目」或是「不知道眞正的我是誰」。一般人所認知的自己，只是現在這個暫時使用的身體和名字，以及現在居住的地方和親友而已，這些都是隨緣萬變，沒有一樣是永久的；至於本來的眞我性體，源自何來，將歸何處的人生眞諦，有幾個人能夠了解與覺悟呢？既然一點也不明白，所以說「不我知」。

郝學生：爲何聖人要「被褐懷玉」呢？只要明說直陳，不是很快的可以化解人心的無知無明嗎？

麥教授：因爲一般人「不我知」卻又固執任性，所以能夠眞知力行的人，實在太少了，正如前第四十三章所言「不言之教，無爲之益，天下希及之。」因此如果直接的把這個人人存有的淳樸妙道，最眞如實的至善寶玉點化出來，恐怕人們一時難以相信，也不會接受，甚至嗤之以鼻，哈哈大笑，更視爲妖奇，極盡毀謗，所以聖人只好採取迂迴策略，予以「暫時保管」，一方面宣揚道理，一方面等待明白識貨的有緣人來尋根找回，所以聖人要「被褐懷玉」以暗釣良賢。

◎宇宙人生導航──千年寶藏

　　要得到千年寶藏，就要先找到關鍵的尋寶地圖。

　　但是地圖在哪裡呢？聽說在天涯海角，也或許在不遠處。

　　有些人遍尋不著，有些人懶得去找，大部分的人不聞不問。

　　還好，有德慧的人懂得反向思考，難道千年寶藏就在自家的密室裡面嗎？

　　曾經找到的人這樣說，這些寶藏在最不起眼的地方閃耀著，光明通澈，價值連城。

　　相信的人得福了，有德慧的人會引導他們找到真正的地圖，取回本來屬於自己的千年寶藏。

第71章　不病

知不知，上；不知知，病。

夫唯病病，是以不病。

聖人不病，以其病病，是以不病。

◎提要

　　本章承上言，對於「知」與「不知」再作進一步闡發；於道，聖人真覺知而不自以為知，上德也，世人實不知卻妄自以為知，心病也。老子讚嘆聖人，革其心病而除之，從其本性而善之，於俗，聖人無知而不染，守靜也，世人察察而任性，躁動也。

◎白話譯文

知不知，上；

　　知道明理的人，體悟本來生命與道合一，證而實無所證，得而實無所得，真是妙不可言，因此不會張揚炫耀，更不會自以為知，這樣的人才是真正上尚大德。

不知知，病。

　　至於那些私心幻想的人，完全不能明理覺知，卻是自作聰明，自以為知，喜歡到處宣揚以招搖惑眾，這樣的人才是得了嚴重病症的人。

夫唯病病，是以不病。

　　唯有把這種病症視為真正可怕的心病的人，才能夠從根本對治，回歸自然淳樸，而不會一再的重蹈覆轍而得到如此無可救藥的心病。

聖人不病，以其病病，是以不病。

聖人絲毫不會有自傲自大，自以爲知的心病，就是因爲聖人眞正知道這種病症的危害，明白它的源起與可怕的後果，因此始終歸止自然淳樸而不會得到如此無可救藥的心病。

◎麥教授與郝學生的對話

郝學生：學行之路對於道的「知」與「不知」，有時候很難分辨。

麥教授：一個人道理講得再好，行爲舉止多麼優雅端莊，只是對「道」而言，這些都不是最重要的，因爲那些都是可以學習或僞裝。反而能夠存靜守樸的人，更顯得氣宇非凡，實在是眞知力行而敦厚老實，這就是分辨一個人「知」與「不知」的根本方法：請參考前第六十五章師生對話中有關「知」的說明。

郝學生：爲什麼「不知知」是一種病症呢？

麥教授：而且是一種嚴重的病症。因爲人的本性原來是天眞無邪，自然率直的，如果一直這樣的以假迷眞，顛倒錯亂，日久總會弄出心病來，而且傷己害人，這是聖人一直訓勉大家要引以爲戒的，所以說「聖人以其病病，是以不病。」

郝學生：請問教授，「不病」有這麼難做到嗎？

麥教授：不是難不難的問題，因爲這種心病，來無影去無蹤，常人不易明白覺察。這種心病也是一般人的老毛病，不但處處可見，而且得到這種病症的人，病情大都不會很輕，好像越老越嚴重；因爲這些人得了病，總是不能自覺而又不聽勸說，所以更加難以對治。其實，一不小心，人人都可能得病，尤其學行越久的人，以爲若有所悟，更應該時時返觀自省，避免病症上身而渾然不自知，那是多麼危險啊！

◎宇宙人生導航 ── 開車小心

道理雖然微妙難測，卻是眞實可貴，因此懂得學行的人，非常的了不起。

但是學行有如開車一般，小心不要撞到人，注意不要被人撞到。

新手上路，誠惶誠恐，老驥開道，安心穩定，只是最怕那些妄心未除，還自以爲高手的人，開著名車，任意駕駛，雖然非常拉風，卻是險象環生。

這樣的人對道實在不了解，無法體會親證，卻喜歡炫耀喧嚷，自傲盈滿，不但自己要落入黑暗的不歸路，更會影響別人，朋友們，開車小心啊！

第72章　畏威

民不畏威，則大威至。

無狎其所居，無厭其所生。

夫唯不厭，是以不厭。

是以聖人自知，不自見；自愛，不自貴。

故去彼取此。

◎字義注釋

1 「狎」音俠，假狹字而有「陝、隘」之義，在這裡引申為「脅迫」的意思。
2 「無厭其所生」的「厭」，表示「壓榨」的意思。

◎提要

　　本章疾言厲聲，民為國本，治國當先利民，如果貪圖一己之私，未謀人民之福，甚至高壓統治，其施力越強，民心反彈就會越大，則天下國家不保。老子讚嘆聖人，明其禍源，固其根本，自知自愛卻不自見自貴，立為天下典範，可以長長久久。

◎白話譯文

（前言）上位者如果不知修身守道，為國為民，卻一昧的多欲貪享，
　　　　而且更施以嚴刑峻法來脅迫與壓榨百姓，這樣的高壓統治越
　　　　是嚴厲殘暴，人民的反抗力道也會越來越強。

民不畏威，則大威至。

　　當人民不再畏懼上位者的威權高壓，民心總是躁動不安，國政一定紛擾敗壞，那麼更大、更可怕的威嚇災禍必將爆發，天下國家實在難以自保。

（續言）上位者面臨這樣即將發生的威嚇災禍，難道還不能覺醒嗎？
　　　　其實人民才是國家的根本，能夠讓百姓安居樂業，才是長治
　　　　久安的根本之道。

無狎其所居，無厭其所生。

所以在治理國家的時候，切記不要脅迫百姓的居處使其不能安適，不要壓榨百姓的生活使其不得順遂。

夫唯不厭，是以不厭。

只有上位者不會脅迫壓榨百姓，因此百姓才不會厭惡上位者。如此上下一心，人民安適順遂，自然歸依信服。

（續言）聖人了解這些道理，明白人民躁動，國政紛亂的根本原因，在於上位者貪圖一己之私，未謀人民之福所引起的，所以聖人以身作則，示現了真實德行，可以化解紛爭，使人民歸於清靜的正道。

是以聖人自知，不自見；自愛，不自貴。

因此聖人但求覺知心性的清靜豐足，而不會固執己見，自我表現；但求珍愛人身的可用價值，而不會有為多欲，自顯高貴。

故去彼取此。

所以聖人除去外在的虛榮貴養，依止內在的淳樸敦厚，而能立為天下的典範。

◎麥教授與郝學生的對話

郝學生：本章詞句簡要，有幾個地方「字同義異」，請教授詳解。

麥教授：「民不畏威，則大威至。」上面的「威」字，指威權高壓的

意思，下面的「威」字，則指威嚇災禍，或可說是「天威」的意思。「夫唯不厭，是以不厭。」上面的「厭」字，同前一句的「厭」字，表示壓榨的意思，下面的「厭」字，表示厭惡、厭棄的意思。

郝學生：「是以聖人自知，不自見；自愛，不自貴。」的意義是什麼？

麥教授：無德昏君自私自利，這樣無明的「自知、自愛」會產生自大的「自見、自貴」，而造成對人民「狎其所居，厭其所生。」的妄行；聖人無私無為，這樣真實的「自知、自愛」，不會產生自大的「自見、自貴」，能夠對治當時上位者施於人民「狎其所居，厭其所生。」的妄行。

郝學生：「民不畏威，則大威至。」有一些註解本的解釋好像不一樣。

麥教授：這裡的「民」，主要是以上位者和人民之間的對應關係來作解釋，是合於當時天下的情勢所作的論述，而且證之後面的七十四章和七十五章，「民」都是指這樣的對應關係：有一些註解本則直接以人民心念的啟發來作解釋，兩者切入點不同，但是所強調的重點是一致的，都是以人性本來自然淳樸作為根本核心來闡述發揮的。

郝學生：如果以人民心念的啟發來作解釋，它的白話譯文會是怎麼樣呢？

麥教授：這個時候的「民」，似乎指的是人民，其實尤指上位者而言。它的白話譯文的參考解釋如下：

人們如果違失本性，無知妄為而無明自大，竟然毫不畏懼天威盛德，那麼更大的威嚇災禍，就要跟著降臨到頭上來。其實人生道路本來寬廣，不要貪養假我身體而好逸惡勞，甚至爭名爭利，把通暢的康莊大道變得陝隘難行，以至於落得沒有立足安居之地；而且生命本來清靜自然，不要因為沉醉於貪得多欲而驕縱無度，把快樂豐足的生命揮霍得山窮水盡，好像是厭棄自己的生命一樣。人們應知，只要不讓自己的生命揮霍得山窮水盡，好像是厭棄自己的生命，則天地慈愛萬物，

也絕對不會厭棄我們。

◎宇宙人生導航──氣象改變了

　　一些人老是仗著自己的權勢、地位和財富，喜歡炫耀自己，甚至為難別人，因為他們自認為很了不起。

　　就是因為這樣的知道自己，愛養自己，所以紛擾不斷，怨聲四起，而且越演越烈。

　　其實這樣的知道自己，不如忘記自己，把自我放下，掃去自私自大，讓本來的真我呈現出來。

　　原來能夠呈現本來的真我，就是彰顯自然的氣象，可以體會安心自在的喜悅，才是真正的知道自己。

　　這個時候，那些紛紛擾擾瞬間轉成幸福喜樂，處處和風薰染，因為氣象改變了。

第73章　天網

勇於敢則殺，勇於不敢則活。

此兩者，或利或害。

天之所惡，孰知其故？是以聖人猶難之。

天之道，不爭而善勝，不言而善應，不召而自來，繟然而善謀。

天網恢恢，疏而不失。

◎字義注釋

「繟」音產，坦然舒緩的意思。

◎提要

　　本章承續前言以揭示玄奧，道本無言，唯惡難容，如此天威顯嚇而天命可畏，是以聖人心存畏敬，處其下，為而不爭。老子慈心，以此勸誡世人，尤其是當時為政者，善惡皆隨報應，禍福自在人心，猶如天網交織，廣漠疏遠，覆蓋一切而靈通萬有。

◎白話譯文

勇於敢則殺，

　　如果為人勇於好勝堅強，而敢於違背天理，總是無惡不作，必然招惹殺身之禍。

勇於不敢則活。

　　如果為人勇於虛柔處弱，卻不敢作出違背天理的事，始終無為不爭，可以存活無災，明哲保身。

此兩者，或利或害。

　　以上兩種人，始終無為不爭的人最後一定得利，總是無惡不作的人最後一定受害。

天之所惡，孰知其故？

上天如此厭惡那些無惡不作的人，這樣超然感應的顯化，有誰能夠了解其中眞正的原故呢？

是以聖人猶難之。

這種顯化如果推於極致，就是聖人也很難完全明白通達。

（**續言**）因此聖人心存畏敬，處其下，爲而不爭，不敢有絲毫的違逆與造次。其實那些罪行惡業，如果報應來得早，可以讓世人知所警惕，如果報應來得遲又不知及時覺悟悔改，罪惡就越深重，他日承受的災禍就會更加慘烈。同樣的道理，這些善行義舉，如果報應來得好，可以讓世人明白效法，如果是異常難解，正可以考驗眞誠、淬礪心志，成就更大的盛業。

天之道，不爭而善勝，

天道運行自然無爲，生養萬物，終不與萬物相爭，無論萬有品物如何剛強逞能，妄想超越與駕馭，最後還是要順服於天道的中正太和，因此看來，天道總是會得到完全的勝利。

不言而善應，

對於世間善與惡，是與非的曲直明誨，上天默然寂靜，卻是明明白白，一點也沒有多餘的言說辯解，只待機緣成熟，自然會因其念行而報應在每一個人的身上。

不召而自來，

對於世間禍與福，利與害的交替依存，上天無私無偏，而能感應靈覺，一點也不用大家費心的召請祈求，就等時間一到，自然會因其念行而平等降臨在每一個人的面前。

繟然而善謀。

這樣的善惡同報，禍福相隨，上天在冥冥中已經清楚明白，而坦然舒緩的感應與作用，好像是早就安排與謀算好了一樣。

天網恢恢，疏而不失。

天道如此真實靈驗的呈現與顯化，遍及萬有一切，有如上天在浩瀚的宇宙中，散佈了無邊無際的大業羅網，雖然看起來廣漠疏遠，但是天地萬物的興衰消長，窮通變革，都逃不出其中，而且絲毫不會失算與漏報。

◎麥教授與郝學生的對話

郝學生：「勇於不敢」的「不敢」，請教授舉例說明。

麥教授：可以參考前第三十章的「不敢以取強」，前第六十四章的「不敢為」，前第六十七章的「不敢為天下先」以及前第六十九章的「不敢為主而為客，不敢進寸而退尺。」這些都需要德慧和勇氣，無私與大愛，才能順行功成，親證實悟。

郝學生：常常聽到「天網恢恢，疏而不漏。」尤其在指責壞人惡事的時候，就會提到這一句話。

麥教授：因為這一句話很真實，也很受用，簡直把道給演活了一般，

所以大家都知道，善人會用來警惕自己，不善之人也會引以爲戒，而且其中善與惡，禍與福的作用都一樣，不只針對惡人禍事而言，對於善人福蔭，更是感應殊勝。「不漏」就是「不失」的意思。

郝學生：天網是何物？請教授詳述。

麥教授：太虛之浩瀚無邊無際，報應之眞切絲毫不爽，好像是大道遍灑了天羅地網，含攝萬有一切，「不爭而善勝，不言而善應，不召而自來，繟然而善謀。」這就是天網的本質，正好可以形容天道自然的眞實存有。

郝學生：一直以來，大家都說這就是「因果報應」，有些人好像不是很認同，甚至有不相信的。

麥教授：能否認同，或者信與不信，倒是不必勉強，因爲天道自然，古有定律，各人的認知雖然相異，但是最後都會有深刻的體會與感受，終究歸於一致的眞理，所以多說無益，多言不當。

◎宇宙人生導航 ── 老天有眼

下雨了，有人高興，有人哀愁；太陽出來了，有人歡喜，有人不悅。

事情有了報應，都說老天有眼，如果還沒有報應，都說天理何在？

到底怎麼了，是天理何在，還是老天有眼？

其實宇宙浩瀚如此廣大，時間永恆如此長久，萬事萬物過去現在和未來的發展與互動，只有老天明明白白，自然連結而作用巧妙。

朋友們，天理何在呢？老天有眼啊！

第74章　司殺

民不畏死，奈何以死懼之？

若使民常畏死，而為奇者，吾得執而殺之，孰敢？

常有司殺者殺，夫代司殺者殺，是謂代大匠斲。

夫代大匠斲者，希有不傷其手矣。

◎字義注釋

「斲」音卓，砍斷的意思。

◎提要

　　本章直言，為政治國當順天應民，慈愛百姓，勿以一己之私心妄念，遂其無盡之殘暴苛政。老子慈心，續勉當時為政者，應自覺自重，依法行政，不可直接濫殺無辜，誠然天威顯赫，不可不畏，天網恢恢，暴政必亡。

◎白話譯文

民不畏死，奈何以死懼之？

　　如果上位者私心妄念而屬行苛政，以至於民不聊生，百姓沒有退路可走，當然就不怕死了，這個時候，上位者為何仍然不知反省，卻更施以極刑，企圖以死亡來威脅百姓，想要驅使百姓畏懼服從呢？

若使民常畏死，而為奇者，吾得執而殺之，孰敢？

　　其實，如果上位者能夠讓百姓輕居易作，那麼人民往往會安處平順，不敢為惡犯罪，好像常懷君恩國威，而畏法怕死的樣子，這個時候，如果還有人詭奇作惡，不守法治，當然可以逮捕罪犯，惡行重大者可以判處死刑，這樣的話有誰還敢再違紀犯科呢？

常有司殺者殺，

但是國有國法，那些重犯死罪必須透過正常程序的審判與執法，才能合乎公平正義，而且天威顯赫，自然會給予那些人最真實的報應與制裁。

夫代司殺者殺，是謂代大匠斲。

如果上位者任性妄為，竟然背棄國法，假借天威，藉故直接濫殺無辜，這就是暴政；有如一個不會砍伐木材的人，卻執意代替木匠去砍材，還自認為是技術高明的大木匠，其實，他一點也不了解這種後果的嚴重與可怕。

夫代大匠斲者，希有不傷其手矣。

因為那些冒充大木匠的人，很少是不會發生意外而傷了自己的雙手。

（結語）大匠者，「手」為工作的根本依靠，如果傷了手，沒有了謀生能力，生活就會受到威脅。而上位者代大匠斲，所謂「傷其手」，就是傷了民心，就是冒犯天威，一旦失去了根本的民心，不但無法善治其國，甚至連自己的身家性命都要毀喪於瞬間，這就是天地間自然的感應。

◎麥教授與郝學生的對話

郝學生：「民不畏死，奈何以死懼之？」這樣的道理，身為上位者，應該更清楚才對啊！

麥教授：在初期階段，上位者當然了解這些道理，但是當私欲貪婪的洪流，逐漸橫行瀰溢，這個時候，恐怕本來的初發心已經變質，生命的方向頓然迷失，因此所有的公道正理，都要淹沒殆盡，不但不知道自己身處險境，還妄想「代大匠斲」，以為是在替天行道，簡直是目無國法而藐視天威。

郝學生：請問教授，常常聽說「替天行道」，是否大家都很容易誤解錯亂，而陷入這樣的迷思呢？

麥教授：這種現象實在很普遍。一般人不思修心，不究真理，因此無法看清自己，但是對於別人的言行，卻是無限放大，看得非常仔細，甚且總是圍繞著對與錯，是與非，所以常常意氣用事，以為自己在「替天行道」，尤其是當時的上位者自尊為大，在「民不畏死」的亂世中，竟然假借天威，還想要「代大匠斲」，這樣的妄念妄行，喪心病狂，一定會傷己害人，進而加速傾覆滅亡。

郝學生：請問教授，「若使民常畏死，而為奇者，吾得執而殺之，熟敢？」表示執行死刑是最有效的方法嗎？

麥教授：這一句話主要是勸戒當時的上位者，應該從「民不畏死」的亂世中，返回「若使民常畏死」的正常軌道，這樣才可以「而為奇者，吾得執而殺之。」並且必須順行「常有司殺者殺」的國法天威；這是針對當時戰亂的情勢所提出的解決方法。其實聖人治世，超然德全，必定以前第三十七章「鎮之以無名之樸」和前第六十章「以道天下」，作為真正治國化民的根本之道。

◎宇宙人生導航——不要搶自然的工作

人都很怕死，難道還有不怕死的人嗎？

沒有退路就不怕死，一旦不怕死了，還有什麼好怕的呢？

只有包容可以安定這些人的心，化解危機，如果勉強的繼續壓制，就要面臨更大的禍害了。

凡事不要用力對決，只會傷心欲絕。

記得反觀自省，先放下浮躁堅強的心，保持平靜祥和以隨順自然，讓自然去安排就好了。

不要搶自然的工作，否則自找麻煩又自討苦吃。

第75章　貴生

民之饑，以其上食稅之多，是以饑。
民之難治，以其上之有為，是以難治。
民之輕死，以其求生之厚，是以輕死。
夫唯無以生為者，是賢於貴生。

◎字義注釋

「賢」，指優於或勝於的意思。

◎提要

本章延伸前言，人民所以輕生而不畏死，就是因為上位者自奉太深，只圖一己之私欲，不謀人民之福祉，而有以致之。老子慈心，明其禍源，蓋皆當時為政者執著假我之身以貪想貴養生命，根本是以妄求妄，背道而馳；其實真正貴養生命以全豐盈之妙，端在守樸存真，回歸本來清靜豐足，如此而已。

◎白話譯文

民之饑，以其上食稅之多，是以饑。

如果人民的生活常處於饑餓的困境，就是因為上位者貪得無厭，只知對百姓課以糧食重稅，將百姓苦心勞作，賴以維生的收成予以強取豪奪，所以人民無法求得溫飽，總是饑餓不堪。

（續言）人民的生活既然不能溫飽，自然心中充滿怨怒與不平，因此逐漸變得心浮氣躁而邪妄不馴。

民之難治，以其上之有為，是以難治。

如果人民已經到了邪妄不馴而難以治理的地步，就是因為上位者不知檢討反省，卻對人民的生活多方的約束與限制，這樣的勉強作為，必定會引起更大的衝突與紛爭，所以人民就越發難以治理。

（續言）人民的事端這樣的難以治理，又沒有得到進一步的疏導，人

民當然會陷入無知無明之中，只得走入作奸犯科的絕路險境。

民之輕死，以其求生之厚，是以輕死。

如果人民已經到了寧願作奸犯科，如此的輕視生命而不惜一死，其根本原因，就是上位者只圖一己之私欲，以為這樣，生活才能更豐厚，生命才能更顯貴，竟然不顧百姓的苦難和困境，執意屬行高壓統治，以暴制暴，簡直是脅迫人民走上絕路而如此的輕視生命，甚至不惜一死。

夫唯無以生為者，是賢於貴生。

因此道理非常明白，只有不為自己著想，而能生活恬淡安靜的人，才是真正勝過那些追求生活奢華，妄求貴養生命的人。

（結語）其實恬淡安靜的生活，可以常保精神充滿，自然生機無限，反而奢華貴養的生活，只會造成精神耗竭，更要迷失生命的方向，早日走入衰老滅亡而自尋絕路罷了。

◎麥教授與郝學生的對話

郝學生：人們一旦登上權力高峰，就很容易開始貪享逸樂，驕縱無理，以為這樣才稱得上是貴養自己的生命。

麥教授：這是一般人的通病，更是無知無明的妄念妄為。尤其上位者如果不知覺醒悔改，那麼很快的，就要面臨可怕的厄運；因為表面上看似光彩榮耀，其實內心裡卻顯得空乏貧瘠，不但無法貴養生命，恐怕只有早日走上衰老滅亡的不歸路。本章雖然明指為政治國最容易迷

失與偏執的地方，但也是人人必須警惕與反省的重點，更是有心學行之人當下自覺自悟的借鏡。

郝學生：看起來「以其求生之厚」，才是一切禍亂的根源。

麥教授：這是對假我身體的「求生之厚」，既然根本已經錯亂了，所以一切的作為都偏離了正軌，而且越離越遠，終至不可收拾，其化解之道，在於「夫唯無以生為者」，以回歸本來自然淳樸。其中「以其求生之厚」應該多一個「上」字，也就是「以其上求生之厚」；王弼本的註文中寫著「言民之所以僻，治之所以亂，皆由上，不由其下也。民從上也。」因此這一句當有「上」字為宜。

郝學生：「賢於貴生」的「貴生」，請教授詳解。

麥教授：這個「貴生」有兩種不同面向的意義：

其一、指「虛妄的貴生」，也就是反斥上位者貪心妄想，過份溺愛這個身體，更把自己的快樂，建立在人民的痛苦上，這樣的貴生不但不是貴生，反而是害生。

其二、指「有為的貴生」，因為生命本來清靜豐足，不求而自得，無為而自成，所以只要常處恬淡安靜，可以返樸歸真，當然是賢於其他有為勉強，向外追求的貴生。

◎宇宙人生導航——大富大貴

　　一些人得了權勢總是忘記或漠視當時的初發心，喜歡炫耀自己的豐功偉業，談論生財致富的大道理，真是紅光滿面，龍心大悅。

　　在他們心裡裝滿了那些幻知幻覺，以為可以滋潤身體，灌溉生命，永遠大富大貴，卻看不見眼前急需伸出援手救助的人，也聽不見他們絕望的吶喊，甚至還想要從這些人身上多撈些利益。

　　難道沒有人告訴他們，這樣的幻知幻覺只會讓精神僵化，加速老化，一點好處也沒有，害處卻是全面的嗎？

　　請在心裡面多存些慈愛，因為慈愛有多少，幸福就有多少，你我

本來都是大富大貴。

第76章 柔弱

人之生也柔弱，其死也堅強。

萬物草木之生也柔脆，其死也枯槁。

故堅強者，死之徒；柔弱者，生之徒。

是以兵強則不勝，木強則折。

強大處下，柔弱處上。

◎經文回溯

王弼本原文：「木強則兵」。

依經文校勘學者回溯：「木強則折」。

◎提要

本章以有形之生死表象，昭顯無形之幽明眞義，揭示堅強是死亡之徵兆，柔弱乃生命之本質。老子慈心，以此勸誡世人，尤其是當時爲政者，堅強者好勇自大，頑固不靈，因此終究變小處下，而柔弱者無爲不爭，謙和包容，所以眞正成大處上。

◎白話譯文

人之生也柔弱，其死也堅強。

人活著的時候身體四肢是柔軟虛弱而活動自如，但是一旦死亡，全身變成堅硬強固，開始崩壞瓦解。

萬物草木之生也柔脆，其死也枯槁。

萬物草木也是一樣，活著的時候柔軟清脆而體質豐潤，但是一旦死亡，整個乾枯凋零，開始腐化消散。

故堅強者，死之徒；

這種自然現象明白告訴我們，如果堅強頑固而又勞心勞力，必定逐漸退化衰竭，加速步入死亡的領地。

柔弱者，生之徒。

如果柔弱隨順而又謙和包容，必定生機充沛，一直走在生命圓滿的康莊大道。

（續言）因此，堅強頑固象徵死亡的哀鳴，不合乎天道自然，柔弱隨順象徵生命的喜悅，是合於天道自然。

是以兵強則不勝，木強則折。

國家也是一樣，如果只會炫耀自己的兵強馬壯，而且到處爭戰，久則兵疲馬困，內耗失和，還會遭逢強敵不斷的挑戰與報復，必定無法得到最後的勝利，更是危在旦夕；這種情況不就像是一棵高大強壯的樹木一樣，因為太過於堅強頑固，顯耀張明，所以最容易遭人砍伐或被大風吹倒而斷折分裂，生命頓然飛逝。

強大處下，柔弱處上。

所以喜歡好勇好強，自傲自大的人，終究要力盡衰竭，更得不到大家的支持與肯定，有如自絕孤立一般，最後只能成為人下之人。如果柔弱不爭，謙和包容，自然能夠感動人心，領受大家的祝福與推崇，時時充滿生機和活力，終究成為人上之人。

◎麥教授與郝學生的對話

郝學生：萬物活著與死亡的時候，外表竟然有這麼大的差別，真是發人省思。

麥教授：一切萬有都是如此，沒有例外，活著的時候，形態體質總是柔軟豐盈，一旦死亡，則是枯槁僵硬。外表有形是這樣，其實內心無形也有相同的對應，所以堅強頑固象徵死亡的哀鳴，柔弱隨順象徵生命的喜悅。此與前第四十二章「強梁者不得其死」的意思相通。

郝學生：請問教授，在這生與死的變化之間，可以給大家什麼樣的警訊呢？

麥教授：當然是一個非常大的警訊。如果處處好勇自大，當然精神無法清靜舒緩而起伏不定，如果常保柔弱謙和，自然無為，本來生命可以安心自在而長長久久。天道運行不就是這樣的真實嗎？尤其是學行之人，更應該體會其中的奧妙，所謂「生死事大」，一生一死之間，迷者沉淪無明，悟者超然提升。

郝學生：一般人也可以從這樣的生死之中，得到真理的加持而受益無窮嗎？

麥教授：不只學行之人，所有人都一樣。如果能夠當下徹悟改造，引以為戒而知所進退，必然立即受益，有如死而復生，如果依舊執迷不悟，不知悔改，只有落入死亡的領地，加速自取滅亡了。上位者以及當朝為官者更是如此，能夠柔弱謙和，必定心量廣攝，才能長長久久。

◎宇宙人生導航——柔軟操

最好的選手在競技場上的表現，除了依靠平常的訓練以外，最重要的，就是比賽前柔軟操的落實。

柔軟操能夠讓精神安定，使身體更加柔軟靈活，可以作出最完美的演出。

人生不也是一樣嗎？一場又一場的比賽，作好每一場的柔軟操，可以從容的迎接挑戰，輕鬆的取得勝利。

原來柔軟是力量的基礎，力量隨著柔軟而展現出來，有如站在高處乘風飛揚的自然。

朋友們，請將柔軟操當作生活的重心，時時親身體驗吧。

第77章 天道

天之道，其猶張弓與！高者抑之，下者舉之；有餘者損之，不足者補之。

天之道，損有餘而補不足；人之道則不然，損不足以奉有餘。

孰能有餘以奉天下？唯有道者。

是以聖人為而不恃，功成而不處。

其不欲見賢。

◎提要

　　本章進而盛讚，天道常自然，調適萬象能平等中和，普施一切而無私無偏，是以萬物均霑，生生不息。老子慈心，以此勸勉世人，切勿反天道而獨專行，只知曉崇尚尊榮高貴，卻厭棄卑微低賤；應思效法聖人淳樸天眞，慧性發揚而心量無邊廣大，可以把全部心力和所有慈愛關懷都奉獻給天下。

◎白話譯文

天之道，其猶張弓與！

　　天道運行，好像是張開弓箭對準目標的情境一樣那麼自然啊！

高者抑之，下者舉之；

　　如果瞄準目標拉得太高，則反轉抑制調低一些，如果壓得太下，則逆勢舉起調上一些。

有餘者損之，不足者補之。

　　也就是說，對於已經含受太多而過於氣盛的品物，自然會折損與去除這些多餘的部分，而對於仍然空乏缺少的品物，自然會填補與加持那些不足的地方。

天之道，損有餘而補不足；

　　所以天道運行，總是折損多餘的部分，同時填補不足的地方。

（**續言**）這是自然的規律，因此天地之間，盈虛交替而四時更迭，萬
物均需得以生生不息。

人之道則不然，損不足以奉有餘。

然而觀察世人的處世之道就不是這樣的平等中和，對於頹廢殘疾
而貧匱不足的人，總是落井下石，進一步的折損與嘲弄；相反的，對
於豐腴華麗而富貴有餘的人，卻是錦上添花，爭相奉承與恭維。

（**續言**）只是等到哪一天，當自己勢衰力竭，需要別人援手相助的時
候，恐怕也會面臨「損不足以奉有餘」相同的對待和命運。

孰能有餘以奉天下？唯有道者。

老子感嘆，有誰能夠了解天道的自然無為，願意身體力行，把全
部的心力和所有的慈愛關懷都奉獻給天底下更需要的人呢？看來只有
含德敦厚的有道賢士才能夠作得圓滿而徹底。

是以聖人為而不恃，功成而不處。

因此聖人全然付出而恩澤普施天下，卻一點也不會恃才自傲；聖
人大功告成而福蔭遍滿天下，卻一點也不敢居功自處。

其不欲見賢。

這是因為聖人順行天道自然，為而不爭，始終不會想要表現自己
的才能功業。

（**結語**）所以聖人之道與天地同德，與萬物同心，並列天地人三才，

亘古流芳而長長久久。

◎麥教授與郝學生的對話

郝學生：天道運行，以張弓射箭來比喻，不但很有意思，而且一定是百發百中吧！

麥教授：天道無私無偏，不離本來至善，有如箭頭隨順氣象，總是逆勢反轉而不斷的上下漂移，依然常處淳樸天真，應守「損有餘而補不足」的真誠信實，而自然的導向中心目標，可以說是前第五十一章「道之尊，德之貴，夫莫之命而常自然。」進一步具體的闡發，這也是宇宙天地達到穩定平衡最真實超越的本能，絕對不會受到任何有為私心的改變與左右。

郝學生：天道的「損有餘而補不足」，和人道的「損不足以奉有餘」，以及有道賢士的「有餘以奉天下」，其中的「有餘」，意義上有什麼不同呢？

麥教授：意義完全不同，簡要說明如下：

世人之道的「有餘」，主要是指世間有形無形的富貴權勢。

有道者的「有餘」，主要是指一個人的慈愛和關懷。

至於天道的「有餘」和「不足」，則指萬象品物的盈虛消長，超越一切名相與是非善惡，是一種奇妙的撥轉，也是自然的規律。

郝學生：「其不欲見賢」，請教授詳解。

麥教授：「見」是表現的意思；「賢」延伸解釋為才能功業，所以「其不欲見賢」表示「聖人不會恃才自傲，更不敢居功自處。」的意思。

◎宇宙人生導航──與自然同行

忙了一天，休息一下，泡個好茶，乘著涼風，心情平靜許多，更

舒暢了。

不妨望一望星空，看看天地運行的奇妙。

不要忘了也想一想，人生的際遇，以及生命的意義。

這個時候，思緒逐漸沉澱，精神自然澄清，因爲天地與我已經連結貫通。

是的，人生的道路還有很多值得學行，自然的啓示還有很多值得省思。

朋友們，請放下自我，少一些私心，多一些付出，與自然同行，眞是自由自在，無拘無束。

第78章　水德

天下莫柔弱於水，而攻堅強者，莫之能勝，其無以易之。

弱之勝強，柔之勝剛，天下莫不知，莫能行。

是以聖人云：「受國之垢，是謂社稷主；受國不祥，是為天下王。」

正言若反。

◎提要

　　本章證論，水德至柔處弱，至誠不易，含受諸惡以顯耀眾善，廣大乎能超然勝物。老子慈心，勉勵有志賢士，尤其是當時為政者，水德乃自性發揚之極致，當實修圓成，覺悟柔弱勝剛強之正道妙義，唯能力行實踐，始終如一，可稱國之明主，位居天下至尊。

◎白話譯文

天下莫柔弱於水，

　　天底下所有的東西，實在沒有一樣東西比水更能夠顯現至柔至弱的本性了。

而攻堅強者，莫之能勝，其無以易之。

　　雖然水是如此的至柔至弱，但是說到要攻克堅硬剛強的物體時，卻沒有一樣能夠勝過水所展現出來無限強大的力量；因為水永遠至柔至弱，如此的性德在任何環境中是絕對不會改變，也不能取代。

弱之勝強，柔之勝剛，

　　像水這樣虛弱周密，包容廣大的至善，最後必然能夠含攝而勝過所有表面堅強的東西；像水這樣柔軟浸染，穿透無礙的至真，最後必然能夠化解而勝過所有表面剛硬的東西。

天下莫不知，莫能行。

這種現象天底下沒有人不知道，卻是沒有人能夠發自內心去力行實踐水德的絕妙眞善。

是以聖人云：

聖人親證實悟水德絕妙眞善，因此坦然直言：

受國之垢，是謂社稷主；

爲了天下國家著想，而能夠含受人民百姓所抒發出來的怨氣和羞辱，有如含受全國的污濁殘垢，內心仍然謙和包容，化解於無形的人，可以稱得上是國家社稷的賢德明主。

受國不祥，是爲天下王。

爲了天下國家著想，而能夠承受人民百姓所厭惡逃避的危機和橫逆，有如承受全國的苦難災禍，內心仍然安定持穩，任重道遠的人，才稱得上是天下萬民的王者至尊。

正言若反。

所以聖人爲了點化正面的道理，讓世人明白願行，總是以反面的言語來啓發人人本來性德而自然成就。

（結語）聖人眞實的啓示，旨在揭露人人本來淳樸天眞，有如水德至柔至弱，可以含受諸惡以顯耀眾善，而能超然勝物，成就大

德功業。

◎麥教授與郝學生的對話

郝學生：這一章「天下莫不知，莫能行。」跟前第七十章「天下莫能知，莫能行。」請教授明說。

麥教授：這一章指「弱之勝強，柔之勝剛。」的道理人人了解，然而卻沒有人願意去體會與親證，所以感嘆世人雖知而不行，強調的是行證的重要，能夠真行才是真知。而前第七十章則指人人本來淳樸天真，所以老子的真言妙行應該是「甚易知，甚易行。」但是因為世人被私心貪欲蒙蔽了原來心性至寶，所以感嘆世人不知也不行，強調的是能知的重要，能知必能行，行滿天下而普施一切。

郝學生：「受國之垢、受國不祥」不是很沒面子也很羞恥嗎，怎麼說「是謂社稷主、是為天下王」呢？

麥教授：這是一般人的無知與誤解，所以大家都要嫌棄逃避，沒有人願意面對承擔。其實真正有慧性、有勇氣的人心量至廣而慈心大愛，自然能夠面對嚴峻的挑戰，承擔完全的使命；這些所謂「受國之垢、受國不祥」是歷練，更是責任，為了天下國家，一點也不覺得不好意思或是羞恥，反而如水德般可以激發出無限的動力和推力，所以說「而攻堅強者，莫之能勝，其無以易之」。

郝學生：謝謝教授，終於能夠明白，也確實上了難忘的一課。

麥教授：尤其是學行之人，更要體會「正言若反」的真義，並且堅定信念，才能實踐濟世利民的宏願，永遠衝勁十足，立馬當先，否則一旦遇到不能稱心如意，或是有心人故意刁難與阻撓，恐怕很容易中間轉向，半途而退，甚至氣憤難消，捨願喪志，這樣豈不是令人捶胸頓足哉！

◎宇宙人生導航──用行動來體驗真實

　　你相信自己的感覺，還是相信自己的體驗呢？

　　感覺總是在飄渺中，體驗才是真實的。

　　沒有行動無法體驗，趕快行動立即體驗。

　　請用行動來體驗真實，柔弱勝剛強不是口號，無形而又無限的力量明白呈現在自然中。

第79章 左契

和大怨，必有餘怨，安可以為善？是以聖人執左契，而不責於人。

有德司契，無德司徹。

天道無親，常與善人。

◎提要

　　本章讚言，聖人無私而有大愛，所以全然付出，不求回報，如此守樸存真，才是化解世間紛擾爭端根本之道。老子慈心，勸勉世人，尤其是當時為政者，不可以重稅來壓榨百姓，與民爭利，應該效法天道自然，普施一切，當下心誠則靈，感應天恩加持，得以領受上天特別給與之垂愛與賜福。

◎白話譯文

（前言）世人自私自利，連一點資源也不肯犧牲退讓，好勝好強，連一點便宜也妄想貪圖佔有，只知道責求於人，卻不思反省於己，所以往往因為不能稱心如意而造成人與人之間，或是諸侯與諸侯之間的紛爭與衝突，甚至產生怨懟與傷害。

和大怨，必有餘怨，安可以為善？

　　當雙方產生很大的怨懟的時候，縱使有人極力幫忙調適，總算達成和解，雖然表面上相安無事，但是隱藏在內心深處必然還有怨氣，難以完全釋懷而餘波盪漾，日後彼此之間只要有一點誤解與摩擦，恐怕就會引爆更大的事端，所以這種表面上的和解只是勉強而短暫的和解，怎麼稱得上是長久而完善的和解呢？

（續言）何況是上位者私心貪得，藉著官威以賦稅來壓榨百姓，與民爭利，如此蓄積民怨，更是到了難以化解的地步；只有聖人的德儀可以作為天下的表率，聖人慈愛百姓而利濟群生，雖然有恩於世，有德於民，但是卻一點也不認為做了什麼事，不敢居功貪名，這才是化解世間紛擾爭端的根本之道。

是以聖人執左契，而不責於人。

聖人有恩於世，有德於民，仍然恬淡安處，沒有任何的妄念和貪求，好像是握著明確有效的債權左契，但是不會去責報對方，要求兌現償還，手上的左契若有而心無。

有德司契，

有德賢士效法聖人無私大愛，只有付出而不爭不貪，好像是應持債權左契的長者，卻從不向眾人兌現求報，如此厚德必定得到世人的敬愛與感恩，自然國家社會一片安定祥和。

無德司徹。

相反的，那些無德俗輩常營私謀利，只想強索卻不願施捨，好像是掌理賦徹徵稅的官員，漠視百姓之有無，總要處心積慮再三催討，一點也不會放過奪取的機會，必定招惹民怨沸騰，自然國家社會紛擾四起而衝突不斷。

天道無親，常與善人。

世人應該明白，天道生養萬物，普施一切，不分親疏貴賤而平等惠澤，但是唯有含藏厚德，心懷無私大愛的善人可以自然感應天恩加持，好像常常領受上天特別給與的垂愛與賜福一樣。

（結語）所以學道行者應該效法聖人，守樸存真，奉行無私大愛，全
　　　然付出而不求回報，表面上以為失其小利於世，卻能得其大
　　　功於天，人人如此，必定能夠完全消弭世間無謂的紛爭與衝

突，自然天下承平。

◎麥教授與郝學生的對話

郝學生：「聖人執左契，而不責於人。」請教授詳解。

麥教授：這是一個了不起的譬喻，可以展現聖人真實的無量大德。以前商品交易談成，貨物由賣方交給買方的時候，雙方會簽定一紙合同契約，然後再將其一分為二，賣方執左契，是為債權人，買方執右契，是為負債人，當期約到時，兩契相合為信，賣方據以兌現，買方必以付現，表示執左契的人，已經供貨，理應責報，當得獲利。所以古哲聖人濟世利民而德澤天下，全然付出卻不求回報，好像是「聖人執左契，而不責於人。」如此意境，與前第四十一章「夫唯道，善貸且成。」遙相呼應。

郝學生：那麼「司契」與「司徹」有什麼不同呢？

麥教授：差別很大，意義完全相反。「契」是合同左契，「司契」指掌握左契可依法求報的長者，在此與「徹」對比較量，尤指不強責報，但求利益眾人，隱喻「不責於人」的至善盛德，象徵「只與而不取」。「徹」是周代田賦稅，「司徹」指負責向人民徵稅的官員，在此隱喻「苛責於人」的貪妄敗德，象徵「只取而不與」。

郝學生：謝謝教授指導。

麥教授：這裡的「天道無親」跟前第五章「天地不仁」意思相通，突顯天道的自然無為，而「常與善人」更明白的揭露善德感應不爽，善功綿綿無盡，正如前第六十二章「不曰求以得，有罪以免邪？」兩者貫通一致。

◎宇宙人生導航——心無所求

做事有所求，是合理的，但是求多求少總在是非中而不能平靜。

做事無所求，令人不可思議，超越了是非的糾纏而能安心自在。

有所求是為自己求，好像有所得，卻在心裡產生了另一種負擔而煩惱不離身。

無所求是為全然付出而無所求，好像一無所得，但是精神安定而充滿無限喜悅。

求與無求在每一個人心中佔有不同的地位，當一個人完全心無所求的時候，跟老天就沒有了距離。

第**80**章　不徙

小國寡民，使有十百人之器而不用，使民重死而不遠徙。

雖有舟輿，無所乘之；雖有甲兵，無所陳之；使民復結繩
而用之。

甘其食，美其服，安其居，樂其俗。

鄰國相望，雞犬之聲相聞，民至老死不相往來。

◎經文回溯

1 王弼本原文：「什伯之器」。

　依帛書本回溯：「十百人之器」。

2 王弼本原文：「使人復結繩而用之」。

　依帛書本回溯：「使民復結繩而用之」。

◎提要

　　本章道盡老子心聲，闡明通篇旨意，唯能歸返本來淳樸天眞，當下覺悟自然無爲妙趣，有如閒居小小國度，捨棄了有爲智巧，遠離了武力爭奪，安身立命而知足樂道，直到人生終點，都不想離開自己家鄉至善寶地。

◎白話譯文

小國寡民，

　　老子期勉世人能夠清靜淳樸，天眞無邪，有如回復到上古時代自然無爲的社會，也好像是在一個小小的國度，雖然居住著很少的人民，但是百姓都能夠生活和諧，知足守道而自在無憂。

使有十百人之器而不用，

　　在這個國度裡，縱使有一些十倍百倍於人工的器械，也不需要使用到它們，因爲這個時候社會單純，人人恬淡無求，可以自給自足，自得其樂。

使民重死而不遠徙。

　　所以每一個人都能夠珍惜生命的可貴而生活篤實簡約，尊重死亡的眞諦而精神自然灑脫，終其一生都不會想要遷徙到遠處去，因爲自己的家鄉就是安身立命的至善寶地。

雖有舟輿，無所乘之；

雖然已經建造了舟船馬車，但是沒有人想要去搭乘，因為人民不需要遠行。

雖有甲兵，無所陳之；

雖然已經武裝了甲冑兵器，但是沒有機會來作陳列，因為國家不需要爭戰。

使民復結繩而用之。

在這個國度裡人民樸實，沒有智巧謀略而自然融合，因此不需要複雜的語言和文字來增加困擾，可以回復到遠古時候，善用結繩以表達與記錄的生活方式，這樣就已經滿足生活所需了。

甘其食，美其服，安其居，樂其俗。

雖然吃著簡單的食物，也覺得甘甜有味，雖然穿上樸素的衣服，也覺得美觀舒適，雖然居住簡陋的房舍，也覺得安心愉快，對於鄉土生活的風俗習慣，都懷抱著最大的喜樂，真誠的遵行與傳承。

鄰國相望，雞犬之聲相聞，

此時天下承平，國與國之間沒有戰亂與爭奪，跟鄰國和睦共處，遙相遠望，還可以相互聽聞對面傳來雞犬的鳴叫聲，聽起來格外的和諧悅耳。

民至老死不相往來。

而且人民生活充足安定，內心自在喜樂，與鄰國相知相惜而彼此心心相應，一直到終老死亡的時候，都不曾離開自己的故鄉，也沒有需要跟鄰國相互往來。

（結語）因為人人知足樂道，樂道知足，不會好奇探求，更不想到處追逐尋覓，而能安身立命於自己家鄉的至善寶地。

◎麥教授與郝學生的對話

郝學生：請問教授，「小國寡民」的含義是什麼？

麥教授：這是老子對於世人的期許，更是淳樸天真的總結縮影。這樣的小國寡民想必存在於上古時代，甚至就在現今世界的某一個角落，代表了至真至善至美的真實化境，本來已在你我心中，其意境深遠，只能簡述如下：

一、「小國寡民」社會結構單純而牢固，人民思想天真無邪，生活安定知足。

二、「小國寡民」也可以延伸成為任何形式的國家，以「小國寡民」的真善美為核心，每一個國家都變得單純了，因此人民容易治理，國政自然推行，也就是所謂「無為而治」的真實寫照了。

三、「小國寡民」還可以超越形象，映射為個人身心和諧，精神充足，而為學行的極致實現。

郝學生：那麼「小國寡民」的人民，他們的生活情況是如何呢？

麥教授：明白而言，就是「使有十百人之器而不用」和「使民重死而不遠徙」，其他的內容都是從這兩句再延伸表述的；「舟輿」和「甲兵」是為「十百人之器」，而「民至老死不相往來」意指「重死而不遠徙」。

郝學生：很多人都誤導誤傳，將「民至老死不相往來」變成「老死不相往來」，意思完全走調了。

麥教授：一般人以訛傳訛，都誤以為是雙方吵架所以不再往來的口頭禪，其實這一句話意義非常深遠。「民至老死不相往來」是指一個人知足樂道，不會好奇探求，也不想往外追逐，能夠安身立命於自己的故鄉，依止本來至善寶地，不必往來卻能心心相應，直到老死還是如此安心自在，是為本來生命清靜豐足的真實寫照。

◎宇宙人生導航──止於至善

人的妄心貪求創造了花花綠綠的世界，為了滿足這個不能滿足的心，所以到處好奇追逐，似乎還有更美艷動人的幻影在遠方浮現著。

已經有了還想要更多，已經滿了還想要撐著，非常熱鬧，十分激動，真是忙得不亦樂乎。

當曲終人散，卻黯然神傷，這個時候覺得累了嗎？辛苦了。

何不休息一下，多麼安靜，多麼愉悅。

是的，走得再遠，身子還是要回家休息，精神也需要穩定澄清。

原來安居於自己的家鄉，靜止於本來至善，才是最平靜舒適的地方。

不必遠遊自然感應十方，不需追求已經真實圓滿。

第81章 不積

信言不美，美言不信。

善者不辯，辯者不善。

知者不博，博者不知。

聖人不積，既以為人，己愈有；既以與人，己愈多。

天之道，利而不害。

聖人之道，為而不爭。

◎提要

　　道德經五千言字字傳心，句句盡性，道妙宣然，德玄發揚，皆為不得不說之正音，不得不顯之正法，能解天下之惑，可化萬民之迷，雖然意趣深遠，始終不離自性。老子慈心，總結精要義理，凡真行善功者，謹守原心淳樸，依止本來至善，率直全真，不積不累，順行天道自然以利濟萬物，實踐盛德無為能博施廣成。

◎白話譯文

信言不美，美言不信。

　　凡是信實的言語，都是出於本性的真誠所直接表達出來的，沒有任何的修飾，因此總是不悅耳動聽，而那些美言巧飾的話，雖然很好聽，但不是真心話，所以一點也不是信實真誠的話語。

善者不辯，辯者不善。

　　凡是善行純厚的人，不會辯解爭論而能穩重實踐，自然真理愈澄愈清，人心共鳴，而只會一再的辯解爭論，行於表面功夫的人，那麼這些所作所為，就完全稱不上是善美德行了。

知者不博，博者不知。

　　凡是真知覺性的人，與道契合，自然明白而通達無礙，因此宇宙萬象之理數變化，莫不了然於心，所以不需要刻意的到處去勉強學習那些看似廣博，卻是虛華不實的知識，而所謂知識廣博，喜歡炫耀的人，看起來好像學問很大，反而會被那些浮漫的知見蒙蔽了自性，所

以不能顯現本來眞知眞覺的慧性光明。

聖人不積，

聖人了解生命本來清靜豐足，良知良能始終完備俱足，所以不會貪求世俗的名利富貴，更不敢恃才爭功，總是不積不累，常處淳樸天眞的原始。

既以為人，己愈有；

聖人爲民造福，付出畢生的心血而不求任何的回報，最後能夠大功告成，反而受到世人永遠的景仰與尊崇，聖人有如世上最高貴富有的人一樣。

既以與人，己愈多。

聖人普施天下，將全部的慈愛和關懷奉獻給世人而不會計較個人得失，世人感念宏恩浩澤，因此建立社稷宗廟以祭祀不斷，聖人有如世上最多福多壽的人一樣。

（續言）其實世人能夠犧牲奉獻，一定應有得報，但是最了不起的回報，卻不在於世間的名利富貴，反而是感應在老天的眞功實善，這樣的回報，遠遠超過所有一切的想像，而能眞實受用，長長久久。

天之道，利而不害。

誠然天道運行返本達源，利濟萬物而平等調適，不偏執疏漏，未傷害一物，這就是上天之道。

聖人之道，為而不爭。

聖人傳承道的常明，順行道的自然，慈愛世人而全然付出，始終虛柔不爭，這就是聖人之道。

◎麥教授與郝學生的對話

郝學生：所謂「既以爲人，己愈有；既以與人，己愈多。」實在令人振奮，也給予有心學行以及想要真誠奉獻的人很大的信心和鼓勵。

麥教授：聖人的典範就是最好的明證。其實一個人如果平等無私，守樸存真，自然沒有煩惱束縛，更能夠自在無憂，可以付出全部的心力，建立所有的善功，而且心量越來越大，乃至廣如浩瀚宇宙，含攝一切萬有，當下我即宇宙，宇宙即我，這就是宇宙人生。

郝學生：「天之道」和「聖人之道」，似乎有不可思議的關聯與互動。

麥教授：所謂天道從人道做起，人道盡則天道自成，因此人道可以力行卻不必爭，是即「爲而不爭」的意思。具體而言，有心自修自悟，救世救人，始終順行天道自然，如此天人合一，絕對是得報獲利最佳投資組合，而且必然是一本萬萬利，不用去擔心，更不會吃悶虧，尤其這個利，不是世間的虛名假利，應是太虛無上光明，宇內真實圓滿，這樣的人道，也就是聖人之道；其中「爲而不爭」與前第三章以及前第六十三章的「爲無爲」意思相通。

郝學生：請問教授，這一章是完結篇，有什麼特別的啟示或旨意嗎？

麥教授：本章與前第一章，先後相應，圓成相續。誠然道生天地萬物，道貫一切萬有，因此人人身中有道，本來完備，所以不必積累，至信至善顯然，如如原性明矣，據此返本溯源，返樸歸真，得以常清常靜而長長久久。

◎宇宙人生導航——天人合一

賦曰：

人人有一眾妙門，行之返天，持之歸眞。

物物有一萬善理，順之得生，從之達用。

是以天道之玄，玄之又玄，眾妙之門。

是以至德之易，易中變易，萬善之理。

回顧與未來

畢業典禮的那一刻

麥教授：恭喜，終於畢業了。

郝學生：謝謝教授的指導與提攜。

麥教授：雖然是畢業了，但這只是形式上的名相，真正的學習才要開始，真實的行持更須踏出，往後人生路途充滿未知和考驗，應該加倍的用心學行，努力的改毛病，去脾氣，才不枉費今日善緣。在此，以《老子道德經》的兩句話送給你，「為學日益，為道日損。（48）」「天道無親，常與善人。（79）」希望能夠好好的實踐與體會。

郝學生：感謝教授指點。

麥教授：如今這些課程翻譯已經彙集成書，可以跟大家見面了，希望每一個人都能夠時時詳閱參讀，雖然只是初階入門，仍然可以賞心悅目，可以怡情悅性，如果因為這樣的導引而能夠深入經要實義，親悟親證，更是大家所樂見與期盼。不過還是要特別注意，雖然是輕鬆的閱讀欣賞，也不可太過隨意的散漫以待，否則只會拖累了自己前進的腳步，卻沒有絲毫的受用，更可能誤解錯亂經中實義而混淆了原來的清靜道心，甚至無意中自傷傷人，確實令人擔憂，早知如此，倒不如將這個白話譯本作資源回收，還比較平安無事，寬心自在一些。

郝學生：啊，資源回收！教授您太激動了。

麥教授：會有這樣的感嘆，因為世人妄心多如此也。經中所說句句真實，沒有擴散闡述，更不會過度顯化，實在是道大理微，虛靈絕妙，小而無內，大而無外，可以說妙善玄德，道與俗反，凡夫哪能盡知，迷頑豈得盡信，不知不信而又誤解歪曲，甚至盲人引盲，離道遠矣。誠然「上士聞道，勤而行之；中士聞道，若存若亡；下士聞道，大笑之；不笑，不足以為道。（41）」

郝學生：教授的苦心良言，學生一定謹記在心，只是在學行的道路

上，千頭萬緒，不知道要從哪裡做起？

麥教授：從服務人群開始做起，不需要預備動作，也不必花錢，現在就可以進行。雖然只是服務別人，但是一切善因緣已經包含俱足，而且日久見功夫，學起道來，當然稱心如意，行起功來，更是得心應手。這個時候，就是作到了「聖人常無心，以百姓之心爲心。（49）」的眞功實善。

郝學生：爲什麼服務別人有這麼大的好處和收益呢？

麥教授：很多人雖然想要學道行道，更有心幫助別人，但是卻無法踏出第一步，也許有不同的原因，其中大部份只是因爲不能眞誠的發出慈善愛心而感到不自在，不眞實，一路走來，搖搖晃晃，無法堅定恆常。爲了化解這個問題，所以才提出這種最簡易又有效的入門功夫，可以邊做邊學，邊學而修，能修眞辦，辦而覺知，知而實行，行而建功，眞功實善怡然自得，慈心正念油然自生。慈心既顯，大愛無我，願行廣施進而臻其妙境極處，歸入至善寶地，以此，與天地同德，與萬物同心，洋洋乎，眾妙之門彰明矣，萬善之理顯耀哉！正所謂「夫慈，以戰則勝，以守則固。天將救之，以慈衛之。（67）」

郝學生：請問教授，這個白話譯本，如實眞行，如此受益，應該歸於何宗何派呢？

麥教授：此經爲道教根本大法，原始眞義，更是各宗門派，最尊崇、最禮敬的無上妙音，也是世界各地，學行之徒的進賢寶藏，悟覺之聖的證道實相。但是自己現在的層次，尚屬極淺，實在不敢粗言妄語，隨意攀枝戴葉，以免僭越宗門教義之善美；只能說，這個白話譯本僅是個人講堂的教材，學習的心得，而且，依據史學記載，此經出現甚早，超乎宗門立教說法之起始，因此本書主要在倡言眞理實性，連結道心與人心，不偏入一教，也不與任何經典相比，以彰顯道的獨立超然，所謂「有物混成，先天地生。寂兮寥兮，獨立不改，周行而不殆，可以爲天下母。（25）」

郝學生：教授眞情慈意，學生終於感受到心靈復活的喜悅，還請教授

一路相伴，終生引導。

麥教授：心靈復活了，必須往空妙處向上提升，如此改變氣質，化現本來清靜的心，才能回到真正屬靈的原鄉來處；讓這一本書陪伴你，有如時刻與我同行一般，請謹記「不貴其師，不愛其資，雖智大迷。是謂要妙。（27）」

郝學生：教授善心美意，大家都能體會而且真實受益，如果拍成電影，不是更可以宣揚道德嗎？

麥教授：其實這個白話譯本，原是經過苦心推理，細心參研而完成的，實在不敢自以為知，因為真正的明心見性，完全是自然流露，不假思索，甚至無言可說，只能用心體會，所以期盼大家應該超越文字的名相，貫通經義要妙，才是真正的自覺自悟。也許機緣會聚，幸得賢達賜教贊助，日後真的可以拍成電影，以饗大眾，一起體會「不言之教，無為之益，天下希及之。（43）」的絕妙真言。

郝學生：謝謝教授，學生明白了，學生不會辜負教授的期許，請教授安心。

麥教授：（微笑點頭，欣慰之情，寫滿臉上……）

　　教授回到講堂，簡單的整理一些行囊，獨自孤寂的走到外面，坐上了一部青色休旅車，直往西區駛去，到了機場，與老董好友寒暄了些時，分享了畢生心得，終於出了海關，面露安祥，就此飛上天際，而不知去向……

老子素描

大戲即將上演
敬邀合心觀賞

【第一幕】

圓月高懸，星空閃爍，秋風陣陣追逐……

遙遠的天際，群山綿延朦朧，映現出清晰的稜線，還點綴燈火闌珊，似乎藏盡了無限的夢意和想念。

山腳下依偎著一棟棟明星豪宅，卻偶而突兀的排列著片片矮陋平房；馬路上車流不斷，夜市裡人潮穿梭，攤商夥計笑嘻嘻的看著客官掏出白花花的銀子付帳；不遠處，一群年少輕狂的小伙子，不知為了什麼天大的事而爭執不休，直到一聲刺耳的摔瓶聲響起才人影四散，各自回巢；這個時候，對街有人穿過馬路，也不管汽車鳴聲和吆喝罵聲，只顧自的慢慢晃到這邊，什麼斑馬線和紅綠燈，已經沒有意義了，原來是尋歡客不勝酒力，正由一位清涼妙齡女子攙扶著，這位仁兄領帶掛在脖子上，西裝外套明顯大了一些，簡直一副狼狽模樣，卻不時哼著快意山歌，還吐了滿地，以為給路邊的小草添加了多少的養份。

夜，漸漸深沉，月，更加明亮，車流人潮也隨著慢慢消散，好像所有的一切，又都要回到原來寂靜無息的世界。巷尾那邊，一棟五層樓的頂樓加蓋房間，有一扇窗戶半掩著，從裡面透射出一道清澈的光線，住在裡面的人肯定是還沒有上床睡覺。

【第二幕】

　　鏡頭來到這個頂樓加蓋的房間，裡面擺設簡單，傢俱有點泛黃陳舊，只有一張床，一對桌椅，一個衣櫥和一座正指著一點十五分，好像快要走不動的老時鐘；這裡應該是租來的房間。

　　突然一張白紙飛過眼前，射向牆邊，掉落床上；往前仔細一看，紙上畫的顯然是一位古代仙人模樣的素描畫像，端莊中帶有飄逸自然的氣象，算是一幅上等作品。在這張畫像的旁邊，早已鋪滿了不少同樣紙張的畫像，這些被丟棄的作品中，有些看起來畫法各自不同，差別很大，但是有些作品卻是極為相似，也許只有眼睛裡面的黑眼珠的位置大小不同，或是眉毛尾端的畫法稍異而已。

　　原來丟出這些素描畫像的人正坐在桌前發呆，一看就知道是剛畢業的學生模樣；年青人有點宅宅的陷入沉思，偶而轉頭看一下床上的畫像們，又回頭望著窗外皎潔的明月，然後雙手抱胸，歪著頭，偏向右邊一點，似乎在思考某個解不開的謎。年青人表面平靜，內心卻一直吶喊者：「為什麼，為什麼總是只缺個臨門一腳？」

　　只缺臨門一腳？難道跟這些素描畫像有關嗎？是的，就是這些畫像們，讓年青人神魂顛倒，百思不解；為什麼老是覺得這些素描畫像並非他想要的，因為都不是「那個人」真正的面目啊！

【第三幕】

年青人還是找不到答案，只好再回頭看著桌面上擺放著的一本書，希望從這本書中找到最關鍵的臨門一腳；書的封面印著《我與老子的座談會》幾個大字，而且早已經被翻閱得不成書形，封面就快要脫落了。年青人一打開書本，正好是第十五章，這一章對於有道之士的品味氣象，描述得非常清楚，可以說寫實寫真而又寫意，令人神往不已。年青人正襟危坐，很仔細的再參研一番，也許這一次真的能夠得到感應而靈光乍現，找到臨門一腳的奇異點。

時鐘滴答滴答，拖著老邁的步伐埋頭苦幹，安份守己的一直轉圈圈，終於又走到了三點的位置，再看看年青人，已經累趴在桌面上。突然一陣順風自窗外閃了進來，年青人不自主的打了一個扎實的冷顫，然後抬起頭，瞇著小眼睛，沒有意識的望了一下四周，接著不經意的拿了桌上的一張紙巾，擦一擦嘴角的口水，還不忘抹去桌面的一灘口水，抹完了，手裡還輕輕的握著紙巾，好像是要準備給下一次使用。

年青人睡意濃濃，經不起睡神的召喚，又趴在桌上，急著摔入熟悉的夢鄉；不一會兒，年青人猛然抬頭，好像覺得不很妥當，想要的答案仍然杳無蹤影，此時此刻千萬不能停下腳步。

年青人看了一下時鐘，三點十五分了，時鐘的左邊再下面一點，貼著一幅標語：「我愛老子，老子萬歲！」年青人滿足的傻笑著，然後搖搖腦袋瓜，因為他想要的答案還沒有著落，就只缺少那臨門一腳，他的畫像就可以完成了，一幅真正的「老子素描」。

【第四幕】

正當年青人得意的看著標語，渾然忘我的時候，旁邊走來一位老者，微笑的看著年青人，年青人也自然的點頭回敬了老者，老者輕鬆的自己坐在床邊，稍微斜靠著牆面，一臉自得其樂的樣子；接著老者輕聲的說了一句：「這麼晚了，還沒睡喔？」年青人好像沒有完全回神，心想：「您是哪一位？」

「我是你的老朋友，一直都在你身邊。」
「是喔，但是我怎麼沒有看過您呢？」
「你心裡一直有掛慮，所以看不到我。」
「您怎麼知道我心裡有掛慮呢？」
「看你丟棄了這麼多的畫像，就知道你心裡有掛慮。」
「我就是畫不出真正的老子素描啊！」
「可憐的孩子，你被這本書綁住了。」

老者沒有開口，但是年青人聽得到他清晰的聲音，年青人心裡說的話，老者也聽得明白，真是非常有創意的交談。老者的穿著跟年青人一樣簡單，雖然年紀大了一些，但是感覺沒有隔閡，自然舒適，有一股充滿喜悅和善的氣象，也許因為這樣，雖然是不速之客，年青人卻沒有被驚嚇到。

年青人帶著欣賞而又好奇的眼神，直直的看著老者，正想仔細深入的觀察老者的容貌，卻突然現出一片光圈，老者的面目和這些光圈已經融合一起，竟然明亮得什麼也看不見了。年青人有如觸電般的目瞪口呆，滿臉莫名的驚訝；只能雙眼閉上，一邊揉著眼睛，一邊甩甩頭，想要迴避眼前這些不真實的一切，也希望能夠讓自己沉澱下來，

趕快恢復平靜。

【第五幕】

　　年青人終於平靜的張開眼睛，老者仍然安心自在的坐在那裡，面露微笑，還多了一份親切的關懷。

　　「為什麼會這樣呢？」
　　「怎麼了？」
　　「我剛剛完全看不到您的面容，被一道光圈遮蓋了，為什麼呢？」
　　「因為你太執著了。」
　　「我太執著？」
　　「你越是有意的想要看清真理，真理自然離你越遠。」
　　「……」
　　「你越是以平常心來體會真理，真理自然在你心中。」

　　這一席話直接穿透到年青人的心坎裡，他是一個能夠反省的人，明白自己太執著了，所謂「為者敗之，執者失之。（64）」年青人想起當年在學校時麥教授的指導，雖然從這本書裡面啟發了一些慧性，但是卻也被這本書綁住了身心，走不出層層的迷宮，正是因為自己沒有順行麥教授所諄諄教誨的「學行之道六部曲（36）」，不能跟著提升相對的德量，所以無法超越現實的名相，簡單來說，年青人沒有跟上學行的腳步，他落伍了；對於一個始終自以為站在學行前端的人而言，真是一大諷刺。

　　還好有老者親身的指點，年青人不但沒有因此灰心失意，反而充滿了喜悅和感恩，他終於釋懷了，應該是找到他夢寐以求的答案了，原來自信最真，自在最善，自然最美。他再次看著散落床上的畫像

們，現在這些畫像都活潑了起來，生氣盎然，還不時的閃耀著點點星光，好像在跟他打招呼一樣。年青人回頭看了老者，心想，他應該是非同凡人，必有來歷，他不只是「我的老朋友」而已。

「請問長者，您是……」

「我是老子，但是老子不是我。」

「所以……」

「《老子道德經》是萬經之王，流傳古今，凡有《老子道德經》的地方，必有老子的化身。」

「所以您是……」

「只要是參研《老子道德經》的人，能夠真心誠意，必然感應老子的化身常相左右，天人合一。」

「……」

「每一本書，有一個人看，就有一個老子的化身，有無數個人看，就有無數個老子的化身，是一對一、面對面，真實奇妙的座談會。」

【第六幕】

真相越來越清楚了，雖然感到很不可思議，還是以平常心來對待，一切回歸自然。年青人似有領悟，眼光發亮，眼神充滿了祥瑞和氣；以前不斷的讚嘆，從不落人後卻也沒有什麼體會的「無私大愛」，現在終於慢慢的發散出來而感受到它的真實存有。

年青人默默不語，沉浸在心靈的最深極處，一切盡在無言中。等到他回過神來，眼光與長者四目交會，長者點了一下頭，微笑的把旁邊貼在牆面上的標語反轉過來，現在上面寫著：「我即宇宙，宇宙即我。」還有無數個星光閃閃，而且不斷的環繞著標語旋轉，年青人充滿喜悅，頓時感覺生命無限而多采多姿。

到現在為止，長者和年青人都還不曾開口，但是彼此心靈的對話，卻是非常的順暢，直接有效，沒有任何的阻礙，看起來生命的律動更為活躍了，而且充滿著無限的可能。年青人從心裡面讚嘆長者的丰采，同時也感受到長者的一股太和之氣。

「您如此的尊貴，但是外表卻是這般的雅俗……」
「跟你的外表一致，這樣不是很自然又很好相處嗎？」
「是啊，多麼自在。」
「其實不管對方是貧賤的乞丐，或是富貴的員外，甚至是國王大臣，我都會顯現跟他們相同的身份和外表，這樣就沒有對立相待，可以很快的彼此交心，一起分享心靈的喜悅。」
「原來是這樣。」
「任何人，不管是處在什麼地位，都有他們相對的快樂和痛苦，都需要有人陪伴與分享，更需要指點與開導，能夠有這樣的人陪伴，

才是幸福的人生。」

　　「長者就是扮演這樣的角色，真是了不起。」

　　「與有榮焉，我就是你，你就是我。」

　　「我就是你，你就是我。」原來宇宙萬象的生命是一體的，同為一母之子，年青人可是上了人生最精彩的一堂課。外面一陣順風又自窗台閃了進來，這次年青人沒有打冷顫，卻顯得精神非常充實，他再看了一下時鐘，還是指著三點十五分的地方。看起來老時鐘也在這個聖靈充滿的座談會中，感染了令人喜悅而又奇妙的氣象，還忘了要繼續行走前進。

【第七幕】

　　長者終於站了起來，來回踱步，年青人不敢怠慢，也跟著起身，肅立站好。

　　「《老子道德經》你已經看了很多遍，應該體悟不少吧？」
　　「但是，今天跟長者相處，才真正的體會出生命的光慧和喜悅。」
　　「說得好，不過這些體會，可能只有三分鐘的熱度，也經不起考驗，並不切實際。」
　　「什麼，不切實際，怎麼會呢？」
　　「這本書只是一個引導，我也只是一個分享，然後呢？是不是很虛幻？」
　　「……」
　　「只有把這些得到的光慧，轉化為真實的學行，將本來具有的無私大愛奉獻給所有的人，這個時候才是真正的成長，可以和老子同心同德而長長久久。」

　　年青人有如被澆了一身的冷水，原來以為自己開悟了，還興沖沖的非常得意滿足的樣子，但是這個時候的他，好像又掉進了八百里的深淵，頓時覺得滿身沉重。

　　「敬愛的長者，我太幼稚了，還自我感覺良好，原來人的心是這麼的容易起伏。」
　　「因為沒有經過真正的考驗，所以無法成就真實的功夫，只要外面風吹草動，整個身心很快的就被化解了，什麼山盟海誓，都要飛到天外天了。」

是的，該站起來面對眞正的考驗和挑戰，才能活用慧性更上一層，往空靈處提升，否則恐怕要被書本的框架所束縛，只能在自己所建立的同溫層裡面隨意逍遙，卻無法走出外面，擁抱宇宙的無邊無際；長者看出年青人已經覺醒，可以大有作爲，這才是正確的人生道路，因此長者伸出雙臂，向年青人表示擁抱與嘉許的意思。

　　「走，我帶你到外面逛一逛，體會《老子道德經》的眞實世界，感受一下人間的冷暖窮通。」
　　「謝謝長者，您在門口等會，我馬上過來。」
　　「從窗台直接出去就可以了。」

　　年青人雖然覺得錯愕，但是卻有一股輕柔實在的力量推著他往窗台走去，身子還沒有爬過窗台，就已經浮升在窗台上了。年青人望著星空無限，圓月滿滿，心生歡喜，竟然自己大步的往前跨出，這個時候低頭又看到下面空盪盪沒有著地，魂都要飛出去了，這一驚嚇，頭就往下栽去，翻了個大跟斗，整個身子轉了一大圈，年青人想要抓住長者，卻沒有抓到，又來了一個大跟斗，這樣連翻了三個大圈圈，最後終於抓住了長者的手臂；其實還有一些距離，但是年青人感覺已經抓住了。

　　「不用怕，你越怕越走不穩。」
　　「我……我……我覺得飄……飄飄然，很……很難控……控制自己的……的方向。」
　　「心清自然涼，心安自然定。」
　　「謝……謝謝長……長者。」

　　年青人一邊點頭，一邊搖搖晃晃的走著，他儘量試著讓自己冷靜

下來。不一會兒，年青人平穩了許多，感覺比較踏實，還蠻好走的，一點也不必費力，竟然兩人瞬間就消失在夜空中，留下了孤獨的老時鐘，目瞪口呆的站在三點十五分的地方⋯⋯

【第八幕】

──待續──

老子素描外傳

　　戲演得正熱，為何卻突然踩煞車呢？其實，就是因為戲正熱著，所以想邀請讀者好友一起共襄盛舉，大家都來參與演出，不是很有意思嗎？

　　各位已經看完《我與老子的座談會》這一本書，應該都與老子上了一堂令人回味無窮的一對一、面對面，完全客製化、優質化和尊貴化的座談會吧？各位有扮演好主角的角色嗎？相信是有的，所以各位對於《老子道德經》的真實世界，必然都有了深切的體會與感受；請問各位體悟的真實世界跟筆者所繪製的〈老子道德經的世界模型〉一樣嗎？還是不一樣？不管結果如何，各位心裡明白就好了，那麼，現在就是各位自由發揮的最好時機了。〈老子素描〉這一齣戲的第八幕開始，也就是「老子素描外傳」，請各位輪流接續下去，大家在不同的生活環境中，各自演說本身對道的體驗與分享，一定精彩可期，換各位來表演，筆者當觀眾去了。

　　當然，要演說的劇本有很多種，各人依自己不同的生活體驗來表現，請參考以下的類別範例：

　　學行篇、宗教篇、宇宙篇、
　　家庭篇、親戚篇、朋友篇、同事篇、
　　工作篇、男女篇、愛情篇、
　　教育篇、政治篇、軍事篇、外交篇、
　　哲學篇、人文篇、科學篇……

　　類別實在太多了，真是難以一一列舉，人生的際遇百千萬種，有人喜事連連，有人哀戚綿綿；各位自己原來的感受如何？而現在有了

老子與道德經的加持，大家站在同心圓上，各位現在的感受又是如何？請大家在表演的時候不要只提出精彩的理論，也請避免直接把《老子道德經》當作任何一種學說領域來研討論述，這樣反而會將老子的思想扭曲變形，更無法全面貫通，各位應該把《老子道德經》視爲屬於個人的一幅自畫像，時時反觀內省，自覺自悟，一旦各位看清楚了自己本來的面目，也就是明白了人人存有的「眾妙之門」的時候，當下慧性發揚，能夠連結所有學說領域的中心主軸和脈絡經緯，進而應對自如，應用自然，這或許才是老子的原意吧。

其實，《老子道德經》第一章已經清楚的揭露了這個「眾妙之門」的眞實可貴，因此我們在學行的時候，問題並不在於如何「坐進此道（62）」，而是願不願意「坐進此道」；人生道路要怎麼走，老天實在沒有什麼意見，但看自己對生命的意義認識多少，用心多深，應知人生旅途的過程中，不用哀怨也不必驚喜，因爲「自然」總是與你我同行，每一個人都會在自己所創造的，而且是唯一的人生道路上，不斷地向前行進，這就是你我的人生際遇；或許《老子道德經》第六十三章和第六十四章，可以做爲我們學行的參考，另外，第六十七章和第七十九章，可以做爲我們向上提升的無形推力，如此，我們的心量一定會更廣大，視野更高遠，對宇宙人生的眞實將有全新的體會，所謂「既以爲人，己愈有；既以與人，己愈多。（81）」我們大家不妨一起來體驗看看。

最後，再次請各位拿出看家本領，把自己學行的體悟以及最眞實的感受，完全的表現出來，透過大家一起同心合力的表演，讓「老子素描外傳」成爲當今影壇上的經典之作，或爲世界性的精神舞台；非常期望老子的思想核心與中心價值，能夠因此深植於每一位觀眾的心中，明白的呈現在每一個人的生活上。

附 錄

歷史的見證 —— 郭店村竹簡與馬王堆帛書

　　自先秦以來，《老子道德經》的傳世古本有嚴遵本、想爾註本、敦煌本、范應元本、景龍碑本、蘇轍本、林希逸本等，另外還有所謂的流行本，如河上公本、王弼本和傅奕本。以上這些版本經過歷史不斷的傳承與增衍，多數已非原始舊貌，但卻是比較合於近代的文學模式。而在流行本當中，又以三國曹魏時期的王弼本，對於歷代的思想是影響最大的，因此也是本書經文的主要參考。

　　令人驚嘆的是，一九七三年十二月在湖南長沙馬王堆的三號漢墓中，發現了一批有關《老子道德經》的古代帛書，內含兩種版本，現今學者稱爲甲、乙本。帛書甲本近於篆體字，書中不避諱漢高祖劉邦的名字，除了第五十九章和第六十章使用到「國」字以外，其它各章都使用「邦」字，因此可以推估帛書甲本最晚是在漢高祖前不久的時期抄寫的，大約在公元前206年 —— 公元前195年之間。帛書乙本則近於隸書體，書中多處避諱劉邦的名字，把甲本中的「邦」字改爲「國」字，另外不避諱劉盈的名字，所以推估帛書乙本是在稍晚的惠帝前不久的時期抄寫的，大約在公元前179年 —— 公元前169年之間。帛書甲本和乙本的經文內容，也有一些不同的地方，可見在這兩本之間，頗有後人增衍的痕迹，也可能是所依據抄寫的原始祖本是不同的。

　　帛書多處殘缺，雖然沒有章節編號，但是還保留著所有對應章節相當大的完整性，其編排順序與目前的流行本幾乎一致。帛書的出土，震撼了中外學者，不但讓今人目睹了《老子道德經》眞實的丰采，更提供了古老而又珍貴的文獻參考，對於日後經文的校勘影響非常深切。

尤其振奮人心的是，一九九三年在湖北省荊門市郭店村的戰國楚墓中，發現了一批有關《老子道德經》的古代竹簡，將《老子道德經》的眞實年代更推前了一大段，應是早於公元前278年。依據竹簡的長短和體制的不同，概分爲甲、乙、丙三組，三組的總字數約只有目前流行本的三分之一不到，而且殘缺嚴重，章節的順序編排也與目前流行本完全不同，每一組只有幾個章節，各組的章節互相不重複，章節的經文內容，相對於帛書，有多處不同，主要是古字古義的演進變化，原來大意則是一致的。

　　竹簡甲、乙、丙三組中，各組所出現的章節，對應於目前流行本的章節編號如下：

　　甲組：十九、六十六、四十六中下、三十上中、十五、六十四下、三十七、六十三、二、三十二、二十五、五中、十六上、六十四上、五十六、五十七、五十五、四十四、四十、九。

　　乙組：五十九、四十八上、二十上、十三、四十一、五十二中、四十五、五十四。

　　丙組：十七、十八、三十五、三十一中下、六十四下。

　　從學者的觀察與研究中，可以了解竹簡甲組的經文內容相近於《老子道德經》的原始祖本，可能距老子的逝世僅百餘年而已，竹簡丙組的經文內容則與帛書相近。竹簡的出土更奠定了老學的眞實性與重要性，對於《老子道德經》的傳承與發揚扮演了非常關鍵的角色。

　　另外，在竹簡本中其章節的排序是沒有規則的，因此原始經文的前後章節似乎也是不連貫的，但是在本書的解說中，還是會有前後連結的說明，一方面試著把老子的原意作有系統而連貫的表達，一方面也希望讀者好友能夠比較容易明白了解。

再談老子道德經經文校勘

　　在本書前面的「老子道德經經文校勘」這一篇已經提到，本書經文分成兩種不同程度的回溯更改予以呈現，第一種是「小部份的回溯更改」，這種回溯更改後的經文是放在前面的「道德經經文（王弼本──經文回溯）」裡面，第二種是「大部分的回溯更改與整合」，這種回溯更改與整合後的經文是放在下一節的「道德經經文（王弼本──經文回溯與校勘整合參考）」裡面；以上這兩種經文回溯更改的地方，其校勘依據來源以及相關的說明，彙整在後面的「道德經各章校勘依據之列表與解說」中；第二種經文雖然進行比較多的經文回溯更改，但並不是定本，也不是標準本。

　　第一種經文的呈現，依據王弼本原文，各章沒有章名，只是簡單標示章次號碼而已，第二種經文的呈現，每一章都會附予章名；其實道德經各章，在竹簡本和帛書本中並沒有章名，而河上公本則有章名，但是比較艱澀難解，又清朝山西舉人宋龍淵所註道德經講義（太上道德經）也附有章名，這些章名非常和善易懂，因此筆者敢請借用爲本書第二種經文的各章章名，希望因爲有了章名，可以讓讀者感覺有所依持，能夠比較具體一些。

　　有關「道德經各章校勘依據之列表與解說」的表示方式，現在以第二種經文的【治國章第五十七】作爲舉例說明。

◎在「道德經經文（王弼本──經文回溯與校勘整合參考）」中──

【治國章第五十七】
以正治國，以奇用兵，以無事取天下。吾何以知其然哉？（以此。）
夫天多忌諱，而民彌叛；民多利器，國家滋昏；人多知而奇物滋起；

法令滋彰，盜賊多有。故聖人云：「我無爲而民自化，我好靜而民自正，我無事而民自富，我無欲而民自樸。」

◎在「道德經各章校勘依據之列表與解說」中──

【治國章第五十七】

1竹簡本／帛書本：沒有「以此」這一句；經文校勘學者認爲，這裡的「以此」，不像前第二十一章和前第五十四章是放在章末，所以不需要「以此」，因爲之後的「夫天多忌諱，而民彌叛……」就是回答了。

2竹簡本：經文校勘學者認爲，「天」與「民」對應，「天」指君王的意思，君王忌諱多，人民就會反叛。

3竹簡本／帛書本。

　　這一章更改了三個地方：「以此」、「夫天多忌諱，而民彌叛；」以及「人多知而奇物滋起」。所以在對應的「道德經各章校勘依據之列表與解說」中，會有三個校勘依據來源以及相關的說明；同一個地方的校勘依據來源，如果有多個出處，則以「／」符號作區分。

1竹簡本／帛書本：

表示這一項校勘依據的來源有兩個，一個是竹簡本，另一個是帛書本，底下的敘述則是進一步的解說。

2竹簡本：

表示這一項校勘依據的來源有一個，就是竹簡本，底下的敘述則是進

一步的解說。

３竹簡本／帛書本。

表示這一項校勘依據的來源有兩個，一個是竹簡本，另一個是帛書本。

道 德 經 經 文

（王弼本──經文回溯與校勘整合參考）

【觀妙章第一】

道，可道，非常道；名，可名，非常名。無名，萬物之始；有名，萬物之母。故常無欲，以觀其妙；常有欲，以觀其徼。兩者同出，異名同謂。玄之又玄，眾妙之門。

【觀徼章第二】

天下皆知美之為美，斯惡已；皆知善之為善，斯不善已。故有無相生，難易相成，長短相形，高下相盈，音聲相和，前後相隨。是以聖人處無為之事，行不言之教。萬物作而不始，生而不有，為而不恃，功成而弗居。夫唯弗居，是以不去。

【安民章第三】

不尚賢，使民不爭；不貴難得之貨，使民不為盜；不見可欲，使民心不亂。是以聖人之治：虛其心，實其腹；弱其志，強其骨。常使民無知無欲，使夫知者不敢為也。為無為，則無不治。

【不盈章第四】

道沖，而用之有弗盈也；淵兮似萬物之宗。挫其銳，解其紛，和其光，同其塵；湛兮似或存。吾不知誰之子，象帝之先。

【守中章第五】

天地不仁，以萬物為芻狗；聖人不仁，以百姓為芻狗。天地之間，其猶橐籥乎！虛而不屈，動而愈出。多聞數窮，不如守中。

【谷神章第六】

谷神不死，是謂玄牝。玄牝之門，是謂天地根。綿綿若存，用之不勤。

【無私章第七】

天長地久。天地所以能長且久者，以其不自生，故能長生。是以聖人後其身而身先，外其身而身存。非以其無私邪？故能成其私。

【若水章第八】

上善若水。水善利萬物而不爭，處眾人之所惡，故幾於道。居善地，心善淵，與善仁，言善信，政善治，事善能，動善時。夫唯不

爭，故無尤。

【持盈章第九】

持而盈之，不如其已。揣而銳之，不可長保。金玉滿堂，莫之能守。富貴而驕，自遺其咎。功遂身退，天之道。

【玄德章第十】

載營魄抱一，能無離乎？專氣致柔，能嬰兒乎？滌除玄覽，能無疵乎？愛民治國，能無知乎？天門開闔，能爲雌乎？明白四達，能無爲乎？生之畜之，生而不有，爲而不恃，長而不宰，是謂玄德。

【虛中章第十一】

三十輻共一轂，當其無，有車之用。埏埴以爲器，當其無，有器之用。鑿戶牖以爲室，當其無，有室之用。故有之以爲利，無之以爲用。

【爲腹章第十二】

五色令人目盲，五音令人耳聾，五味令人口爽，馳騁田獵令人心發狂，難得之貨令人行妨。是以聖人之治也，爲腹不爲目。故去彼取此。

【寵辱章第十三】

寵辱若驚，貴大患若身。何謂寵辱若驚？寵爲下，得之若驚，失之若驚，是謂寵辱若驚。何謂貴大患若身？吾所以有大患者，爲吾有身；及吾無身，吾有何患！故貴以身爲天下，若可寄天下；愛以身爲天下，若可託天下。

【道紀章第十四】

視之不見名曰夷，聽之不聞名曰希，搏之不得名曰微。此三者不可致詰，故混而爲一。其上不皦，其下不昧，繩繩不可名，復歸於無物，是謂無狀之狀，無物之象。是謂惚恍。迎之不見其首，隨之不見其後。執古之道，以御今之有。能知古始，是謂道紀。

【不盈章第十五】

古之善爲士者，微妙玄通，深不可識。夫唯不可識，故強爲之

容。**豫兮若冬涉川**，猶兮若畏四鄰，**儼兮其若客，渙兮其若釋，**敦兮其若樸，曠兮其若谷，混兮其若濁。孰能濁以靜之徐清？孰能安以動之徐生？保此道者，不欲盈。夫唯不盈，**故能敝而新成。**

【歸根章第十六】

致虛極，守靜篤，萬物並作，吾以觀復。夫物芸芸，各復歸其根。歸根曰靜，是謂復命。復命曰常，知常曰明。不知常，妄作，凶。知常容，容乃公，公乃王，王乃天，天乃道，道乃久。沒身不殆。

【知有章第十七】

太上，下知有之；其次，親而譽之；其次，畏之；其次，侮之。**信不足焉，有不信焉**；悠兮其貴言。功成事遂，百姓皆謂我自然。

【三有章第十八】（原為「四有章」）

大道廢，有仁義。**（智慧出，有大偽。）**六親不和，有孝慈。國家昏亂，有忠臣。

【樸素章第十九】

絕智棄辯，民利百倍；絕偽棄詐，民復孝慈；絕巧棄利，盜賊無有。此三者，以為文不足；故令有所屬，見素抱樸，少私寡欲。

【食母章第二十】

絕學無憂。唯之與阿，相去幾何？美之與惡，相去何若？人之所畏，**亦不可以不畏人**。荒兮其未央哉！眾人熙熙，如享太牢，如春登臺。我獨泊兮其未兆，如嬰兒之未孩，儽儽兮若無所歸。眾人皆有餘，而我獨若遺。我愚人之心也哉！沌沌兮。俗人昭昭，我獨昏昏；俗人察察，我獨悶悶。澹兮其若海，飂兮若無所止。眾人皆有以，而我獨頑似鄙。我獨異於人，而貴食母。

【從道章第二十一】

孔德之容，惟道是從。道之為物，惟恍惟惚。惚兮恍兮，其中有象。恍兮惚兮，其中有物。窈兮冥兮，其中有精。其精甚真，其中有信。**自今及古**，其名不去，**以順眾父**。**吾何以知眾父之然哉**？以此。

【執一章第二十二】（原為「抱一章」）

曲則全，枉則直；窪則盈，敝則新；少則得，多則惑。是以聖人執一，以為天下牧。不自見故明，不自是故彰，不自伐故有功，不自矜故長。夫唯不爭，故天下莫能與之爭。古之所謂「曲則全」者，豈虛言哉！誠全而歸之。

【同道章第二十三】

希言自然。（故）飄風不終朝，驟雨不終日。孰為此者？天地。天地尚不能久，而況於人乎？故從事而道者同於道，德者同於德，失者同於失。同於德者，道亦德之；同於失者，道亦失之。（信不足焉，有不信焉。）

【不處章第二十四】

企者不立，（跨者不行）；自見者不明，自是者不彰；自伐者無功，自矜者不長。其在道也，曰餘食贅行。物或惡之，故有道者不處。

【混成章第二十五】

有物混成，先天地生。寂兮寥兮，獨立不改，（周行而不殆，）可以為天下母。吾不知其名，字之曰道，強為之名曰大。大曰逝，逝曰遠，遠曰反。故道大，天大，地大，王亦大。域中有四大，而王居其一焉。人法地，地法天，天法道，道法自然。

【輜重章第二十六】

重為輕根，靜為躁君，是以君子終日行，不離輜重。雖有榮觀，燕處超然。奈何萬乘之王，而以身輕於天下？輕則失本，躁則失君。

【襲明章第二十七】

善行無轍迹，善言無瑕謫，善數不用籌策，善閉無關楗而不可開，善結無繩約而不可解。是以聖人常善救人，故無棄人；常善救物，故無棄物；是謂襲明。故善人者，不善人之師；不善人者，善人之資。不貴其師，不愛其資，雖智大迷，是謂要妙。

【常德章第二十八】

知其雄，守其雌，為天下谿。為天下谿，常德不離，復歸於嬰兒。知其白，守其黑，為天下式。為天下式，常德不忒，復歸於無極。知其榮，守其辱，為天下谷。為天下谷，常德乃足，復歸於樸。樸散則為器，聖人用之則為官長。故大制不割。

【自然章第二十九】

將欲取天下，而為之，吾見其不得已。天下神器，不可為也，不可執也。為者敗之，執者失之。故物或行或隨，或噓或吹，或強或羸，或培或墮。是以聖人去甚、去奢、去泰。

【不道章第三十】

以道佐人主者，不以兵強天下，其事好還。師之所處，荊棘生焉。（大軍之後，必有凶年。）善者果而已，不敢以取強。果而勿矜，果而勿伐，果而勿驕，果而不得已，是謂果而勿強。物壯則老，是謂不道，不道早已。

【貴左章第三十一】

夫佳兵者，不祥之器。物或惡之，故有道者不處。君子居則貴左，用兵則貴右。兵者，不祥之器，非君子之器。不得已而用之，恬淡為上，勝而不美。而美之者，是樂殺人。夫樂殺人者，則不可以得志於天下矣。吉事尚左，凶事尚右。偏將軍居左，上將軍居右，言以喪禮處之。殺人之眾，以悲哀泣之。戰勝，以喪禮處之。

【知止章第三十二】

道常無名，樸雖小，天下弗敢臣。侯王若能守之，萬物將自賓。天地相合，以降甘露，民莫之令而自均。始制有名，名亦既有，夫亦將知止，知止所以不殆。譬道之在天下，猶川谷之與江海。

【盡己章第三十三】

知人者智，自知者明。勝人者有力，自勝者強。知足者富，強行者有志。不失其所者久，死而不亡者壽。

【成大章第三十四】

大道氾兮，其可左右。（萬物恃之而生而不辭，）功成不名有，衣養萬物而不爲主。常無欲，可名於小；萬物歸焉而不爲主，可名爲大。是以聖人之能成大，以其不爲大，故能成大。

【大象章第三十五】

執大象，天下往；往而不害，安平太。樂與餌，過客止。道之出口，淡乎其無味；視之不足見，聽之不足聞，用之不可既。

【微明章第三十六】

將欲歙之，必固張之；將欲弱之，必固強之；將欲廢之，必固興之；將欲奪之，必固與之；是謂微明。柔弱勝剛強。魚不可脫於淵，國之利器不可以示人。

【無爲章第三十七】

道常無爲而無不爲，侯王若能守之，萬物將自化。化而欲作，吾將鎮之以無名之樸。夫亦將知足。知足以靜，萬物將自定。

【處厚章第三十八】

上德不德，是以有德；下德不失德，是以無德。上德無爲而無以爲，（下德爲之而有以爲。）上仁爲之而無以爲，上義爲之而有以爲。上禮爲之而莫之應，則攘臂而扔之。故失道而後德，失德而後仁，失仁而後義，失義而後禮。夫禮者，忠信之薄而亂之首；前識者，道之華而愚之始。是以大丈夫處其厚，不居其薄；處其實，不居其華。故去彼取此。

【得一章第三十九】

昔之得一者：天得一以清，地得一以寧，神得一以靈，谷得一以盈，（萬物得一以生，）侯王得一以爲天下貞。其致之。天無以清將恐裂，地無以寧將恐發，神無以靈將恐歇，谷無以盈將恐竭，（萬物無以生將恐滅，）侯王無以貴高將恐蹶。故貴以賤爲本，高以下爲基。是以侯王自謂孤、寡、不穀。此非以賤爲本邪？非乎？故致數輿無輿。不欲琭琭如玉，珞珞如石。

【反覆章第四十】

反者，道之動；弱者，道之用。天下之物生於有，生於無。

【聞道章第四十一】

上士聞道，勤而行之；中士聞道，若存若亡；下士聞道，大笑之；不笑不足以爲道。故建言有之：「明道若昧，進道若退，夷道若纇。上德若谷，大白若辱，廣德若不足，建德若偷，質真若渝。大方無隅，大器免成，大音希聲，大象無形，道隱無名。」夫唯道，善貸且成。

【沖和章第四十二】

道生一，一生二，二生三，三生萬物。萬物負陰而抱陽，沖氣以爲和。人之所惡，唯孤、寡、不穀，而王公以爲稱。故物，或損之而益，或益之而損。人之所教，我亦教之。強梁者不得其死，吾將以爲教父。

【至柔章第四十三】

天下之至柔，馳騁天下之至堅，無有入無間，吾是以知無爲之有益。不言之教，無爲之益，天下希及之。

【知止章第四十四】

名與身孰親？身與貨孰多？得與亡孰病？甚愛必大費，厚藏必多亡。故知足不辱，知止不殆，可以長久。

【清靜章第四十五】

大成若缺，其用不弊；大盈若沖，其用不窮。大直若屈，大巧若拙，大辯若訥。躁勝寒，靜勝熱，清靜爲天下正。

【知足章第四十六】

天下有道，卻走馬以糞；天下無道，戎馬生於郊。罪莫厚乎甚欲，咎莫憯乎欲得，禍莫大乎不知足。故知足之足，常足矣。

【天道章第四十七】

不出戶，知天下；不窺牖，知天道。其出彌遠，其知彌少。是以聖人不行而知，不見而名，不爲而成。

【日損章第四十八】

　　爲學日益，爲道日損。損之又損，以至於無爲。無爲而無不爲。取天下常以無事，及其有事，不足以取天下。

【德善章第四十九】

　　聖人常無心，以百姓之心爲心。善者善之，不善者亦善之，得善也。信者信之，不信者亦信之，得信也。聖人之在天下，歙歙焉，爲天下渾心。百姓皆注其耳目，聖人皆孩之。

【生死章第五十】

　　出生入死。生之徒十有三，死之徒十有三。人之生動之死地，亦十有三。夫何故？以其生生之厚。蓋聞善攝生者，路行不避兕虎，入軍不被甲兵，兕無所投其角，虎無所措其爪，兵無所容其刃。夫何故？以其無死地。

【尊貴章第五十一】

　　道生之，德畜之，物形之而器成之。是以萬物尊道而貴德。道之尊，德之貴，夫莫之爵，而常自然。故道生之，畜之，長之，育之，亭之，毒之，養之，覆之。生而不有，爲而不恃，長而不宰，是謂玄德。

【守母章第五十二】

　　天下有始，以爲天下母。既得其母，以知其子；既知其子，復守其母；沒身不殆。塞其兌，閉其門，終身不勤。開其兌，濟其事，終身不救。見小曰明，守柔曰強。用其光，復歸其明，無遺身殃，是爲襲常。

【大道章第五十三】

　　使我介然有知，行於大道，唯施是畏。大道甚夷，而民好徑。朝甚除，田甚蕪，倉甚虛。服文綵，帶利劍，厭飲食，財貨有餘，是爲盜夸。非道也哉！

【善建章第五十四】

　　善建者不拔，善抱者不脫，子孫以祭祀不輟。修之於身，其德乃

眞；修之於家，其德乃餘；修之於鄉，其德乃長；修之於國，其德乃豐；修之於天下，其德乃普。故以身觀身，以家觀家，以鄉觀鄉，以國觀國，以天下觀天下。吾何以知天下之然哉？以此。

【含德章第五十五】

含德之厚，比於赤子。蜂蠆虺蛇不螫，攫鳥猛獸不搏。骨弱筋柔而握固，未知牝牡之合而朘怒，精之至也。終日號而不嗄，和之至也。和曰常，知和曰明，益生曰祥，心使氣曰強。物壯則老，謂之不道，不道早已。

【道貴章第五十六】

知者不言，言者不知。塞其兌，閉其門，挫其銳，解其紛，和其光，同其塵，是謂玄同。故不可得而親，亦不可得而疏；不可得而利，亦不可得而害；不可得而貴，亦不可得而賤；故為天下貴。

【治國章第五十七】

以正治國，以奇用兵，以無事取天下。吾何以知其然哉？（以此。）夫天多忌諱，而民彌叛；民多利器，國家滋昏；人多知而奇物滋起；法令滋彰，盜賊多有。故聖人云：「我無為而民自化，我好靜而民自正，我無事而民自富，我無欲而民自樸。」

【察政章第五十八】

其政悶悶，其民淳淳；其政察察，其民缺缺。禍兮福之所倚，福兮禍之所伏。孰知其極？其無正也。正復為奇，善復為妖。人之迷，其日固久。是以聖人方而不割，廉而不劌，直而不肆，光而不耀。

【長生章第五十九】

治人事天莫若嗇。夫唯嗇，是以早服。早服謂之重積德。重積德則無不克，無不克則莫知其極。莫知其極，可以有國。有國之母，可以長久。是謂深根固柢，長生久視之道。

【治大國章第六十】

治大國，若烹小鮮。以道莅天下，其鬼不神。非其鬼不神，其神不傷人。非其神不傷人，聖人亦不傷人。夫兩不相傷，故德交歸焉。

【為下章第六十一】

大國者下流。天下之牝，天下之交。牝常以靜勝牡，以靜爲下。故大國以下小國，則取小國；小國以下大國，則取於大國。故或下以取，或下而取。大國不過欲兼畜人，小國不過欲入事人，夫兩者各得其所欲，大者宜爲下。

【道奧章第六十二】

道者，萬物之奧，善人之寶，不善人之所保。美言可以市，尊行可以加人。人之不善，何棄之有？故立天子，置三公，雖有拱璧以先駟馬，不如坐進此道。古之所以貴此道者何？不曰求以得，有罪以免邪？故爲天下貴。

【無難章第六十三】

爲無爲，事無事，味無味。大小多少，報怨以德。圖難於其易，爲大於其細。天下難事，必作於易，天下大事，必作於細。是以聖人終不爲大，故能成其大。夫輕諾必寡信，多易必多難，是以聖人猶難之，故終無難矣。

【輔物章第六十四】

其安易持，其未兆易謀，其脆易泮，其微易散。爲之於未有，治之於未亂。合抱之木，生於毫末；九層之臺，起於累土；百仞之高，始於足下。爲者敗之，執者失之。是以聖人無爲，故無敗；無執，故無失。民之從事，常於幾成而敗之。愼終如始，則無敗事。是以聖人欲不欲，不貴難得之貨；學不學，復眾人之所過。以輔萬物之自然，而不敢爲。

【玄德章第六十五】

古之善爲道者，非以明民，將以愚之。民之難治，以其智也。故以智治國，國之賊；以不智治國，國之德。知此兩者，亦稽式。常知稽式，是謂玄德。玄德深矣，遠矣，與物反矣，然後乃至大順。

【江海章第六十六】

江海所以能爲百谷王者，以其善下之，故能爲百谷王。聖人之在

民前也，以身後之；其在民上也，以言下之。其在民上也，民弗厚也，其在民前也，民弗害也，天下樂推而不厭。以其不爭，故天下莫能與之爭。

【三寶章第六十七】

天下皆謂我大，大而不肖。夫唯不肖，故能大。若肖，久矣其細也夫。我有三寶，持而寶之：一曰慈，二曰儉，三曰不敢爲天下先。慈，故能勇；儉，故能廣；不敢爲天下先，故能成器長。今舍慈且勇，舍儉且廣，舍後且先，死矣！夫慈，以戰則勝，以守則固。天將救之，以慈衛之。

【不爭章第六十八】

善爲士者不武，善戰者不怒，善勝敵者不與，善用人者爲之下。是謂不爭之德，是謂用人，是謂配天，古之極。

【用兵章第六十九】

用兵有言：「吾不敢爲主而爲客，不敢進寸而退尺。」是謂行無行，攘無臂，扔無敵，執無兵。禍莫大於輕敵，輕敵幾喪吾寶。故抗兵相若，哀者勝矣。

【懷玉章第七十】

吾言甚易知，甚易行；天下莫能知，莫能行。言有宗，事有君。夫唯無知，是以不我知。知我者希，則我者貴，是以聖人被褐懷玉。

【不病章第七十一】

知不知，尚矣；不知知，病矣。（夫唯病病，是以不病。）是以聖人之不病也，以其病病也，是以不病。

【畏威章第七十二】

民之不畏威，則大威將至矣。無狎其所居，無厭其所生。夫唯不厭，是以不厭。是以聖人自知，不自見；自愛，不自貴。故去彼取此。

【天網章第七十三】

勇於敢則殺，勇於不敢則活。此兩者，或利或害。天之所惡，孰

知其故？（是以聖人猶難之。）天之道，不爭而善勝，不言而善應，不召而自來，繟然而善謀。天網恢恢，疏而不失。

【司殺章第七十四】

民不畏死，奈何以死懼之？若使民常畏死，而爲奇者，吾得而殺之，孰敢？若使民必畏死，則常有司殺者殺，夫代司殺者殺，是謂代大匠斲。夫代大匠斲者，希有不傷其手矣。

【貴生章第七十五】

民之饑，以其上食稅之多，是以饑。民之難治，以其上之有爲，是以難治。民之輕死，以其求生之厚，是以輕死。夫唯無以生爲者，是賢於貴生。

【柔弱章第七十六】

人之生也柔弱，其死也堅強。萬物草木之生也柔脆，其死也枯槁。故堅強者，死之徒；柔弱者，生之徒。是以兵強則不勝，木強則折。強大處下，柔弱處上。

【天道章第七十七】

天之道，其猶張弓與！高者抑之，下者舉之；有餘者損之，不足者補之。天之道，損有餘而補不足；人之道則不然，損不足以奉有餘。孰能有餘以奉天下？唯有道者。是以聖人爲而不恃，功成而不處。其不欲見賢。

【水德章第七十八】

天下莫柔弱於水，而攻堅強者，莫之能勝，以其無以易之。弱之勝強，柔之勝剛，天下莫不知，莫能行。是以聖人云：「受國之垢，是謂社稷主；受國不祥，是爲天下王。」正言若反。

【左契章第七十九】

和大怨，必有餘怨，安可以爲善？是以聖人執左契，而不責於人。有德司契，無德司徹。天道無親，常與善人。

【不徙章第八十】

小國寡民，使有十百人之器而不用，使民重死而不遠徙。雖有舟

興，無所乘之；雖有甲兵，無所陳之；使民復結繩而用之。甘其食，美其服，安其居，樂其俗。鄰國相望，雞犬之聲相聞，民至老死不相往來。

【不積章第八十一】

信言不美，美言不信。知者不博，博者不知。善者不多，多者不善。聖人不積，既以爲人，己愈有；既以與人，己愈多。天之道，利而不害。人之道，爲而不爭。

道德經各章校勘依據之列表與解說

【觀妙章第一】

1 帛書本：整句話各本的斷句不同。

2 帛書本。

【觀徼章第二】

1 竹簡本／帛書本：經文校勘學者認爲，「形」和「盈」，其字義更
勝於「較」和「傾」，應是老子的原意。

2 經文校勘學者：竹簡本和帛書本的經文有一些古字，經文校勘學者
認爲其經文應爲「萬物作而弗始」，或爲「萬物作而不始」；「不
始」就是「不爲始」，王弼本第十七章對於「太上，下知有之。」
的註文爲「居無爲之事，行不言之教，萬物作焉而不爲始，故下知
有之而已。言從上也。」

【安民章第三】

帛書本：這個「知」應是老子的原意。

【不盈章第四】

【守中章第五】

帛書本：「聞」較「言」義廣，「多聞」概指「忘失根本自然，卻是
勉強作爲。」的意思。

【谷神章第六】

【無私章第七】

【若水章第八】

帛書本。

【持盈章第九】

王弼本註文：經文校勘學者認爲，各本這一句的經文都有不同，而竹
簡本和帛書本多爲古字，因此主張以王弼本對於「揣而梲之」的註文

「既揣末令尖，又銳之令利。」一詞據以改為「揣而銳之」。

【玄德章第十】

【虛中章第十一】

【為腹章第十二】

1 帛書本。

2 帛書本：這裡明白指出，「為腹不為目」不只是修身悟性的基礎，更是聖人治國化民的根本之道，此與前第三章「聖人之治」所述意思相通。

【寵辱章第十三】

【道紀章第十四】

【不盈章第十五】

1 各流行本：竹簡本用古字「呵」，帛書本用古字「乎」，今取與其他流行本一致的「兮」字。

2 竹簡本／帛書本。

3 經文校勘學者：學者易順鼎認為王弼本「蔽不新成」，其中「不」字應為「而」字之誤，又「蔽」為「敝」之借字，「敝」與「新」相對，如第二十章所說的「敝則新」，所以將王弼本的「蔽不新成」改為「敝而新成」；在這裡並未引用帛書本的「敝而不成」作進一步說明。另外，在竹簡本中沒有這一句，可見這或為後人增衍的。

【歸根章第十六】

【知有章第十七】

王弼本註文：經文校勘學者認為，王弼本註文「信不足焉，則有不信，此自然之道也。」因此經文當以「信不足焉，有不信焉。」為宜。

【三有章第十八】（原為「四有章」）

竹簡本：沒有「智慧出，有大偽。」這一句；筆者據以將原來的章名「四有章」改為「三有章」。後人增衍了「智慧出，有大偽。」而將

「大僞」跟「仁義」「孝慈」「忠臣」對應並列，似乎有否定這裡的「仁義」「孝慈」「忠臣」的意思，而認爲這是老子的想法，其實這幾句話同時含有多種心境的抒發，請參考本章師生對話中的說明。

【樸素章第十九】

竹簡本：依竹簡本的經文所述，「此三者」當改譯爲「私智好辯、虛僞欺詐、巧思計利。」

【食母章第二十】

1 竹簡本／帛書本：「美之與惡」跟前第二章「天下皆知美之爲美，斯惡已。」其美與惡的對應是一致的，而且在王弼本註文中也提到「唯阿美惡，相去何若？」表示美與惡本來是相對的。

2 竹簡本／帛書本：「亦不可以不畏人」表示「我們不只要畏懼這種事情表面的現象，更重要的是，我們應該要畏懼人心內在的險微善變，而加以防範與自省，因爲這才是問題的根本源頭。」

【從道章第二十一】

1 帛書本：經文校勘學者引述學者高亨之說，「其名不去」的「其名」指道之名，因爲道之物是自古就有，而道之名是老子今日給的，以今日道之名稱古時道之物，是爲「自今及古」，而不是「自古及今」。

2 帛書本：「以順眾父」文意更爲明確。「眾父」指「道」，「其名不去，以順眾父。」表示道之名依順著無形無相的道體而顯明發揚，因此「其名不去」；而且「以順眾父」與「惟道是從」前後相應，所以「道之名」和「孔德之容」是相互連結的，其中「道之名」的「名」除了指「名字」以外，也有「形容」的意思。

3 帛書本：這裡的「以此」指「其名不去，以順眾父。」表示從「以此」的過程中而貫通明白「眾父之然」。

【執一章第二十二】（原爲「抱一章」）

帛書本：「牧」有「治理」的意思。因爲校勘後的經文沒有「抱一」，而爲「執一」，筆者據以將原來的章名「抱一章」改爲「執一

章」。

【同道章第二十三】

1 帛書本：沒有「故」這個字。

2 帛書本／王弼本：經文校勘學者認爲，帛書本的經文似乎更簡潔通
  暢。這裡的「德」字，在王弼本的註文爲「得，少也，少則得，故
  曰得也。行得則與得同體，故曰同於得也。」又「失，累多也，累
  多則失，故曰失也。行失則與失同體，故曰同於失也。」所以經文
  裡面的「德」應讀爲「得」，得與失相對，少欲則得，累多則失，
  行得則道亦以得應之，行失則道亦以失應之，這就是道的自然感
  應。整句話可以讀爲「故從事而道者同於道，得者同於得，失者同
  於失。同於得者，道亦得之；同於失者，道亦失之。」

3 帛書本：沒有這一句，有些學者認爲這一句與上文不相應。

【不處章第二十四】

帛書本：沒有這一句。

【混成章第二十五】

竹簡本／帛書本：沒有這一句。

【輜重章第二十六】

1 帛書本：這裡用「君子」而不是用「聖人」。

2 帛書本：這裡用「王」而不是用「主」。

3 帛書本：「輕於天下」之義猶勝「輕天下」，有反而「被天下所
  輕」的意思。

【襲明章第二十七】

【常德章第二十八】

【自然章第二十九】

1 經文校勘學者：各本用字不同，學者易順鼎提出，「歔」字當作
  「噓」，「噓」與「吹」相反成對。

2 帛書本。

【不道章第三十】

1 帛書本：沒有這一句。

2 帛書本：經文校勘學者認為，「是謂果而勿強」的「是謂」，明白表示「果而勿強」是前面四項的總結，而不是將「果而勿強」成為其中一項。

【貴左章第三十一】

【知止章第三十二】

1 竹簡本／帛書本：「弗敢臣」就是「不敢臣」的意思，明確表達萬物對道的尊崇。

2 竹簡本／帛書本：「所以」優於「可以」，自然彰顯「知止」的盛德。

3 竹簡本／帛書本：各流行本也都寫成「之與」而不是「之於」，「之與」表達了道與天下萬物的關係，有如江海與川谷的關係，而川谷都要奔入江海，所以天下萬物理應歸止大道，以此印證「知止」的勝意。

【盡己章第三十三】

【成大章第三十四】

1 帛書本：經文校勘學者認為，到底是沒有這一句，還是帛書本漏抄，難以定論。

2 帛書本：這裡明白的指出，「聖人」是整句的主詞。

【大象章第三十五】

竹簡本／帛書本：各流行本也都寫成「不可既」而不是「不足既」，道之用不可窮盡，所以是「不可既」。

【微明章第三十六】

【無為章第三十七】

竹簡本：「無名之樸」沒有重複，另外，經文校勘學者認為，「知足」的義理更勝「無欲」和「不欲」。

【處厚章第三十八】

帛書本：沒有「下德爲之而有以爲」這一句，因此整個章節顯得更爲完整流暢；這一句與「上義爲之而有以爲」在語句上重複，容易造成結構的分歧以及文意的混淆。

【得一章第三十九】

帛書本：沒有這兩句。

【反覆章第四十】

竹簡本：帛書本是「有生於無」，竹簡本則是「生於無」；多數學者認爲竹簡本漏抄了一個「有」字，應該與帛書本一樣，是爲「有生於無」，然而如果證之於前第一章的「兩者同出，異名同謂。」一句，有無兩者都是同時源出於道體，則竹簡本的「生於有，生於無。」或可成立。

【聞道章第四十一】

帛書本／經文校勘學者：帛書本的經文是「大器免成」，有學者認爲「免」是「晚」的假借字，所以應爲「大器晚成」，但是這個「晚」字的意義，跟上下文的大方「無」隅，大音「希」聲，大象「無」形，以及道隱「無」名，其中這些「無」和「希」的意義不一致，而「免」字則是完全一致，因此學者樓宇烈認爲當用本字「免」，而爲「大器免成」，較合老子原意；另外，竹簡本的經文則爲「大器曼成」，有人認爲「曼」也是「晚」的假借字，但是依上面同樣的分析，仍然取用「大器免成」較爲適切。

【沖和章第四十二】

【至柔章第四十三】

【知止章第四十四】

竹簡本。

【清靜章第四十五】

【知足章第四十六】

竹簡本：「厚」，重的意思；「憯」音慘，慘、痛的意思；經文校勘

學者認爲，竹簡本的原始經文詞句充實明確，意境流暢連貫，由內心的「甚欲」開始，繼而表現出「欲得」，最後實現在行爲上的「不知足」，由內而外，逐漸外顯，因此造成天底下最大的災禍。

【天道章第四十七】

帛書本：如前第十四章「視之不見」以及前第三十五章「視之不足見」，天道本不可見，所以「知天道」可通；而且「知天下」「知天道」「其知彌少」「不行而知」，這個「知」同時連貫了上下文。

【日損章第四十八】

【德善章第四十九】

1 帛書本：眾古本多與此相同，「聖人常無心」必定能夠「以百姓之心爲心」。

2 帛書本：眾古本多與此相同，「德」與「得」古時候常互爲假借，「得」字更明白的表達「藉由聖人的直心率性，得以啓發百姓本來誠信良善的性德。」

3 帛書本：經文校勘學者認爲，將「歙歙焉」獨立斷句，意義與結構更爲明確，王弼本註文「聖人之於天下，歙歙焉，心無所主也。」所以原始王弼本經文與帛書本經文相謀爲合；另外，「爲天下渾心」沒有「其」字，直接表示「聖人對於天下的至誠感召，使人心化歸於渾厚質樸的原始。」

【生死章第五十】

帛書本：「不遇」表示雖遇而心未遇，「不避」表示和而同行，所以「不避」之義較「不遇」爲勝。

【尊貴章第五十一】

帛書本：「器」，也是「勢」的一種比較具體的呈現；「爵」音覺，古代飲酒容器，不同形狀表示不同身份地位，「莫之爵」象徵「不拘泥於形勢而能超越一切名相」的意思；「蓄之」，而不是「德蓄之」，表示德依道而生，因此整句以「道」來發揚，以回歸道的本體。

【守母章第五十二】

帛書本：經文校勘學者認爲，「習」字古與「襲」音義相通，老子本意當爲「襲常」。

【大道章第五十三】

【善建章第五十四】

【含德章第五十五】

1 竹簡本／帛書本。

2 帛書本：竹簡本寫爲「然怒」，經文校勘學者認爲，此「然」之義應與「朘」相當，應如帛書本的「朘怒」。

3 竹簡本：「和曰常，知和曰明。」的白話譯文爲：「這樣圓成至極的太和元氣，是本來性命安處的常態；能夠覺知本來性命始終太和圓成，淳樸天眞自然顯耀道的常明，照澈萬象事理的眞相。」經文校勘學者認爲，這一句主要是以「和」爲主題來闡述，而前第十六章的「復命曰常，知常曰明。」則是以「常」爲主題來闡述，兩句話都是以「本來自性淳樸」爲基礎而發揚的，兩者相通一致。

【道貴章第五十六】

竹簡本／帛書本：各流行本也都是同樣的寫法。

【治國章第五十七】

1 竹簡本／帛書本：沒有「以此」這一句；經文校勘學者認爲，這裡的「以此」，不像前第二十一章和前第五十四章是放在章末，所以不需要「以此」，因爲之後的「夫天多忌諱，而民彌叛……」就是回答了。

2 竹簡本：經文校勘學者認爲，「天」與「民」對應，「天」指君王的意思，君王忌諱多，人民就會反叛。

3 竹簡本／帛書本：這裡的「知」較「伎巧」更爲直接明白。

【察政章第五十八】

帛書本：這裡的「其無正也」，意思較爲順暢自然。

【長生章第五十九】

帛書本：經文校勘學者認爲，原來的「是謂早服」的「是謂」，表示與上一句「夫唯嗇」兩者是同等的關聯，而帛書本的「是以早服」的「是以」，則爲上一句「夫唯嗇」的承繼與發展，意義深長，並合古本原貌。

【治大國章第六十】

【為下章第六十一】

1 帛書本：經文校勘學者認爲，這兩句前後順序的排列，表面上的意義似無相異，但是層次的表達確有不同；帛書本先以「天下之牝」的厚實，進而導引出「天下之交」的包容，更合老子原意。

2 帛書本：「取」爲主動，所以跟「以取」相應，「取於」爲被動，所以跟「而取」相應。

【道奧章第六十二】

帛書本：眾古本多與此相同，「求以得」更爲直接明白。

【無難章第六十三】

【輔物章第六十四】

帛書本：帛書甲本爲「百仁之高」，帛書乙本爲「百千之高」，經文校勘學者認爲應作「百仞之高」，此與嚴遵本相同，確是古本原意；「仞」音任，古代計量單位。

【玄德章第六十五】

1 帛書本：經文校勘學者認爲，「智」無多少之量，強調的是質，所以帛書本只寫「智」，而不寫「智多」。

2 帛書本：經文校勘學者認爲，「智」與「不智」相對，「以不智治國」意思更堅定；另外，此「德」古時通「得」，「得」可能被流行本逐漸的誤植爲較通俗的「福」，而「德」解釋爲「德政」，較「福」爲勝。

【江海章第六十六】

竹簡本：「厚」表示「重」的意思，整個句式表達比較和緩又有連貫

性；特別一提的是，帛書本的內容竟然與流行本比較一致，卻與竹簡本有比較大的不同。

【三寶章第六十七】
1 帛書本：帛書本的文詞比較順暢，更合老子原意。
2 帛書本：「寶」字更合老子原意，與前第六十二章「善人之寶，不
　　善人之所保。」的「寶」字意思相通。

【不爭章第六十八】
帛書本：經文校勘學者認為，「用人」猶如一般所謂「待人之道」，
如果是「用人之力」，則意義顯得比較狹窄，尤其容易引起有心人的
誤會，以為要借用別人之力而有所計謀，想要利用他人的歧義。

【用兵章第六十九】
帛書本：眾古本多與此相同，「抗兵相若」表示「勢均力敵」的意
思。

【懷玉章第七十】
【不病章第七十一】
1 帛書本：沒有這一句，經文校勘學者認為，此與下面一句重複，應
　　為衍文。
2 帛書本。

【畏威章第七十二】
帛書本：經文校勘學者認為，整個句子的文義較為明確。

【天網章第七十三】
帛書本：「是以聖人猶難之」這一句，應該是後人增衍上去的，這是
後人對於「天之所惡，孰知其故？」有很深的體會與感受而增衍的，
以抒發其無限的讚嘆之情。

【司殺章第七十四】
1 帛書本：經文校勘學者認為，「得」字已包含「執」和「捕」的意
　　思，所以不用再重複「執」字。
2 帛書本：經文校勘學者認為，帛書本整句話較為完整，「不畏死」

和「常畏死」的「畏」表示「懼怕」的意思，而「必畏死」的「畏」表示「警惕」的意思，所以「必畏死」指「警惕於犯重罪者必當死」的意思。

【貴生章第七十五】

【柔弱章第七十六】

經文校勘學者：帛書本寫爲「木強則競」，而眾古本和其他流行本也多有不同，學者黃茂材、俞樾、易順鼎等主張應該讀爲「木強則折」，其他用字不易理解，於義難通。

【天道章第七十七】

【水德章第七十八】

帛書本。

【左契章第七十九】

【不徙章第八十】

1 帛書本：經文校勘學者認爲，這是指「十倍百倍於人工之器」，而原來的「什伯之器」，有些學者認爲是兵器，似乎不合宜，不是老子原意。

2 帛書本：經文校勘學者認爲，眾古本與其他流行本也使用「民」字，此與上下文的用法一致。

【不積章第八十一】

1 帛書本：經文校勘學者認爲，各流行本的「辯」跟「信言」「美言」有重疊的意思，而帛書本的「多」，意較清晰又不重疊；這一句在帛書本的順序不同，表示「好的事不一定要多，無限多的好事反而會轉爲不善的事。」破除了世人貪多的弊病，同時「不多」與「不積」成了明顯的對照。

2 帛書本：經文校勘學者認爲，此章「人之道」與「天之道」是互相推舉的，而前第七十七章「人之道」與「天之道」是相互對立的，因此後人爲了加以區別，所以在「人之道」上面加了「聖」字，成爲「聖人之道」。

「宇宙人生導航」各章標題一覽表

因為你我讀了這本書
讓我們有了
發現本來生命清靜圓滿的契機

因為人人讀了這本書
讓社會成了
充滿平等無私慈愛祥和的樂園

老子的道高掛天邊，當你在欣賞它的時候；老子的道不知去向，當你很在意的時候；老子的道常住心中，當你安靜無求的時候。

老子的道，你越推崇，它越神秘，你越探究，它越玄奇；如果你體驗了，道卻是如此的平常自然。

老子是何方神聖？其實，老子不是外人，跟我們很親，這是道的親，因為道而連結了每一個人的心，所以老子不斷的點醒我們，應該內省自覺，時時攝取本來生命之泉，讓精神自然充足，能夠安心自在，可以長長久久。

老子告訴我們柔弱，因為要我們成為真正堅強的人；老子告訴我們無為，因為要我們成就無不為的盛德；老子告訴我們不爭，因為要我們回歸慈愛淳樸，找到幸福簡單的人生。

當你感到落寞孤寂，喜怒無常的時候，請握住老子的手，因為重心不穩了；當你總是得意忘形，樂不可支的時候，請回頭看一下老子，因為方向偏離了。

國家圖書館出版品預行編目資料

我與老子的座談會：道德經詳譯通解 / 迂魯棄夫著. -- 初版. -- 新
北市：華夏出版有限公司, 2023.10
　　面；　　公分. -- （Sunny文庫；330）
ISBN 978-626-7296-82-0（平裝）

1.CST：道德經　2.CST：注釋

121.311　　　　　　　　　　　　　　　　　　112015023

Sunny 文庫 330

我與老子的座談會：道德經詳譯通解

著　　作	迂魯棄夫
心靈指導	溫鳳秋
文義指導	蘇子敬
印　　刷	百通科技股份有限公司
	電話：02-86926066　傳眞：02-86926016
出　　版	華夏出版有限公司
	220 新北市板橋區縣民大道 3 段 93 巷 30 弄 25 號 1 樓
	電話：02-32343788　傳眞：02-22234544
E - m a i l	pftwsdom@ms7.hinet.net
總 經 銷	貿騰發賣股份有限公司
	新北市 235 中和區立德街 136 號 6 樓
	電話：02-82275988　傳眞：02-82275989
	網址：www.namode.com
版　　次	2023年10月初版一刷
定　　價	新台幣 780 元　　（缺頁或破損的書，請寄回更換）

ISBN-13：978-626-7296-82-0